走出思想的边界

knowledge-power
读行者

苏东坡传

乐天知命的中国文人典范

20世纪五大传记 图·文·典·藏·版

林语堂——著

张振玉——译

湖南人民出版社　博集天卷

THE GAY GENIUS by Lin Yutang
Copyright © Lin Yutang,1947

©中南博集天卷文化传媒有限公司。本书版权受法律保护。未经权利人许可，任何人不得以任何方式使用本书包括正文、插图、封面、版式等任何部分内容，违者将受到法律制裁。

著作权合同登记号：图字18—2016—126

图书在版编目（CIP）数据

苏东坡传 / 林语堂著；张振玉译. —长沙：湖南人民出版社，2018.2
（2024.8重印）
ISBN 978-7-5561-1890-8

Ⅰ. ①苏… Ⅱ. ①林… ②张… Ⅲ. ①苏轼（1037—1101）—传记 Ⅳ. ①K825.6

中国版本图书馆CIP数据核字（2017）第321537号

上架建议：人物传记

SU DONGPO ZHUAN
苏东坡传

| 作　　　者：林语堂
| 译　　　者：张振玉
| 责任编辑：彭富强
| 监　　　制：秦　青
| 策划编辑：陈　皮
| 文字编辑：苏会领
| 版权支持：辛　艳　　张雪珂
| 营销编辑：王思懿
| 封面设计：余　雷
| 版式设计：李　洁

| 出　　　版：湖南人民出版社［http://www.hnppp.com］
| 地　　　址：长沙市营盘东路3号
| 邮　　　编：410005
| 经　　　销：新华书店
| 印　　　刷：三河市鑫金马印装有限公司
| 版　　　次：2018年2月第1版
| 印　　　次：2024年8月第11次印刷
| 开　　　本：680mm×955mm　1/16
| 字　　　数：350千字
| 印　　　张：22
| 书　　　号：ISBN 978-7-5561-1890-8
| 定　　　价：49.80元

若有质量问题，请致电质量监督电话：010-59096394
团购电话：010-59320018

目录 CONTENTS

译者序　001
原　序　005

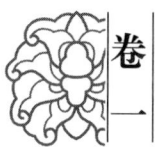

卷一　童年与青年
宋仁宗景祐三年至嘉祐六年
（一〇三六——一〇六一）

第一章·文忠公　　　　002
第二章·眉山　　　　　016
第三章·童年与青年　　026
第四章·应试　　　　　037
第五章·父与子　　　　045

卷二　壮年
宋仁宗嘉祐七年至神宗元丰二年
（一〇六二——一〇七九）

第六章·神、鬼、人　　　　056
第七章·王安石变法　　　　071
第八章·拗相公　　　　　　091
第九章·人的恶行　　　　　112
第十章·两兄弟　　　　　　120
第十一章·诗人、名妓、高僧　127
第十二章·抗暴诗　　　　　148
第十三章·黄楼　　　　　　157
第十四章·逮捕与审判　　　165

老 练
宋神宗元丰三年至哲宗元祐八年
（一〇八〇——一〇九三）

第十五章·东坡居士　　　　　180
第十六章·赤壁赋　　　　　　193
第十七章·瑜伽与炼丹　　　　201
第十八章·浪迹天涯　　　　　213
第十九章·太后恩宠　　　　　223
第二十章·国画　　　　　　　235
第二十一章·谦退之道　　　　245
第二十二章·工程与赈灾　　　256
第二十三章·百姓之友　　　　269

流放岁月
宋哲宗绍圣元年至徽宗建中靖国元年
（一〇九四——一一〇一）

第二十四章·二度迫害　　　　276
第二十五章·岭南流放　　　　287
第二十六章·仙居　　　　　　299
第二十七章·域外　　　　　　307
第二十八章·终了　　　　　　319

附录一　年谱
附录二　参考书目及资料来源

译者序

过去童子时读古文,所读传记文字都是短篇,如《史记》的《刺客列传》《廉颇蔺相如列传》,最长的也不过《项羽本纪》。唐代传奇如《虬髯客传》《长恨歌传》则是小说,去真正史实太远。唐宋以至清代古文的传记文仍是短的散文。中国传记文章之长至排印成册者,似乎是开始于现代,但为数不多,其最为人所熟知者,我想是林语堂英文著作的汉译本,即《武则天正传》及《苏东坡传》。这类文学创作之出现,与过去之历史演义小说不能说毫无关系,但所受的直接影响还是来自西方的传记文学,英文著作中如詹姆斯·鲍斯威尔的《塞缪尔·约翰逊传》、利顿·斯特雷奇的《维多利亚女王传》《林肯传》《亨利·乔治传》等皆是。以中国历史之长、史料之富,写名人传记的背景和基础,可算极为有利。像林语堂先生这两本名人传记,写得实在好,但可惜我们所拥有的这类书实嫌太少。是否我们的学者、作家能接着再写出几本来?真令人延伫望之。

写传记不比写小说,可任凭想象力驰骋,必须不背乎真实，但又不可缺少想象力。写小说可说是天马行空，写传记则如驱骅骝、驾战车，纵然须绝尘驰骤，但不可使套断缰绝、车翻人杳，只剩下想象之马，奔驰于其大无垠的太空之中。所以写传记要对资料有翔实的考证，对是非善恶有透彻的看法，在资料的剪裁去取，写景叙事，气氛对白的安排上，全能表现艺术的手法。于是，姚姬传所主张的考据、义理、辞章，乃一不可缺。也就是说，传记作家要有学者系统的治学方法，好从事搜集所需要的资料；要有哲学家的高超智慧的人生观，以便立论时取得一个不同乎凡俗的观点；要有文学家的艺术技巧与想象力，好赋予作品艺术美与真实感，使作品超乎干枯的历史之上，而富有充沛的生命与活力。

在《武则天正传》的原序里，林语堂先生曾说明《武则天正传》的写法。我想其基本道理对这本传记也颇适用。他说：

"我不是把本书当作小说写的……书中的人物、事件、对白，没有不是全根据《唐书》写的。不过解释说明之处，则以传记最客观的暗示含蓄为方法。事实虽然是历史上的，而传记作者则必须叙述上有所选择，有所强调，同时凭借头脑的想象力而重新创造，重新说明那活生生的往事。"

以上所说考据、义理、辞章三要点，林语堂先生做到了，也是写传记文学的人必须做到的。

林语堂先生的传记著作和他的其他文学和学术著作一样，都是用英文写的。若移植回国，自然有赖于中文翻译。他的 *Lady Wu*，我曾在十六年前在中国台湾南部译成《武则天正传》，在高雄《新生报》上连续刊载，当时该报副刊由尹雪曼先生主编。现已由德华出版社出版。翻译此书时查证中文专有名词，如人名、地名、官名、官衙名、引用诗文等，费时费事，难之又难，饱尝其苦。因为有此经验，对《苏东坡传》的汉译自然十分慎重，对其引用之原文及人名、地名等专有名词之困难者，多暂时搁置，容后查出补入。1977年夏，见宋碧云小姐译的《苏东坡传》出版，非常兴奋。文中对中文的查证，宋小姐做得非常成功，其仔细可知，其辛勤可佩，其译文纯熟精练可喜。比二十世纪三十年代一般译品文字，实有过之。拙稿既接近完成，不愿抛弃，乃续译完毕。原书中须加查考及引用部分中之尚未解决者，在感激的心情之下，便斗胆借用了。否则，拙译必致再拖延甚久，也许竟无脱稿之日，所以在拙译付印之前，愿向宋碧云小姐及远景出版社敬致万分感激之忱。

世界文学与学术名著译成外文者，多不止一个译本。我国之《论语》《道德经》；希腊之《伊利亚特》《奥德赛》；希伯来文之《旧约》与希腊文之《新约》；英国之《莎士比亚戏剧全集》（在我国即有朱生豪与梁实秋两译本）；最近黄文范及宣诚两先生之汉译本《西线无战事》，即在台先后出版——所以《苏东坡传》这部名著有两个译本，也是值得的。只愧我这件粗针大麻线的活计比不上宋小姐的细工巧绣那么精致。

本书虽属翻译，但力避二十世纪三十年代弱小民族自卑心理下之欧化文体。诸如"当……时候""假若……的话""散步着""有着""被成功地实验了""房子被建筑好了""快速地跳""公然地反对""那些花朵""诸位青年""各位同学""他（她）们""它们"，"红黄蓝白和黑"等句法文词，全避而不用。人说话时，先写某某道，不先写对白，然后再补注某某说。一个人说话，不先说半句，中间腰斩，补入谁说道，下面喘口气再补半句。这种洋说法也完全避免。没有别的，就是不愿向洋人毫无条件一面倒。还有尽量不用"地"当副词符号，而以一个"的"字代之，自然"底"字更不愿用。

本书翻译时多承周素樱小姐代为整理稿件，溽暑长夏，代为到图书馆、书店去查阅疑难之处，助我良多，并此致谢。

本书翻译，时作时辍，综计前后，行将两年。译稿杀青，停笔静坐。偶望窗外，树叶萧疏，已见秋意。回忆童年，读书燕市，长巷深宅，树老花繁，四季皆美，秋天为最。今日寄迹海隅，又喜秋光如故，人健如仙。名著译毕，顿感松快，得失工拙，不计也。于此附记一片喜悦心境。

张振玉　于台北复旦桥燕庐

原 序

我写《苏东坡传》并没有什么特别理由,只是以此为乐而已。给他写本传记的念头,已经存在心中有年。1936年我全家赴美时,身边除去若干精选的排印细密的中文基本参考书之外,还带了些有关苏东坡的以及苏东坡著的珍本古籍,至于在行李中占很多地方一事,就全置诸脑后了。那时我希望写一本有关苏东坡的书,或是翻译些他的诗文,而且,即便此事我不能如愿,我旅居海外之时,也愿身边有他相伴。像苏东坡这样富有创造力,这样守正不阿,这样放任不羁,这样令人万分倾倒而又望尘莫及的高士,有他的作品摆在书架上,就令人觉得有了丰富的精神食粮。现在我能专心致志写他这本传记,自然是一大乐事,此外还需要什么别的理由吗?

　　元气淋漓富有生机的人总是不容易理解的。像苏东坡这样的人物,是人间不可无一难能有二的。对这种人的人品个性作解释,一般而论,总是徒劳无功的。在一个多才多艺,生活上多彩多姿的人身上,挑选出他若干使人敬爱的特点，倒是轻而易举。我们未尝不可说，苏东坡是个禀性难改的乐天派，是悲天悯人的道德家，是黎民百姓的好朋友，是散文作家，是新派的画家，是伟大的书法家，是酿酒的实验者，是工程师，是假道学的反对派，是瑜伽术的修炼者，是佛教徒，是士大夫，是皇帝的秘书，是饮酒成癖者，是心肠慈悲的法官，是政治上的坚持己见者，是月下的漫步者，是诗人，是生性诙谐爱开玩笑的人。可是这些也许还不足以勾绘出苏东坡的全貌。我若说一提到苏东坡，在中国总会引起人亲切敬佩的微笑，也许这话最能概括苏东坡的一切了。苏东坡的人品，具有一个多才多艺的天才的深厚、广博、诙谐，有高度的智力，有天真烂漫的赤子之心——正如耶稣所说，具有蛇的智慧，兼有鸽子的温柔敦厚，在苏东坡这些方面，其他诗人是不能望其项背的。这些品质之荟萃于一身，是天地间的凤毛麟角，不可多见的。而苏东坡正是此等人！他保持天真淳朴，终身不渝。政治上的钩心斗角与利害谋算，与他的人品是格格不入的。他的诗词文章，或是一时即兴之作，或是有所不满时有感而发，都是自然流露，顺乎天性，刚猛激烈，正如他所说的"春鸟秋虫之声"。也未尝不可比作他的诗句："猿吟鹤唳本无意，不知下有行人行。"他一直卷在政治旋涡之中，但是他却光风霁月，高高超越于蝇营狗苟的政治勾当之上。他不伎不求，随时随地吟诗作赋，批评臧否，纯然表达心之所感，至于会招致何等后果，与自己有何利害，则一概置之度外了。因是之故，一直到今天，读者仍以阅读他的作品为乐，因为像他这一等人，总是关心世事，始终亢言直论，不稍隐讳的。他的作品之中流露出他的本性，亦庄亦谐，生动而有力，虽需视情况之所宜而异其趣，然而莫不真笃而诚恳，完全发乎内心。他之写作，除去自得其乐外，别无理由，而今日吾人读其诗文，别无理由，只因为他写得那么美，那么遒健朴茂，那么字字自真纯的心肺间流出。

一千年来，为什么中国历代都有那么多人热爱这位大诗人，我极力想分析出这种缘故，现在该说到第二项理由，其实这项理由和第一项理由也无大差别，只是说法不同而已。那就是，苏东坡自有其迷人的魔力。就如魔力之在女人，美丽芬芳之在花朵，是易于感觉而难于说明的。苏东坡主要的魔力是熠熠闪灼的天才所具有的魔力，这等天才常常会引起妻子或极其厚爱他的人为他忧心焦虑，令人不知应当因其大无畏的精神而敬爱他，抑或为了使他免于旁人的加害而劝阻他、保护他。他身上显然有一股道德的力量，非人力所能扼制，这股力量由他呱呱落地开始，即强而有力在他身上运行，直到死亡封闭上他的嘴，打断了他的谈笑才停止。他挥动如椽之笔，如同儿戏一般。他能狂妄怪癖，也能庄重严肃；能轻松玩笑，也能郑重庄严。从他的笔端，我们能听到人类情感之弦的振动，有喜悦，有愉快，有梦幻的觉醒，有顺从的忍受。他享受宴饮，享受美酒，总是热诚而友善。他自称生性急躁，遇有不惬心意之事，便觉得"如食中有蝇，吐之乃已"。一次，他厌恶某诗人之诗，就直说那"正是京东学究饮私酒，食瘴死牛肉，醉饱后所发者也"。

他开起玩笑来，不分敌友。有一次，在朝廷盛典中，在众大臣之前，他向一位道学家开玩笑，用一个文辞将他刺痛，后来不得不承担此事的后果。

可是，别人所不能了解的是，苏东坡会因事发怒，但是他却不会恨人。他恨邪恶之事，对身为邪恶之人，他并不记挂于心中，只是不喜爱此等人而已。因为恨别人，是自己无能的表现，所以，苏东坡并非才不如人，因而也从不恨人。总之，我们所得的印象是，他的一生载歌载舞，深得其乐，忧患来临，一笑置之。他的这种魔力就是我这鲁拙之笔所要尽力描写的，他的这种魔力也就是使无数中国的读书人所倾倒、所爱慕的。

本书所记载的是一个诗人、画家与老百姓之挚友的事迹。他感受敏锐、思想透彻、写作优美、作为勇敢，绝不为本身利益而动摇，也不因俗见而改变。他并不精于自谋，但却富有民胞物与的精神。他对人亲切热情、慷慨厚道，虽不积存一文钱，但自己却觉得富比王侯。他虽生性倔强、絮聒多言，但是富有捷才，不过也有时口不择言，过于心直口快；他多才多艺、好奇深思，深沉而不免于轻浮，处世接物不拘泥于俗套，动笔为文则自然典雅；为父兄、为丈夫，以儒学为准绳，而骨子里则是一纯然道家，但愤世嫉俗，是非过于分明。以文才学术论，他远超过其他文人学士，他自然无须心怀忌妒，自己既然伟大非他人可及，自然对人温和友善，对自己亦无损害，他是纯然一副淳朴自然相，故无须乎尊贵的虚饰；在为官职所羁绊时，他自称局促如辕下之驹。处此乱世，他犹如政坛风暴中之海燕，是庸妄官僚的仇敌，是保民抗暴的勇士。虽然历朝天子都对他怀有敬慕之心，历朝皇后都是他的真挚友人，但苏东坡还是屡遭贬降，甚至遭到逮捕，忍辱苟活。

有一次，苏东坡对他弟弟子由说了几句话，话说得最好，描写他自己也恰当不过：

"吾上可陪玉皇大帝，下可陪卑田院乞儿。眼前见天下无一个不好人。"

所以，苏东坡过得快乐，无所畏惧，像一阵清风度过了一生，不无缘故。

苏东坡一生的经历，根本是他本性的自然流露。在玄学上，他是个佛教徒，他知道生命是某种东西刹那间的表现，是永恒的精神在刹那间存在躯壳之中的形式，但是他却不肯接受人生是重担、是苦难的说法——他认为那不尽然。至于他本人，是享受人生的每一刻时光。在玄学方面，他是印度教的思想；但是在气质上，他却是道地的中国人的气质。从佛教的否定人生、儒家的正视人生、道家的简化人生，这位诗人在心灵识见中产生了他的混合的人生观。人生最长也不过三万六千日，但是那已然够长了。即使他追寻长生不死的仙丹妙药终成泡影，人生的每一刹那，只要连绵不断，也就美好可喜了。他的肉体虽然会死，他的精神在下一辈子则可成为天空的星、地上的河，可以闪亮照明，可以滋润营养，因而维持众生万物。这一生，他只是永恒在刹那显现间的一个微粒，他究竟是哪一个微粒，又何关乎重要？所以生命毕竟是不朽的、美好的，所以他尽情享受人生。这就是这位旷古奇才乐天派的奥秘的一面。

本书正文并未附有脚注，但曾细心引用来源可征之资料，并尽量用原来之语句，不过此等资料之运用，表面看来并不明显易见。因所据来源全系中文，供参考之脚注对大多数美国读者并不实用。资料来源可查书后参考书目。为免读者陷入中国人名复杂之苦恼，我已尽量淘汰不重要人物的名字，有时只用姓而略其名。此外对人也前后只用一个名字，因为中国文人有四五个名字。原文中引用的诗，有的我译英诗，有的因为句中有典故，译成英诗之后古怪而不像诗，若不加冗长的注解，含义仍然晦涩难解，我索性就采用散文略达文意了。

林语堂

卷一

童年与青年

宋仁宗景祐三年至嘉祐六年

（一〇三六——一〇六一）

第一章·文忠公

第二章·眉　山

第三章·童年与青年

第四章·应　试

第五章·父与子

第一章　文忠公

要了解一个已经死去一千年的人,并不困难。试想,通常要了解与我们同住在一个城市的居民,或是了解一位市长的生活,实在嫌所知不足,要了解一个古人,不是有时反倒容易吗?姑就一端而论,现今仍然在世的人,他的生活尚未完结,一旦遇有危机来临,谁也不知道他会如何行动。醉汉会戒酒自新;教会中的圣人会堕落;牧师会和唱诗班的少女私奔……活着的人总会有好多可能的改变。还有,活着的人总有些秘密,他那些秘密之中最精彩的,往往在他死了好久之后才会泄露出来。这就是何以评论与我们自己同时代的人是一件难事,因为他的生活离我们太近了。论一个已然去世的诗人如苏东坡,情形便不同了。我读过他的札记、他的一千七百首诗,还有他的八百通私人书简。所以知道一个人,或是不知道一个人,与他是否为同代人没有关系。主要的倒是是否对他有同情的了解。归根结底,我们只能知道自己真正了解的人,我们只能完全了解我们真正喜爱的人。我认为我完全知道苏东坡，因为我了解他；我了解他，是因为我喜爱他。喜爱哪个诗人，完全是出于一种癖好。我想李白更为崇高，而杜甫更为伟大——在他伟大的诗之清新、自然、工巧、悲天悯人的情感方面更为伟大。但是不必表示什么歉意，恕我直言，我偏爱的诗人是苏东坡。

在今天看来，我觉得苏东坡伟大的人格，比中国其他文人的人格，更为鲜明突出，在他的生活和作品里，显露得越发充分。在我的头脑里，苏东坡的意象之特别清楚明显，其理由有二。第一个理由是，由于苏东坡本人心智上才华的卓越，深深印在他写的每一行诗上，正如我所看见的他那两幅墨竹上那乌黑的宝墨之光，时至今日，依然闪耀照人，就犹如他蘸笔挥毫是在顷刻之前一样。这是天地间一大奇迹，在莎士比亚的创作上，亦复如此。莎翁诗句的遒健，是来自诗人敏感的天性与开阔豁达的胸襟，至今依然清新如故。纵然有后代学者的钻研考证，我们对莎士比亚的生活所知者仍极稀少，可是在他去世四百年之后，由于他的作品中感情的力量，我们却知道了他的心灵深处。

第二个理由是，苏东坡的生活资料较为完全，远非其他中国诗人可比。有关他漫长的一生中多彩多姿政治生涯的那些资料，存在于各种史料中，也存在于他自己浩繁的著作中。他的诗文都计算在内，接近百万言；他的札记，他的遗墨，他的私人书信，在当时把他视为最可敬爱的文人而写的大量的闲话漫谈，都流传到现在了。在他去世后百年之内，没有一本传记类的书不曾提到这位诗人。宋儒都长于写日记，尤以司马光、王安石、刘挚、曾布为著名；勤奋的传记作者如王明清、邵伯温。由于王安石的国家资本新法引起的纠纷，和一直绵延苏

宋仁宗坐像

宋仁宗（1010—1063）在位的四十二年间宋朝进入鼎盛，虽然他对外战争屡战屡败，但在大多数宋人眼里，"仁宗盛治"远过"贞观之治""开元盛世"。苏东坡就降生在这个让无数文人士大夫最为向往的时代。

东坡一生的政坛风波的扰攘不安,作家都保存了那一时代的资料,其中包括对话录,为量甚大。苏东坡并不记日记,他不是记日记那一类型的人,记日记对他恐怕过于失之规律严正而不自然。但是他写札记,遇有游山玩水、思想、人物、处所、事件,他都笔之于书,有的记有日期,有的不记日期。而别人则忙于把他的言行记载下来。爱慕他的人都把他写的书简题跋等精心保存。当时他以杰出的书法家出名,随时有人恳求墨宝,他习惯上是随时题诗,或是书写杂感评论,酒饭之后,都随手赠予友人。此等小简偶记,人皆珍藏,传之子孙后代,有时也以高价卖出。这些偶记题跋中,往往有苏东坡精妙之作。如今所保存者,他的书简约有八百通,有名的墨迹题跋约六百件。实际上,是由于苏东坡受到广泛的喜爱,后来才有搜集别的名人书札题跋文字印行的时尚,如黄山谷便是其一。当年成都有一位收藏家,在苏东坡去世之后,立即开始搜集苏东坡的墨迹书简等,刻之于石的,拓下拓片出卖,供人做临摹书法之用。有一次,苏东坡因对时事有感而作的诗,立刻有人抄写流传,境内多少文人竞相背诵。苏东坡虽然发乎纯良真挚之情,但内容是对政策表示异议,当时正值忠直之士不容于国都之际,当权者之愤怒遂集于他一人之身,情势严重,苏东坡几乎险遭不测。他是不是后悔呢?表面上,在他贬谪期间,对不够亲密的朋友他说是已然后悔,但是对莫逆之交,他说并无悔意,并且说,倘遇饭中有蝇,仍须吐出。由于他精神上的坦白流露,他也以身列当时高士之首而自伤,在与心地狭窄而位居要津的政客徒然挣扎了一番之后,他被流放到中国域外的蛮荒琼崖海岛,他以坦荡荡之胸怀处之,有几分相信是命运使然。

像苏东坡这样的人,生活中竟有如此的遭遇,他之成为文人窃窃私语的话柄、尊重景仰的话题,尤其是在他去世之后,乃是自然之事。若与西方相似之人比较,李白,一个文坛上的流星,在刹那间壮观惊人地闪耀之后,而自行燃烧消灭,正与雪莱、拜伦相近。杜甫则酷似弥尔顿,既是虔敬的哲人,又是仁厚的长者,学富而文工,以古朴之笔墨,写丰厚之情思。苏东坡则始终富有青春活力。以人物论,颇像英国的小说家萨克雷(Thackeray);在政坛上的活动与诗名,则像法国的雨果;他具有的动人的特点,又仿佛英国的约翰逊。不知为什么,我们对约翰逊的中风,现在还觉得不安,而对弥尔顿的失明则不然。倘若约翰逊同时像英国画家庚斯博罗,又同时像以诗歌批评英国时事的蒲柏,而且也像英国饱受折磨的讽刺文学家斯威夫特,而没有他日渐增强的尖酸,那我们便找到一个像苏东坡的英国人了。苏东坡虽然饱经忧患拂逆,但他的人性更趋温和厚道,并没变得尖酸刻薄。今天我们之所以喜爱苏东坡,也是因为他饱受了人生之苦的缘故。

中国有一句谚语,就是说一个人如何,要"盖棺论定"。人生如梦,一出戏演得如何,只有在幕落之时才可以下断语。不过有这种区别——人生是如同戏剧,但是在人生的戏剧里,最富有智慧与最精明的伶人,对于下一幕的大事如何,也是茫然无知的。但是真正的人生,其中总包含有一种无可避免的性质,只有最好的戏剧才庶乎近之。因此在给过去的人写一本传记时,我们能把一场一场已经完成的戏,逐一观看,观看由人内在的气质与外在的环境所引起的必要的发展,这自然是一项重大的方便。在我将《苏东坡传》各章的资料钻研完毕之后,并且了解了为什么他非要有某些作为不可,为什么非要违背他弃官归隐的本意。我觉得自己好像一个中国的星相家,给一个人细批终身,预卜未来,那么清楚,那么明确,事故是那么在命难逃。

北宋疆域图

苏东坡半生官场生涯极不得志,颠沛流离,多次贬谪,从礼部尚书直至南谪儋州,横跨北宋大半疆域,愈贬愈远。这也使得苏东坡不得不把对生命的热爱与无奈更多地寄情于山水,寄情于诗词书画。

中国的星相家能把一个人的一生，逐年断开，细批流年，把一生每年的推算写在一个折子上，当然卦金要远高出通常的卜卦。但是传记家的马后课却总比星相家的马前课可靠。今天，我们能够洞悉苏东坡穷达多变的一生，看出来那同样的无可避免的情形，但是断然无疑的是，他一生各阶段的吉凶祸福的事故，不管过错是否在他的星宿命运，的确是发生了、应验了。

苏东坡生于宋仁宗景祐三年（一○三六），于徽宗建中靖国元年（一一○一）逝世——是金人征服北宋的二十五年之前。他是在北宋最好的皇帝（仁宗）当政年间长大，在一个心地善良但野心勃勃的皇帝（神宗）在位期间做官，在一个十八岁的呆子（哲宗）荣登王位之时遭受贬谪。研究苏东坡传记，同时也就是研究宋朝因朋党之争而衰微，终于导致国力耗竭，小人当政。凡是读《水浒传》的人都知道当时的政治腐败，善良的百姓都因躲避税吏贪官，相继身入绿林而落草为寇，成了梁山上的英雄好汉了。

在苏东坡的青年时期，朝廷之上有一批醇儒贤臣。到北宋将亡之际，此等贤臣已悉数凋零，或是丢官去位。在朝廷第一次迫害儒臣，排除御史台的守正不阿之士，而由新法宰相王安石安排的若干小人取而代之，此时至少尚有二十余位纯良儒臣，宁愿遭受奸宄之毒手，不肯背弃忠贞正义。等到第二次党争祸起，在愚痴的童子帝王统治之下，忠良之臣大多已经死亡，其余则在流谪中弃世。宋朝国力之削弱，始自实行新法以防"私人资本之剥削"，借此以谋"人民"之利益，而由一个狂妄自信的大臣任其事。对国运为害之烈，再没有如庸妄之辈大权在握、独断独行时之甚的了。身为诗人、哲人之苏东坡，拼命将自己个人之平实常识，向经济学家王安石的逻辑对抗。王安石鼓吹的那套道理与中国当时所付出的代价，至今我们还没有弄清楚。

王安石在热衷于自己那套社会改革新法之下，自然为达目的而不择手段，自然会将倡异议之人不惜全予罢黜，一项神圣不可侵犯的主张，永远是为害甚大的。因为在一项主张成为不可侵犯之时，要实现此一目的的手段，便难免于残忍，乃是不可避免之事。当时情况如此，自然逃不出苏东坡的慧眼，而且兹事体大，也不是他可以付之轻松诙谐的一笑的。他和王安石是狭路相逢了，他俩的冲突决定了苏东坡一生的宦海生涯，也决定了宋朝帝国的命运。

苏东坡和王安石，谁也没活到亲眼看见他们相争的结果，谁也没看到北方异族之征服中国，不过苏东坡还活到亲眼看见那广事宣传的新政的恶果。他看见了王安石那么深爱的农民必须逃离乡里，并不是在饥馑旱涝的年月,而是在五谷丰登的年月,因为他们没能清还硬逼他们向官家借的款项与利息,因此若胆敢还乡,官吏定要捕之入狱的。苏东坡只能为他们呼天求救,但是却无法一施援手。察访民情的官员,奸伪卑劣,以为对此新政新贵之缺点,最好装聋作哑,一字不提,因为当权诸公并非不知;而对新政之优点,乃予以粉饰夸张,锦上添花。说漫天之谎而成功(倘若那些谎言漫天大,而且又说个不停),并不是现代人的新发明。那些太监也得弄钱谋生。在这种情形之下,玩法弄权毫不负责之辈,就以国运为儿戏,仿佛国破家亡的后果他们是可以逃脱的。苏东坡勉强洁身自全,忍受痛苦,也是无可奈何了。皇帝虽有求治的真诚愿望,但听而不聪,误信人言,终非明主,焉能辞其咎?因为在国家大事上,他所见不明,他每每犯错,而苏东坡则料事无误。在实行新政神圣不可侵犯的名义之下,百姓只有在朝廷的高压政治之下辗转呻吟。在疯狂的争权夺利之中,党派的狂热,竟凌驾乎国家的利益之上。国家的道德力量、经济力量,大为削弱,正如苏东坡所说,在这种情形之下,中国很容易被来自西伯利亚的敌人征服了。群小甘心充当北方强邻的傀儡,名为区域独立,而向金人臣服。在此等情形之下,无怪乎朝廷灭亡,中国不得不迁往江南了。宋室宫阙在北方铁蹄之下化为灰烬之后,历史家在一片

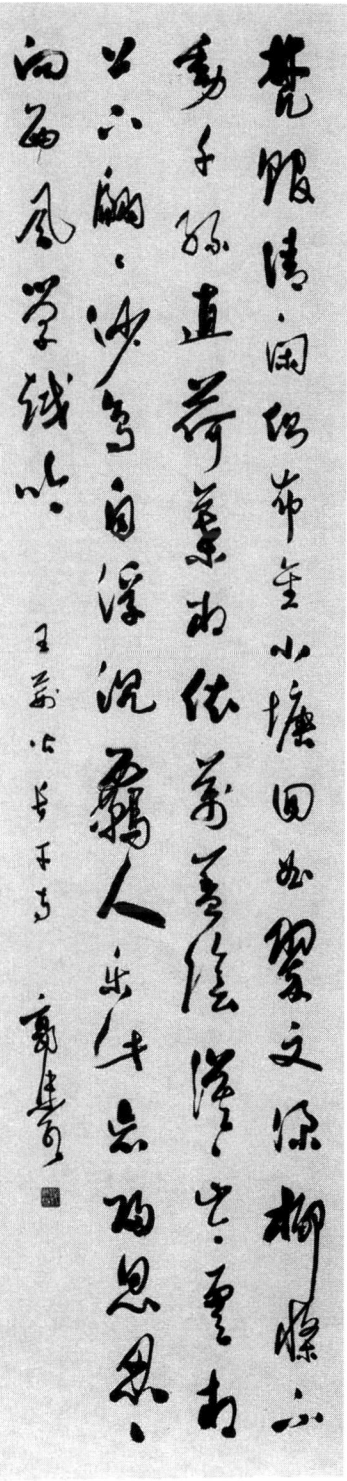

郭沫若录王安石《长干寺》

书法 郭沫若 现代

王安石(1021—1086),字介甫,号半山,江西临川人,北宋政治家、思想家,也是著名文学家,"唐宋八大家"之一。宋神宗时任参知政事后,推行新法。由于新法触及太多人的既得利益,使得他在民间形象一直不佳。

焦瓦废墟中漫步之时，不禁放目观望、低头沉思，以历史家的眼光、先知者的身份，思索国家百姓遭此劫难的原因，但是时过境迁，为时已迟了。

苏东坡去世一年，在当权的宵小未把长江以北拱手奉送与来自穷沙大漠的他们那异国的君王时，一件历史上的大事发生了。那就是有名的元祐党人碑的建立，也是宋朝朋党之争的一个总结。元祐是宋哲宗的年号（一〇八六——一〇九四），在这些年间，苏东坡的蜀党当权。元祐党人碑是哲宗元祐年间当政的三百零九人的黑名单，以苏东坡为首（作者误，碑上为首者为司马光——编者注）。碑上有奉圣旨此三百零九人及其子孙永远不得为官，皇家子女亦不得与此名单上诸臣之后代通婚姻，倘若已经订婚，也要奉旨取消。与此同样的石碑要分别在全国各县竖立，直到今天，中国有些山顶上还留有此种石碑。这是将反对党一网打尽、斩尽杀绝的办法，也是立碑的宵小蓄意使那些反对党人千年万载永受羞辱的办法。自从中国因王安石变法使社会衰乱，朝纲败坏，把中国北方拱手让与金人之后，元祐党人碑给人的观感，和立碑的那群小人的想法，可就大为不同了。随后一百多年间，碑上人的子孙，都以碑上有他们祖先的名字向人夸耀。这就是元祐党人碑在历史上出名的缘故。实际上，这些碑上的祖先之中，有的并不配享有此种荣耀，因为在立碑时要把反对党赶尽杀绝，那群小人便把自己个人的仇敌的名字也擅自列入了，所以此一黑名单上的人是好坏兼而有之的。

在徽宗崇宁五年（一一〇六）正月，出乎神意，天空出现彗星，在文德殿东墙上的元祐党人碑突遭电击，破而为二。此是上天降怒，毫无疑问。徽宗大惧，但因怕宰相反对，使人在深夜时分偷偷儿把端礼门的党人碑毁坏。宰相发现此事，十分懊恼，但是却大言不惭地说道："此碑可毁，但碑上人名则当永记不忘！"现在我们知道，他是如愿以偿了。

雷电击毁石碑一事，使苏东坡身后的名气越来越大。他死后的前十年之间，凡石碑上刻有苏东坡的诗文或他的字的，都奉令销毁，他的著作严禁印行，他在世时一切官衔也全予剥夺。当时有作家在杂记中曾记有如下文句："东坡诗文，落笔辄为人传诵。……崇宁、大观间，海外诗盛行。……是时朝廷虽尝禁止，赏钱增至八十万，禁愈严而传愈多，往往以多相夸，士大夫不能诵坡诗者，便自觉气索，而人或谓之不韵。"

雷击石碑后五年，一个道士向徽宗奏称，曾见苏东坡的灵魂在玉皇大帝驾前为文曲星，掌诗文。徽宗越发害怕，急将苏东坡在世时最高之官爵恢复，后来另封高位，为苏东坡在世时所未有。在徽宗政和七年（一一一七）以前，皇家已经开始搜集苏东坡的手稿，悬价每一篇赏制钱五万文。太监梁师成则付制钱三十万文购买颍州桥上雕刻的苏东坡的碑文（早已经被人小心翼翼地隐藏起来），这笔钱在当时的生活来说，是够高的价钱。另外有人出五万制钱购买一个学者书斋上苏东坡题匾的三个字。这时苏东坡的诗文字画在交易上极为活跃，不久之后，这些宝贵的手稿不是进入皇宫成了御览之宝，便成了富有的收藏家手中的珍品。后来金人攻下京师，特别索取苏东坡和司马光的书画，作为战利品的一部分，因为苏东坡的名气甚至在世时已经传到了塞外异族之邦。苏东坡的手稿书画中的精品，有一部分，敌人用车装运到塞外，同时徽、钦二帝也随车北掳，竟至客死番邦（当时徽宗已让位于儿子钦宗）。苏东坡遗留下的文物未遭毁灭者，也由收藏家运到了江南，始得以保存于天地之间。

苏东坡业已去世，有关时政的感情冲动的争斗风暴也已过去，南宋的高宗皇帝坐在新都杭州，开始阅读苏东坡的遗著，尤其是他那有关国事的文章，越读越敬佩他的谋国之忠，越敬佩他的至刚大勇。为了追念苏东坡，他把苏东坡的一个孙子苏符赐封高官。所有这些举动，都使苏东坡身后的名气地位达到巅峰。到孝宗乾道六年（一一七〇），赐他谥号文忠公，又赐太师官阶（宋史中说是宋高宗所封——编者注）。皇帝对他的天才的褒扬，至今仍不失为最好的赞词。到今天，各种版本的苏文忠公全集上的卷首，都印有皇帝的圣旨和皇帝钦赐的序言。兹将封他为太师之位的那道圣旨转录于后（《四库全书·苏轼集》中说圣旨出自宋高宗——编者注）：

《元祐党籍碑》

石碑　1211年　现存于广西融水的《元祐党籍碑》，亦称《元祐党人碑》《元祐奸党碑》。宋徽宗即位后，听蔡京之言，将哲宗元祐中任职、曾对王安石新法不满的大臣数百人列为"元祐奸党"，并将其名单刻石，颁布全国。

敕：朕承绝学于百圣之后，探微言于六籍之中，将兴起于斯文，爰缅怀于故老。虽仪刑之莫觌，尚简策之可求，揭为儒者之宗，用锡帝师之宠。故礼部尚书、端明殿学士、赠资政殿学士谥文忠苏轼，养其气以刚大，尊所闻而高明。博观载籍之传，几海涵而地负；远追正始之作，殆玉振而金声。知言自况于孟轲，论事肯卑于陆贽。方嘉祐全盛，尝膺特起之招；至熙宁纷更，乃陈长治之策。叹异人之间出，惊谗口之中伤。放浪岭海而如在朝廷，斟酌古今而若斡造化。不可夺者峣然之节，莫之致者自然之名。经纶不究于生前，议论常公于身后。人传元祐之学，家有眉山之书。朕三复遗编，久钦高躅。王佐之才可大用，恨不同时；君子之道暗而彰，是以论世。倘九原之可作，庶千载以闻风。惟而英爽之灵，服我衮衣之命，可特赠太师。余如故。

由此观之，苏东坡在中国历史上的特殊地位，一则是由于他对自己的主张原则，始终坚定而不移；二则是由于他诗文书画艺术上的卓绝之美。他的人品道德构成了他名气的骨干，他的风格文章之美则构成了他精神之美的骨肉。我不相信我们会从内心爱慕一个品格低劣无耻的作家，他的文字再富有才华，也终归无用。孝宗赐予《苏东坡集》的序言就盛赞他浩然正气的伟大，这种正气就使他的作品不同于那些华丽柔靡之作，并且使他的名气屹立如山，不可动摇。

但是，现在我们不要忘记苏东坡主要是个诗人、作家。他当然是以此得名的。他的诗文中有一种特质，实在难以言喻，经过翻译成另一种文字后，当然

更难以捉摸。杰作之所以成为杰作，就因为历代的读者都认为"好作品"就是那个样子。归根结底，文学上万古不朽的美名，还是在于文学所给予读者的快乐上，但谁又能说究竟怎样才可以取悦读者呢？使文学作品有别于一般作品，就在于在精神上取悦于人的声韵、感情、风格而已。杰作之能使历代人人爱读，而不为短暂的文学风尚所掩没，甚至历久而弥新，必然具有一种我们称之为发自肺腑的"真纯"，就犹如宝石之不怕试验，真金之不怕火炼。苏东坡写信给谢民师时说："文章如精金美玉，市有定价，非人所能以口舌定贵贱也。"（此话为欧阳修所言，此处为苏东坡转引——编者注）

可是，使作品经久而不失其魔力的"真纯"又为何物？苏东坡对写作与风格所表示的意见，最为清楚。他说做文章"大略如行云流水，初无定质，但常行于所当行，常止于所不可不止，文理自然，姿态横生。孔子曰：'言之不文，行而不远。'又曰：'辞达而已矣。'夫言止于达意，即疑若不文，是大不然。求物之妙，如系风捕影，能使是物了然于心者，盖千万人而不一遇也。而况能使了然于口与手者乎？是之谓辞达。辞至于能达，则文不可胜

《赤壁图》

中国画 仇英 明

苏东坡在诗、文、词、书、画等方面均取得了登峰造极的成就，是中国历史上少有的文学和艺术天才。他的为人和才情也引得无数后人为之倾倒，这幅《赤壁图》就是明代大画家臆想中的苏东坡游赤壁的情景。

用矣。扬雄好为艰深之词，以文浅易之说，若正言之，则人人知之矣，此正所谓'雕虫篆刻'者"。在此为风格作解释，苏东坡很巧妙地描写了他自己的为文之道，其行止如"行云流水"，他是把修辞作文的秘诀弃之而不顾的。何时行、何时止是无规矩法则可言的。只要作者的情思美妙，他能真实精确地表达出来，表达得够好，迷人之处与独特之美便自然而生，并不是在文外附着的身外之物。果能表现精妙而能得心应手，则文章的简洁、自然、轻灵、飘逸，便能不求而自至，此处所谓文章的简洁、自然、轻灵、飘逸，也就是上好风格的秘诀。文章具有此等特性，文章便不至于索然无味，而我们也就不怕没有好文章读了。

不管怎么说，能使读者快乐，的确是苏东坡作品的一个特点。苏东坡最快乐就是写作之时。一天，苏东坡写信给朋友说："我一生之至乐在执笔为文之时，心中错综复杂之情思，我笔皆可畅达之。我自谓人生之乐，未有过于此者也。"苏东坡的文字给他同时代人的感受，亦复如此。欧阳修说每逢他收到苏东坡新写的一篇文章，他就欢乐终日。宋神宗的一位侍臣对人说，每逢皇帝陛下举箸不食时，必然是正在看苏东坡的文章。即便是苏东坡贬谪在外时，只要有他的一首新作的诗到达宫中，神宗皇帝必当诸大臣之面感叹赞美之。但是皇上对苏东坡的感叹赞美就正使某些大臣害怕，必使神宗在世一日，使苏东坡一直流放在外，不能回朝。

有一次，苏东坡写文章力辩文章本身使人感到快乐的力量，就是文学本身的报酬。在世的最后一年他有时曾想抛弃笔墨根本不再写作，因为他一辈子都是以笔买祸。他在给刘沔的回信中说："轼穷困，本坐文字，盖愿剜形去皮而不可得者。然幼子过文益奇，在海外孤寂无聊，过时出一篇见娱，则为数日喜，寝食有味。以此知文章如金玉珠贝，未易鄙弃也。"作者自由创作时，能自得其乐，读者阅读时，也觉愉悦欢喜，文学存在人间，也就大有道理了。

苏东坡天赋的才气，特别丰厚，可以说是冲破任何界限而不知其所止。他写诗永远清新，不像王安石的诗偶尔才达到完美的境界。苏诗无须乎获得那样完美。别的诗人作诗限于诗的辞藻，要选用一般传统的诗的题材，而苏东坡写诗不受限制，即便浴池内按摩筋骨亦可入诗，俚语俗句用于诗中，亦可听来入妙。往往是他在作诗时所能独到而别的诗人之所不能处，才使他的同道叹服。他在文学上的主要贡献，是在从前专限于描写闺怨相思的词上，开拓其领域，可以谈道谈禅，谈人生哲理，而且冒极大之危险在几乎不可能的情形之下成功了。因为他经常必须在饭后当众作诗，通常他比别人写起来快，也写得好。他

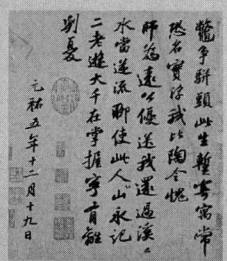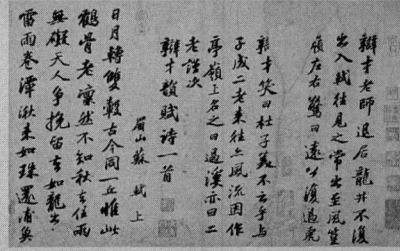

苏东坡手迹

书法　苏东坡　1191年

北宋年间高僧辩才在寺中静修，发誓不出山门。某日苏东坡拜访完辩才后，辩才送东坡出寺。两人谈兴犹浓，不知不觉过了寺前的归隐桥。虽然破坏了辩才的规矩，辩才却笑以杜诗道："与子成二老，来往亦风流。"苏东坡也为此赋诗，以东晋陶渊明访友的故事比拟两人的友谊。

的思想比别人清新，类比典故也比别人用得恰当。有一次在黄州为他送行的筵席上，一个歌伎走到他面前，求他在她的披肩上题诗。但是苏东坡从来没听说有此一歌伎，立即吩咐她研墨，拿笔立即开头写道：

东坡七岁黄州住，
何事无言及李琪。

至此停下，接着与朋友说话。在座的人以为这是很平淡无味的起头，而且仅仅两句，全诗尚未完稿。东坡继续吃饭谈笑。李琪上前求他把诗写完。东坡又拿起笔来，将此首七绝的后两句一挥而就：

恰似西川杜工部，
海棠虽好不留诗。

此诗音韵谐和，犹如一粒小宝石，有轻灵自然之美。对李琪的恭维恰到好处，因而使此一黄州歌伎的芳名也永垂不朽了。中国诗的韵律很严，在用典故时需要高度的技巧，在和别人的诗时，也要用同样的字，押同样的韵。不知何故，苏诗的韵，总比别人的用韵自然，并且他的用典，经仔细看

第一章　文忠公

013

《竹》

中国画 文同 宋 中国台北故宫博物院藏

苏东坡在绘画方面，画竹师文同（即文与可），但文更加简劲，且具掀舞之势。苏东坡的论画影响更为深远，主张画外有情，反对形似，反对程式束缚，提倡"诗画本一律，天工与清新"，并明确提出"文人画"的概念，为其后文人画的发展奠定了理论基础。

来，含义更深。在写散文时，他笔力所及，至为广阔，自庄严纯正的古文风格，至轻松曼妙、扣人心弦的小品，无所不能，各臻其妙。东坡之以大家称，不无故也。

因此之故，苏东坡在中国是主要的诗人和散文家，而且他也是第一流的画家、书家，善谈吐，游踪甚广。天生聪慧，对佛理一触即通，因此，常与僧人往还，他也是第一个将佛理入诗的。他曾猜测月亮上的黑斑是山的阴影。他在中国绘画上创出了新门派，那就是文人画，而使中国艺术增加了独特的优点。他也曾开凿湖泊河道，治水筑堤。他自己寻找草药，在中国医学上他也是公认的权威。他也涉猎炼丹术，直到临去世之前，他还对寻求长生不死之药极感兴趣。他曾对神恳求，与妖魔争辩，而且有时他居然获胜。他想攫取宇宙间的奥秘，不幸未竟全功，只成功了一半，乃一笑而逝。

倘若不嫌"民主"一词今日用得太俗滥的话，我们可以说苏东坡是一个极讲民主精神的人，因为他与各行各业都有来往，帝王、诗人、公卿、隐士、药师、酒馆主人、不识字的农妇。他的至交是诗僧、无名的道士，还有比他更贫穷的人。他也喜爱官宦的荣耀，可是每当他混迹人群之中而无人认识他时，他却最为快乐。他为杭州、广州兴办水利，建立孤儿院与医院，创监狱医师制度，严禁杀婴。在王安石新法的社会改革所留下的恶果遗患之中，他只手全力从事救济饥荒，不惜与掣肘刁难的官场抗争。当时似乎是只有他一个人关心那千里荒旱，流离饿殍。他一直为百姓而抗拒朝廷，为宽免贫民的欠债而向朝廷恳求，必至成功而后已。他只求独行其是，一切付之悠悠。今天我们确实可以说，他是具有现代精神的古人。

第二章 眉 山

自长江逆流而上,经汉口,过名满天下的三峡,便进入了中国西南的一大省份——四川。再沿江上行,过重庆,直到水源,便可看见一尊大石佛,其高三百六十英尺,是由江边一个悬崖峭壁雕刻而成。在此四川省西部的边界,在雄伟高耸的峨眉山麓,就是乐山,当年在苏东坡时名为嘉州,岷江就在此处流入长江。岷江自大西北原始部落聚居的山岭上,汹涌澎湃奔流而至,与来自峨眉的另一河流汇合后,直向乐山的大石佛奔腾而来,洪流渐渐折向东南,然后向东,便一直流入中国海。在千年万古为阴云封闭的峨眉山的阴影中,在乐山以北大约四十英里之外,便是眉州的眉山镇。在中国文学史上,这座小镇便以当地一个杰出的文学世家出了名。这一家便是苏家,亦即人所周知的"三苏"。父亲苏洵,生有二子,长子苏轼,字子瞻,号东坡;次子苏辙,字子由,父子三人占唐宋八大家中的三席之地。

在乐山,当年也和现在一样,旅客可以乘一小舟自玻璃江逆流而上直到眉山。玻璃江因其水色而得名，因为在冬季，水色晶莹深蓝；夏季之时，急流自山峦间奔流而至，水色深黄。玻璃江为岷江一支流，因眉山位于乐山与四川省会成都两地之间，凡欲赴省会之旅客，必须经过眉山。若坐帆船上行，可以看见蟆颐山临江而立。山势低而圆，与江苏之山形状相似。此处即是眉山，即"三苏"的故乡。幸亏战国时代李冰的治水天才，当地才有完整的水利灌溉沟渠，千余年来，在良好维护之下，始终功能完好，使川西地区千年来沃野千里，永无水患。蟆颐山的小山丘下，稻田、果园、菜圃，构成广漠的一带平原，竹林与矮小的棕树则点缀处处。自南方进入眉山镇，沿着整洁的石板路走，便可到达城镇的中心。

眉山并非一个很大的城市，但住家颇为舒适。一个十二世纪的诗人曾描述眉山，他说眉山镇上街道整洁，五六月间荷花盛放，最为有名。当地种植荷花已成一项庞大行业，因为邻近各市镇的荷花贩子都来此地采购荷花。人在街上步行之时，会见到路旁许多荷花池，花朵盛开，香气袭人。在纱縠巷，有一座中等结构的住宅。自大门进入，迎面是一道漆有绿油的影壁，使路上行人不至于看见住宅的内部。影壁之后，出现一栋中型有庭院的房子。在房子附近，有一棵高大的梨树，一个池塘，一片菜畦。在这个小家庭花园之中，花和果树的种类繁多，墙外是千百竿翠竹构成的竹林。

宋仁宗景祐三年（一〇三六）十二月十九日，在这栋房子里，一个婴儿脚踢着襁褓的包布，发出了啼声。自从第一个儿子夭折之后，这个初生的婴儿便成了这家的长子。现在在这儿趁着这个婴儿并没有什么特别的活动，也可以说只像其他的婴儿一个样地活动之时,我们利用这段时光把这一家大略看一下吧。不过关于这个孩子的生日先要说一说,不然会使海外中国传记的读者感到纷乱。在中国,小儿初生便是一岁,这是由于中国人历来都愿早日达到受人尊敬的高龄的缘故。第一个新年一到,人人都长了一岁,这个婴儿就是两岁。根据中国的计算法,一个人在他生日前来算,他总比实际年龄大两岁,在生日之后算,总是大一岁。在本书里,年龄是按西方方法计算的,不再精确估计生日。不过在论到苏东坡,还是要顾到一点儿精确。因为他一降生就是一岁大,那是十二月十九日,

再新年来临，他就已经两岁大——实际上他还不足半个月。因为他的生日是在年终，按中国年岁计算，他总是比实际年龄大两岁。

关于他的生日要说的第二件事，他的降生是在天蝎宫（实际是摩羯座——编者注）之下。照他自己的话说，这就是为什么他一生饱经忧患的原因，不管是好谣言、坏谣言，他总是谣言的箭垛，太好

乐山大佛

石像　唐
乐山大佛坐落在峨眉山东麓的栖鸾峰，依山开凿，又名凌云大佛，是世界现存最大的一尊摩崖石像。苏东坡的出生地就在这座赫赫有名的大佛北面的眉山镇。现在眉山的旅游宣传语就是"东坡故里，中国词乡，诗书古城，道教圣地，长寿之邦"。

的谣言，他当之有愧；太坏的谣言，他无端受辱。这种命运和韩愈的命运相似。韩愈也是降生于同样的星座，韩愈也是因固执己见而被朝廷流放。

在那栋宅院中，一间屋子墙的正中，挂着一张仙人的画像，画的是八仙中的张果老。婴儿的父亲苏洵，现年二十七岁，正是一生中精神上多灾多难的岁月。他在市场上看见这张画像，乃用一只玉镯子换来的。在过去的七年之中，每天早晨他向这幅张果老像祷告。数年前他妻子已经生了一个女孩儿，再生的就是那个夭折的孩子。他过去一直盼望生个儿子，现在是如愿以偿了。他必然是非常快乐的，并且我们也知道，当时他正在饱受屈辱折磨，痛苦万分。

苏家总算是个小康之家，自己有田产，也许比一般中产之家还较为富有。家中至少有两个侍女，并且家里还能给苏东坡和在他之前的姐姐各雇用一个奶妈。等弟弟辙生下时，家中还能再雇一个奶妈。这兄弟二人的两个奶妈，按照中国的习惯，要一直跟她们照顾到成年的孩子过活一辈子。

苏东坡一降生，祖父仍然健在，正是六十三岁。他祖父以前年轻时，生得高大英俊，身体健壮，酒量极大，慷慨大方。后来苏东坡已经成为当代公认的文坛泰斗，官居翰林学士知制诰之职，家已移居到开封城皇宫附近。一天，几个至交与仰慕他的人前去拜访，正好那天是他祖父的寿诞之期，他就开始向来客述说这位怪老汉的几件趣事。老人不识字，但是人品不凡。那时他们正住在乡间，自己广有田地。他祖父不像别家那样储存食米，却以米换谷，在自家谷仓中存了三四万石之多。别人不知道他何以如此。随后荒年歉收，他祖父乃开仓散粮，先给他自己的近族近亲，然后才轮到他妻子的娘家人，再后给他家的佃农，最后给同村的贫民。这时别人才知道他当初为什么广存稻谷——因为稻谷可藏数年，而稻米天潮时则易霉坏。他祖父衣食无忧，优哉游哉，时常携酒一樽，与亲友在青草地上席地而坐，饮酒谈笑，以遣时光。大家饮酒高歌，令规矩拘谨的农人都大为吃惊。

一天，老汉正在喝酒取乐，重要消息来到了。他的二儿子，苏东坡的叔父，已赶考高中。在邻近还有一家，儿子也是同样考中。那是苏东坡的外祖母程家。因为苏程联姻，所以可以说是双喜临门。程家极为富有，算得上有财有势，早就有意大事铺张庆祝，而苏家的老汉则无此意。知父莫如子，苏东坡的叔叔亲自派人由京中给老人家送上官家的喜报，官衣官帽，上朝用的笏板，同时还有两件东西，就是太师椅一张，精美的茶壶一个。喜信到时，老汉正在醺醺大醉，手里攥着一大块牛肉吃。他看见行李袋里露出官帽上的红扣子，一下

子就明白了。但是当时酒力未消,他拿起喜报,向朋友们高声宣告,欢乐之下,把那块牛肉也扔在行李袋里,与那喜报官衣官帽装在一处。他找了一个村中的小伙子为他背行李袋,他骑着驴,往城里走去。那是他一生中最快乐的日子。街上的人早已听到那个考中的消息,等一看见酩酊大醉的老汉骑在驴背上,后面跟着一个小子扛着一件怪行李,都不禁大笑。程家以为这是一件令人丢脸的事,而苏东坡则说只有高雅不俗之士才会欣赏老人质朴自然之美。此老汉也是一个思想开通的人。一天,他在大醉之下,走进一座庙里,把一尊神像摔得粉碎。原来他早已对那尊像怀有恶感,并且那尊神像全村人都很惧怕,更可能的理由是对那庙里的庙祝存有敌意,因为他常向信徒们勒索钱财。

　　苏东坡的酒量倒不是由祖父那里继承而来的,但是他的酒趣则是得自祖父,以后不难看出。这位不识字的老汉的智慧才华,原是在身上深藏不露的,结果却在他儿子的儿子的身上光荣灿烂地

三苏祠

建筑　始建于宋

三苏祠位于眉山市城郊,是苏洵、苏轼、苏辙的故居,元代建为祠,祭祀三苏。三苏父子以其辉煌的文学成就同登"唐宋八大家"之列,千古文章辉耀古今。三苏在文学上既同出一源,又各具特色,人称"凝练老泉,豪放东坡,冲雅颖滨"。

盛放了。身心精力过人的旺盛，胸襟气度的开阔，存心的纯厚正直，确都潜存在老人的身上。苏家在当地兴起，和别的望族世家之兴起一样，也是合乎无限的差异变化与物竞天择的自然规律。对于苏东坡外婆家的才智如何，我们尚无明证，但是苏程两家血统的偶然混合，不知在何种情形之下，竟产生了文学天才。

此外，祖父对他孙子的文学生活并无什么大的影响，只是一点，祖父的名字是"序"。当年对一个作家而言，这确是最为难的事，因为苏东坡是个名作家，必须写很多序。苏东坡若用"序"这个字，便是对祖先失去尊敬。于是他只好把他作品中所有的"序"，都改称之为"引"。不称父母与祖父母的名讳，在中国是很古老的风俗，有时候十分麻烦，尤其父亲的名字是很普通的字时为甚。在中国最伟大的史学家司马迁的皇皇巨著中，我们找不到一个"谈"字，因为"谈"是他父亲的名字。有一个人名叫"赵谈"，司马迁竟擅自改为"赵通"（实改为"赵同"——编者注）。同样，《后汉书》的作者范晔必须避开他父亲的名字"泰"，所以今天我们在他那一百二十卷的大作中找不到一个"泰"字。诗人李翱的父亲名"今"，于是此位诗人必须用一个古字代替现代这个普通字"今"。这种禁忌是由禁写当朝皇帝名字的禁忌而起。科举考试时，考生的名字之中若有一个字与当朝已驾崩的皇帝的名字相同，则被逐出考场。可是皇帝通常总是称年号或谥号，而不称名，所以就有不少考生忘记了皇帝的名字，而真被逐出考场。有时一个皇帝也会在这方面犯了禁忌，因为谁也不易随时记着十代祖先的名字。一次，一个皇帝一时没记清楚，在给一座亭子起名字时用错了字，忽然想起来犯了禁忌，误用了祖先之名。于是，刚为那个亭子颁赐了名字，立刻又改换。

苏东坡的父亲苏洵，天性沉默寡言，就其政治上的抱负而言，他算是抑郁终生，不过在去世之前，他想追求的文名与功名，在他的两个儿子身上实现了。苏洵禀赋颖异，气质谨严，思想独立，性格古怪，自然不是易于与人相处的人。直至今日，人人都知道他到二十七岁时，才发愤读书。大人常举这件事来鼓励年轻人，告以只要勤勉奋发，终会成功的。当然，聪明的孩子也许会推演出相反的结论，那就是孩童之时不一定非要专心向学。事实上，苏洵在童年并非没有读书作文学习的机会，而似乎是，苏洵个性强烈，不服管教，必又痛恨那个时代的正式教育方式。我们都知道好多才气焕发的孩子确是如此。若说他在童年时根本没读书写字做文章，恐非事实。他年轻之时，必然给程家有足够好的印象，不然程家不会愿意把女儿嫁给他的。另外，同样令人惊异的是，他晚到二十七岁才发愤读书，而能文名大噪，文名不为才气纵横的儿子的文名所掩，这究属极不寻常之事。

　　大约他得了长子之后，自己的态度才严肃起来，追悔韶光虚掷，痛自鞭策。他看到自己的哥哥、自己的内兄，还有两个姐丈，都已科考成功，行将为官做吏，因而觉得含羞带愧，脸上无光。此等情事，即便平庸之才，都会受到刺激，对一个天赋智力如此之高的人，当时的情形一定使他无法忍受，今日由他的文集中所表现的才智看，我们对此是不难了解的。在苏洵给他妻子（苏东坡的母亲）的祭文里，他表示妻子曾激励他努力向学，因为那位程家小姐是曾经受过充分的良好教育的。祖父对他儿子并没有说什么，也没有做什么，在他眼里，他这个儿子，无论从哪方面看，只是一个倔强古怪的孩子，虽有天才却是游手好闲不肯正用。有朋友问他，为什么他儿子不用心读书而他也不肯管教，

东坡醉月雕像

铸铜雕像　现代

在苏东坡丰富的文化遗存中，给人留下印象最深的是酒文化。他饮酒的"知名度"虽远不及李白，但堪称酒德典范。他在晚年有一段自叙："予饮酒终日，不过五合，天下之不能饮，无在予下者。然喜人饮酒，见客举杯徐引，则予胸中为之浩浩焉，落落焉，酣适之味，乃过于客。闲居未尝一日无客，客至，未尝不置酒。天下之好饮，亦无在予上者。"

他很平静地回答说:"这个我不发愁。"他的话暗示出来他那才气焕发而不肯务正的儿子总有一天会自知犯错、会痛改前非,他是坚信而不移的。

　　四川的居民,甚至远在宋代,就吃苦耐劳,机警善辩,有自持自治的精神,他们像偏远地区的居民一样,依然还保持一些古老的风俗文化。由于百年前本省发明了印刷术(学界对于印刷术的发明地,尚有争议。但宋代的四川确实是印刷中心之一——编者注),好学之风勃然兴起。在苏东坡的时代,本省已经出了不少的官员、学者。其学术的造诣都高于当时黄河流域一带,因为在科举时,黄河一带的考生都在作诗方面失败。成都是文化中心,以精美的信笺、四川的锦缎、美观的寺院出名。还有名妓、才女,并且在苏东坡出世百年以前,四川还出了两个有名气的女诗人。那些学者文人在作品上,不同于当时其他地区文章浮华虚饰的纤丽风格,仍然保有西汉朴质道健的传统。

　　在当年,也和如今一样,四川的居民都耽溺于论争,酷爱雄辩的文章。甚至在中等社会,谈话之时都引经据典,富有妙语佳趣,外省人看来,都觉得充满古雅精美的味道。苏东坡生而辩才无碍,口舌之争,决不甘拜下风。他的政论文章,清晰而有力,非常人可望其项背,数度与邪魔鬼怪的争辩,自然更不用提了。东坡和他父亲,被敌人攻击时,都被比之为战国诡辩游说之士,而友人则誉之为有孟轲文章的雄辩之风,巧于引喻取譬,四川人为律师,必然杰出不凡。

　　就因为这种理由,眉州人遂有"难治"之称。苏东坡一次辩称:此地居民,不同于教养落后之地,不易为州官所欺。士绅之家,皆置有法律之书,不以精通法律条文为非。儒生皆力求遵守法律,亦求州官为政不可违法。州官若贤良公正,任期届满之时,县民必图其像,悬于家而跪拜之,铭之于心,五十年不能忘。当地人像现代的学生一样,新教师初到任,他们要对他施以考验。州官若内行干练,他们决不借故生非。新州官若但有扰民傲慢之处,以后使他为难棘手之事多矣。正如苏东坡所说,眉州之民难治,非难治也,州官不知如何治之耳。

　　在眉州那些遗风古俗之外,民间还发展出一项社会的门阀制度。著有名声的世家列为甲等、乙等,而称之为"江卿"。江卿之家不与普通人家通婚嫁,只要对方非江卿一等,再富而有势,亦不通融。另外,农民之间有一种完美的风俗。每年二月,农人开始下田工作,四月份以前拔除野草。农人数百之众,共同动手。选出二人管理，一人管钟漏，一人管击鼓。一天的开工收工完全听从鼓声。凡迟到与工作不力者皆受处罚交纳罚金。凡田多而工作人少者，都捐款归公。收割已毕，农民齐来，盛筵庆祝，击破陶土做的钟漏，用所收的罚金与指派的捐款，购买羊肉美酒，共庆丰收。这项典礼开始时，先祭农神，然后大吃大喝，直至兴尽，才各自归家。

第三章 童年与青年

苏东坡八岁到十岁之间，他父亲进京赶考，落第之后，到江淮一带游历，母亲在家管教孩子。这段时间，家中发生一件事，《宋史·苏轼传》与苏辙为他哥哥写的长篇墓志铭（即《亡兄子瞻端明墓志铭》——编者注）里，都有记载。母亲那时正教孩子《后汉书》。书上记载后汉时朝政不修，政权落入阉宦之手，当时书生儒士反抗不阴不阳的小人统治。贪婪、纳贿、勒索、滥捕无辜，是经常有的事。因为地方官都是那些太监豢养的走狗小人，忠贞廉正之士和太学生，竟不惜冒生命之险，上书弹劾奸党。改革与抗议之声，此起彼落；调查与审讯之事，层出不穷。当时学者与太学生辈，在朝廷圣旨颁布之下，或遭皮肉之苦，或遭迫害折磨，或遭谋杀丧命。

在这群正人学者中，有一个勇敢无畏的青年，名叫范滂，而苏洵的妻子教儿子读的正是《范滂传》：

建宁二年，遂大诛党人，诏下急捕滂等。督邮吴导至县，抱诏书，闭传舍，伏床而泣。滂闻之，曰："必为我也。"即自诣狱。县令郭揖大惊，出解印绶，引与俱亡。曰："天下大矣，子何为在此？"滂曰："滂死则祸塞，何敢以罪累君，又令老母流离乎！"其母就与之诀。滂白母曰："仲博孝敬，足以供养，滂从龙舒君归黄泉，存亡各得其所。惟大人割不可忍之恩，勿增感戚。"母曰："汝今得与李、杜齐名，死亦何恨！既有令名，复求寿考，可兼得乎？"滂跪受教，再拜而辞。顾谓其子曰："吾欲使汝为恶，则恶不可为；使汝为善，则我不为恶。"行路闻之，莫不流涕。时年三十三。

小东坡抬头望了望母亲，问道："妈，我长大之后若做范滂这样的人，您愿不愿意？"母亲回答道："你若能做范滂，难道我不能做范滂的母亲吗？"

东坡六岁入学。这个私塾不算小，有学童一百多人，只有一个老师，是个道士。苏东坡那副绝顶聪明的幼小头脑，很快就显露出来。在那么多的学童中，苏东坡和另外一个学生是最受老师夸奖的。那个学生是陈太初，后来也考中科举，但是出家做了道士，一心想求道成仙去了。陈太初在晚年时，一直准备白昼飞升。一天，他去拜访一个朋友，朋友给他食物、金钱。他出门之后，把那食物、金钱全散与穷人，自己在门外盘膝打坐，在不食人间烟火之下，就准备脱离此红尘扰攘的人间世。几天之后，他呼吸了最后一口气就不动弹。那位朋友叫仆人把他的尸体移走。但是当时正是新年元旦，在一年如此吉祥的日子，仆人们不愿去搬运尸体。但是死人说了话："没关系，我可以自己搬运。"他立起身来，自己走到野外，在一个更为舒适的地方死去。这就是一般所谓道家修炼之士的"白昼飞升"。

《秋庭婴戏图》

中国画 苏汉臣 宋 中国台北故宫博物院藏

苏汉臣，南北宋之交时的画师，擅长婴孩画。他的婴戏图画风被认为是"着色鲜润、体度如生"。《秋庭戏婴图》以细腻的笔法，描绘两个锦衣孩童在庭园玩着一种推枣磨的游戏。庭园中，一柱擎天的太湖石旁，芙蓉与雏菊摇曳生姿，点出秋日庭园景致，树石、器物皆刻画入微。这种细腻写实风格及注重细节的描写，都是宋代写实风格的代表。

幼年时，苏东坡在读书之外，富有多方面的兴趣。放学之后，他就回家往鸟巢里窥探。他母亲已经严格告诫东坡与家中的侍女，不得捕捉鸟雀。因此之故，数年之后，鸟雀知道在庭园里不会受害，有的就在庭园的树枝上做巢，矮得孩子们都可以望得见。有一只羽毛极其美丽鲜艳的小鸟，一连数日到他家的庭园去，苏东坡对这只小鸟记得特别清楚。

有时，有官员经过眉山镇，会到苏家拜访，因为东坡的叔叔已经做了官。家里于是忙乱一阵，侍女就光着脚各处跑，到菜园去摘菜、宰鸡，好治筵席待客。这种情形在孩子眼里，留下了很深的印象。

东坡和堂兄妹等常在母亲身边玩耍。他和弟弟辙也常到村中去赶集，或是在菜园中掘土。一天，孩子们掘出来一块美丽的石板，既晶莹光泽，又有精美的绿色条纹。在他们的敲击之下，发出清脆金属之声。他们想用来做砚台，非常合用。砚台必须用一种有气孔的特别石头，要善于吸收潮湿，并且善于保存潮湿。这种好砚台对书法艺术十分重要。一方上品砚台往往为文人视为至宝。好砚台是文人书桌子上的重要物品，因为文人一天大半的生活都与之有密切关系。父亲给孩子一方砚台，他必须保存直到长大成人，他还要在砚台上刻上特别的词句，祝将来文名大噪。

据有些文字记载，苏东坡十岁时，已经能写出出奇的诗句。在他那篇《黠鼠赋》里，我们找到了两句。这篇短文字是描写一只狡猾的小老鼠，掉入一个瓦瓮里，假装已死，等把瓮倒在地上，它便急速逃去，这样把人欺骗过。大约也正在此时，他的老师正读一篇长诗，诗里描写当时朝廷上一群著名的学者。苏东坡这个幼小的学童在老师肩膀后面往前窥探了一下，就开始问到与他们有关的问题。他们都是中国历史上的名人，因为在苏东坡的童年，中国是在宋朝最贤明的君主统治之下，他极力奖励文学艺术。国内太平无事，中国北方与西北的金、辽、西夏等国，这些部落蛮族本来常为患中国，这时也与宋朝相安无事。在这样的朝廷之下，贤良之臣在位，若干文才杰出的人士都受到恩宠，侍奉皇帝，点缀升平。正是在这个时候，幼童苏东坡首次听到欧阳修、范仲淹等人的大名，当下深受鼓舞。幸好在这位大诗人的童年生活里，我们还有这些对他将来崭露头角的预示。虽然苏东坡记载了不少他成年时代做的梦和梦中未完成的诗句，可是还没有什么无心流露的话，供现代的传记作家使之与解释、直觉、狂想相结合，而捏造出东坡这位诗人下意识中神经病的结构形态。苏东坡倒丝毫没提到尿布和便秘等事呢。

苏东坡十一岁时，进入中等学校，认真准备科举考试。为应付考试，学生必须读经史诗文，经典古籍必须熟读至能背诵。在班上背诵时，学生必须背向老师而立，以免偷看敞开在老师桌子上的文章。肯发愤努力的学生则把历史书上的文字整篇背过。背书时不仅仅注重文章的内容、知识，连文字措辞也不可忽略，因为做文章用的词汇就是从此学来的。用著名的词语与典故而不明言其来源出处，饱学之士读来，便有高雅不凡之乐。这是一种癖好相投者的共用语言。读者对作者之能写此等文章，心怀敬佩，自己读之而能了解，亦因此沾沾自喜。作者与读者所获得的快乐，是由观念的暗示与观念的联想而来的，此种暗示比明白直说更为有力动人，因为一语道破，暗示的魅力便渺不可得矣。

这种背诵记忆实在是艰难而费力的苦事。传统的老方法则是要学生背一整本书，书未加标点，要学生予以标点，用以测验学生是否彻底了解。最努力苦读的学生竟会将经书和正史抄写一遍。苏东坡读书时也是用这种方法。若对中国诗文朴质的经典，以及正史中常见的名称事故暗喻等典故，稍加思索，这种读书方法，自有其优点。因为将一本书逐字抄写之后，对那本书所知的深刻，绝非仅仅阅读多次所能比。这样的用功方法，对苏东坡的将来大有好处，因为每当他向皇帝进谏或替皇帝草拟圣旨之际，或在引用历史往例之时，他决不会茫无头绪，就如同现代律师之引用判例一般。再者，在抄书之时，他正好可以练习书法。

在印刷术发明之前，此种抄写工作自不可免，但是在苏东坡时，书籍的印刷早已约有百年之久。胶泥活字印刷术是由一个普通商人毕昇发明，方法是把一种特别的胶泥做成单个的字，字刻好之后，胶泥变硬；然后把这些字摆在涂有一层树胶的金属盘子上，字板按行排好之后，将胶加热，用一片平正的金属板压在那些排好的字板上，使各字面完全平正。印书完毕之后，再将树胶加热，各字板便从金属盘上很容易脱落下来，予以清洗，下次再用。

苏东坡与弟弟苏辙正在这样熟读大量的文学经典之时，他父亲赶考铩羽而归。当时的科举考试有其固定的规矩形式，就像现代的哲学博士论文一样。当年那种考试，要符合某些标准，需要下过某等的苦功夫，要有记住事实的好记忆力，当然还要一般正常的智力。智力与创造力过高时，对考中反是障碍，并非有利。好多有才气的作家，像词人秦少游，竟而一直考不中。苏洵的失败，其弱点十之八九在作诗上。诗的考试，需要有相当的艺术的雅趣，措辞相当地精巧工稳，而苏洵则主要重视思想观念。因为读书人除去教书之外，仕途是唯一的荣耀成功之路，父亲名落孙山而归，必然是懊恼颓丧的。

晚辈高声朗读经典，老辈倚床而听，抑扬顿挫、清脆悦耳的声音，老辈认为是人生的一大乐事。这样，父亲可以校正儿子读音的错误，因初学者读经典，自然有好多困难。就好像欧阳修和后来苏东坡都那样倚床听儿子读书，现在苏洵也同样倚床听他两个儿子的悦耳读书声。他的两眼注视着天花板，其心情大概正如一个猎人射了最后一箭而未能将鹿射中，仿佛搭上新箭，令儿子再射一样。孩

福禄寿禧年画木雕版

雕版　清代　中国印刷博物馆藏
在活字印刷出现以前，雕版是最先进的印刷方式。现存世界上最早的雕版印刷品为在敦煌发现的唐咸通九年（868）的《金刚经》。雕版印刷需要先在纸上按所需规格书写文字或图画，反贴在刨光的木板上，刻出阳文反体字做成雕版。接着在版上涂墨，铺纸，用棕刷刷印，然后将纸揭起，就成为印品。

子的目光和琅琅之声使父亲相信他们猎取功名必然成功，父亲因而恢复了希望，受伤的荣誉心便不药而愈。这时两个青年的儿子，在熟记经史，在优秀的书法上，恐怕已经胜过乃父而雏凤清于老凤声了。后来，苏东坡的一个学生曾经说，苏洵天赋较高，但是为人子的苏东坡，在学术思想上却比他父亲更渊博。苏洵对功名并未完全死心，自己虽未能考中，若因此对儿子高中还不能坚信不疑，那他才是天下一大痴呆呢。说这话并非对做父亲的有何不敬，因为他以纯粹而雅正的文体教儿子，教儿子深研史书为政之法，乃至国家盛衰隆替之道，我们并非不知。

对苏东坡万幸的是，他父亲一向坚持文章的淳朴风格，力戒当时流行的华美靡丽的习气，因为后来年轻的学子进京赶考之时，礼部尚书兼礼部主试欧阳修，都决心发动一场改革文风运动，便借着那个机会，把只耽溺于雕琢文句、卖弄辞藻的华美靡丽之文的学子，全不录取。所谓华美靡丽的风格，可以说就是堆砌艰深难解之辞藻与晦涩罕见的典故，以求文章之美。在此等文章里，很难找到一两行朴质自然的句子。最忌讳指物直称其名，最怕句子朴质无华。苏东坡称这种炫耀浮华的文章里构句用字各自为政，置全篇效果于不顾，如演戏开场日，项臂各挂华丽珠宝的老妪一样。

这个家庭的气氛，正适于富有文学天才的青年的发育。各种图书插列满架。祖父现在与以前大不相同了，因为次子已官居造务监裁，为父者也曾蒙恩封赠为"大理评事"。此等官爵完全是荣誉性的，主要好处是使别的官员便于称呼。有时似乎是，求得这么一个官衔刻在墓志铭上，这一生才不白过——等于说一个人若不生而为士绅，至少盼望死得像个士绅。若不幸赶巧死得太早，还没来得及获得此一荣耀，死后还有一种方便办法，可以获得身后赠予的头衔。其实在宋朝，甚至朝廷正式官员，其职衔与真正职务也无多大关系。读者看苏家的墓志铭，很容易误以为苏东坡的祖父曾任大理评事，甚至做过太傅，而且误以为他父亲也做过太子太傅——其实这些荣耀头衔都是苏辙做门下侍郎时朝廷颁赠的。苏东坡这时有个叔父做官，两个姑母也是嫁给做官的，因此他祖父和外祖父都拥有官衔，一个是荣誉的，另一个是实际的，刚才已经说过。

在苏家，和东坡一起长大一起读书而将来也与他关系最密切的，就是他弟弟辙，字子由。他们兄弟之间的友爱与以后顺逆荣枯过程中深厚的手足之情，是苏东坡这个诗人毕生歌咏的题材。兄弟二人忧伤时相慰藉，患难时相扶助，彼此相会于梦寐之间，写诗互相寄赠以通音信。甚至在中国伦理道德之邦，兄弟间似此友爱之美，也是迥不寻常的。苏子由生来的气质是恬静冷淡，稳健而实际，在官场上竟尔比兄长得意，官位更高。虽然二人有关政治的意见相同，宦海浮沉的荣枯相同，子由冷静而机敏，每向兄长忠言规劝，兄长颇为受益。也许他不像兄长那么倔强任性；也许因为他不像兄长那么才气焕发，不那么名气非凡，因而在政敌眼里不那么危险可怕。现在二人在家读书时，东坡对弟弟不但是同学，而且是良师。他写的一首诗里说："我少知子由，天资和而清。岂独为吾弟，要是贤友生。"子由也在兄长的墓志铭上说："我初从公，赖以有知。抚我则兄，诲我则师。"

走笔至此，正好说明一下"三苏"的名字。根据古俗，一个中国读书人有几个名字。除去姓外，一个正式名字，在书信里签名，在官家文书上签名，都要用此名字。另外有一个字，供友人口头与文字上称呼之用。普通对一个人礼貌相称时，是称字而不提姓，后而缀以"先生"一词。此外，有些学者文人还另起雅号，作为书斋的名称，也常在印章上用，此等雅号一旦出名之后，人也往往以此名相称。还有人出了文集诗集，而别人也有以此书名称呼他的。另外有人身登要职，全国知名，也有以他故乡之名相称的。如曾湘乡、袁项城便是。

老苏名洵，字明允，号老泉，老泉是因他家乡祖茔而得名。长子苏轼，字子瞻，号东坡，这个号是自"东坡居士"而来。"东坡居士"是他谪居黄

《水调歌头·明月几时有》篆刻

篆刻　张予　现代

即使是最挑剔的崇拜者也必须承认，《水调歌头·明月几时有》可以被看作是苏东坡的代表作，人称"中秋词，自东坡《水调歌头》一出，馀词尽废"。实际上，东坡醉后作此词，也是为怀念弟弟苏辙——"丙辰中秋，欢饮达旦，大醉，作此篇，兼怀子由。"

州时自己起的,以后,以至今日,他就以东坡为世人所知了。中国的史书上每以"东坡"称他而不冠以姓,或称东坡先生。他的全集有时以谥号名之,而为《苏文忠公全集》,宋孝宗在东坡去世后七十年,赠以"文忠公"谥号。文评家往往以他故乡名称而称他为"苏眉州"。小苏名辙,字子由,晚年隐居,自号"颍滨遗老",因而有人称他为"苏颍滨"。有时又因其文集为《栾城文集》而称之为"苏栾城"。栾城距北平以南之正定甚近,苏姓远祖二百年前,是自栾城迁至眉州的。

一个文人有那么多名字,对研究中国历史者颇以为难。苏东坡在世时,当时至少有八人同叫"梦得",意思是在母亲怀孕前,都曾梦到在梦中得了儿子。

在东坡十六岁时,发生了一件意外的事情,使他家和他母亲的娘家关系紧张起来,也使他父亲的性格因而略见一斑。事情是,苏东坡的父亲把东坡的姐姐许配给东坡外婆家东坡的一个表兄,在中国家庭里这是常有的事。而今去古已远,我们无法知道详情,只知道新娘在程家并不快乐。也许她受程家人折磨,总之,不久去世。经过的情况激起苏洵的恼怒。似乎这个新儿媳的公公是个大坏蛋。苏洵写了一首诗,暗含毒狠的字眼,为女儿之死而自责。然后,他露了一手非常之举。他编了一个家谱,刻在石头上,上面立了一个亭子。为庆祝此一盛事,他把苏姓全族请到,他要在全族面前,当众谴责他妻子家。在全族人已经奠酒祭告祖先之后,苏洵向族人说,村中"某人"——暗指他妻子的兄长——代表一个豪门,他已经弄得全村道德沦丧;他已然把幼侄赶走,独霸了家产;他宠妾压妻,纵情淫乐;父子共同宴饮喧哗,家中妇女丑名远播;一家是势利小人,欺下媚上,嫌贫爱富;家中车辆光亮照眼,贫穷的邻人为之侧目而视,他家金钱与官场的势力可以左右官府,最后是,"是州里之大盗也。吾不敢以告乡人,而私以戒族人焉"。东坡的父亲自然把妻子的娘家得罪到底了,不过他已经准备与这门亲戚根本断绝关系,所以他又告诉两个儿子永远不要和那个表兄来往。这件事发生之后四十多年内,东坡兄弟二人一直没有和那个表兄程之才有往还。不过老泉逝世之后,苏氏兄弟和外婆家别的表兄弟,倒保持了很好的亲戚关系。苏洵对豪门的挑战与当众对豪门的谴责,略微显示出他激烈的性格,他的疾恶如仇,他儿子东坡在晚年时也表现出了这种特性。

东坡的母亲当然为这件事很不快,也为自己的女儿很伤心。在这一场亲戚冲突之中,她究竟是站在娘家那一方,还是站在自己的亡女这一方,这就很难猜测了。前面已经提过,这位母亲是受过良好教育的,她父亲在朝为官,而且官位不

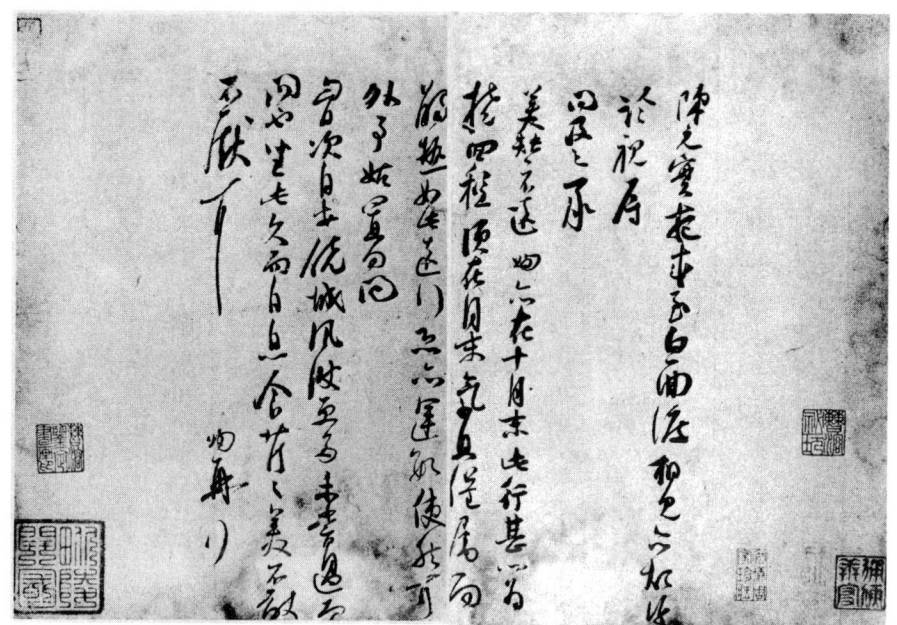

《陈元实夜来帖》

书法　苏洵　约1047年　中国台北故宫博物院藏

苏洵，字明允，号老泉。眉州眉山（今属四川）人。与其子苏轼、苏辙合称"三苏"，均被列入"唐宋八大家"。应试不举，经韩琦荐任秘书省校书郎、文安县主簿。长于散文，尤擅政论，议论明畅，笔势雄健，有《嘉祐集》。工于书法，气韵有余。

低。据我们所知，她曾经反抗家中那份金钱势力的恶习气，至少反对她哥哥的邪恶败德的行为。她可以说是受了伤心断肠的打击，身体迅速坏下去。

在中国流行一个很美妙的传说，说苏东坡有一个虽不甚美但颇有才华的妹妹。她颇有诗才，嫁了一位词家，也是苏东坡的门下学士，秦观。故事中说，她在新婚之夜，拒绝新郎进入洞房，非要等新郎作好了她出的一副对子才给他开门。那个上联很难对，秦观搜索枯肠，终难如意，正在庭院里十分焦急地走来走去，苏东坡却助了他一臂之力，他才对上了下联。另有故事说这一对情侣曾作奇妙的回文诗，既可以顺着读，又可以倒着读，更可以成为一个圆圈读。在此等故事里，据说苏东坡曾经向他妹妹说："妹若生为男儿，名气当胜乃兄。"这虽然是无稽之谈，人人却都愿相信。但不幸的是，我们找不到历史根据。在苏东坡和弟弟子由数百封信和其他资料之中，虽然多次提到秦观，但是我始终没法找到他们有什么亲戚关系的踪迹。苏东坡当代数十种笔记著作之中，都不曾提到苏东坡还有个妹妹。再者，秦观在二十九岁并且已经娶妻之后，才初次遇见苏东坡。苏东坡的妹妹，即便真有此一位才女，在秦观初次遇见苏东坡时，她已然是四十左右的年纪了。这些故事后来越传越广越逼真，成了茶余酒后最好的趣谈。此等民间故事之所以受一般人欢迎，正足以表示苏东坡的人品多么投合中国人的癖好。

不过，苏东坡倒有一个堂妹，是他的初恋情人，而且他毕生对伊人念念不忘。东坡的祖父去世之后，他父亲远游归来，他的叔叔和家属也回来奔丧。这时堂兄堂妹颇有机会相见，也可以一同玩耍。据苏东坡说，伊人是"慈孝温文"。因为二人同姓，自然联姻无望，倘若是外婆家的表妹，便没有此种困难了。后来，此堂妹嫁与一个名叫柳仲远的青年。以后，苏东坡在旅游途中，曾在镇江她家中住了三个月。在堂妹家盘桓的那些日子，东坡写了两首诗给她。那两首颇不易解，除非当作给堂妹的情诗看才讲得通。当代没有别的作家，也没有研究苏东坡生平的人，曾经提到他们的特殊关系，因为没人肯提。不过，苏东坡晚年流放在外之时，听说堂妹逝世的消息，他写信给儿子说"心如刀割"。在他流放归来途经镇江之时，堂妹的坟就在镇江，他虽然此时身染重病，还是挣扎着到坟上，向堂妹及其丈夫致祭。第二天，有几个朋友去看他，发现他躺在床上，面向里面墙壁，正在抽搐着哭泣。

第四章 应 试

在苏东坡兄弟年二十岁左右,已经准备好去赶考之时,不可避免的事,婚姻问题也就来临了。他们若是未婚进京,并且一考而中,必然有女儿长成之家托人向他们提亲。那时有求婚的风俗,京都中有未婚之女的富商都等待着考试出榜,向新得功名的未婚举子提亲。所以科举考试举行的季节,也是婚姻大事进行得活跃的季节。在父母看来,让儿子娶个本地姑娘,他们对姑娘的家庭知根知底,自然好得多。按照当年的风俗,青年的婚姻一向是由父母妥为安排。苏东坡年十八岁时,娶了王弗小姐。王弗小姐那时十五岁,家住青神,在眉山镇南约十五里,靠近河边。次年弟弟子由成家,年十六岁,妻子比他小两岁。当然算是早婚,但是并不足为奇。

从根本道理上看,早婚,当然并不一定像苏氏兄弟那么早,在选择与吸引合意的配偶时,可以省去青年人好多时间的浪费和感情的纷扰。在父母看来,年轻人若能把爱情、恋爱早日解决,不妨碍正事,那最好。在中国,父母自然应当养儿媳妇，年轻的男女无须乎晚婚。而且一位小姐爱已经成为自己丈夫的男人，和爱尚未成自己丈夫的男人，还不是一样？不过在拼命讲浪漫风流的社会里，觉得婚前相爱更为惊奇可喜罢了。无论如何，苏家兄弟婚后都很美满。但这并不是说由父母为儿女安排的婚姻不会出毛病，也不是说这样的婚姻大都幸福。所有的婚姻，任凭怎么安排，都是赌博，都是茫茫大海上的冒险。天下毕竟没有具有先见的父母或星相家，能预知自己儿女婚姻的结果，即便是完全听从他们的安排也罢。在理想的社会里，婚姻是以玩捉迷藏的方式进行的，未婚的青年男女年龄在十八岁到二十五岁之间，虽然当地社会伦理和社会生活十分安定，但是幸福婚姻的比例，也许还是一样。男人，十八岁也罢，五十八岁也罢，几乎没有例外，在挑选配偶时，仍然是以自然所决定的性优点为根据的。他们仍然是力图作明智的选择，这一点就足以使现代的婚姻不致完全堕落为动物的交配。婚姻由父母安排的长处是简单省事，容易成就，少废时间，选择的自由大、范围广。所有的婚姻，都是缔构于天上，进行于地上，完成于离开圣坛之后。

次子子由成婚之后，父子三人起程赴京。他们先要到省会成都，拜谒大官张方平，后来张方平对苏东坡几乎如同严父。为父的仍然打算求得一官半职。他现年四十七岁，但自上次科举名落孙山之后，一直苦读不懈。在那期间，他已经写了一部重要的著作，论为政之道、战争与和平之理，显示出真知灼见，此一著作应当使京都文人对他刮目相看。当时只要有名公巨卿有力的推介，朝廷可以任命官职。苏洵把著作呈献给张方平，张方平对他十分器重，有意立刻任他为成都学官。但是老苏意犹未足。最后，张方平在古道热肠之下，终因情面难却，乃写信给文坛泰斗欧阳修，其实当时张与欧阳相处得并不十分融洽。另外有一位雷姓友人，也写了一封推荐信，力陈老苏有"王佐之才"。怀有致欧阳修与梅尧臣的书信，父子便自旱路赴京，迢迢万里，要穿剑阁，越秦岭，为时需两月有余。

在仁宗嘉祐元年（一〇五六）五月，三苏到了汴梁城，寄宿于僧庙，等待秋季的考试。这是礼部的初试，只是选择考生以备次年春季皇帝陛下亲自监督的殿试。在由眉州来京的四十五个考生之中，苏氏昆仲在考中的十三名之内。当时除去等候明春的殿试之外，别无他事，父子三人乃在京都盘桓，在城内游览，参加社交活动，与社会知名人士结交。苏洵将著作向德高望重的欧阳修呈上。欧阳修一副和蔼可亲的样子，两耳长而特别白皙，上唇稍短，大笑时稍露牙龈。欧阳修，看来并非美男子，但是一见这位文坛盟主而获得他的恩宠，却足以使天下士子一慰其梦寐之望。欧阳修之深获学术界敬爱，是由于他总是以求才育才为己任。他对苏洵热诚接待，并经他介绍，老苏又蒙枢密韩琦邀请至家，又转介绍认识一些高官显宦。不过苏洵冷淡自负的态度，在朝廷的领袖人物心目之中，并未留下什么好印象。

《大婚典礼全图册》（局部）

中国画 清

在我国古代，婚姻几乎完全取决于"父母之命，媒妁之言"。因此，婚前礼的一切仪节，包括从择偶至筹备正式婚礼的一系列环节，几乎都由双方父母包办，真正婚姻的当事人反而被排除在外。在这个方面，即使是处于统治顶端的皇帝也不例外。

苏氏兄弟则游逛华美的街市，吃有名的饭馆子，站在寒冷的露天之下，以一副羡慕的心情注视大官在街上乘坐马车而过。宋朝共有四个都城，河南开封为首，称为东京。开封有外城内城。外城方十三里，内城七里，城周有城门十二座，入城处有两层或三层的城圈，用来围困进犯的敌军。城墙上筑有雉堞，供发炮射箭之用。因为国都地处一低下之平原，无险可守，只有北部黄河绵延约有二百里（今日之陇海铁路即沿河而行），可以拱卫国都，因此拟定了一个设想极为周密的军事防御计划。

在西部洛阳，距开封约一百三十里，建立西京，用以扼制经军事要隘潼关自西北而来的进犯。在东部约八十里以外的商丘，设立另一军事重镇，是为南京，并不怕有敌人自南部而来。在另一方面，唐朝末年，蛮族已自北方侵入中国。当时有一军阀，由于向北番异族一霸主效忠，在其卵翼之下，遂成立朝廷，对抗中国。石敬瑭向契丹王以儿子自称，但自谓深爱中国并关心国家之太平与百姓之幸福。他自称"儿皇帝",称契丹王为"父皇帝"。他在世之时,使中国形成分裂,获取外族之赞美。但是国家应当慎谋严防有此等情形出现。不论古今,在中国总是有打着爱国旗号的汉奸,只要自己能大权在握显赫一时,便在救国救民的堂皇名义之下,甘心充当异族的傀儡。石敬瑭后来以"儿皇帝"之身,为"父皇帝"所废,羞愤而死,此一事实并不足以阻止十二世纪时另一傀儡张邦昌之出现。而在张邦昌失去利用价值后,立即被推翻,弃之如敝屣,但并不足以阻止十七世纪另一个汉奸吴三桂向关外借兵,进入长城,让满洲人毁灭了中国政府。宋朝因此在河北南部的大名府,建立了北京,遏止北方异族的南侵。

开封是中国首都大城,保有皇都的雄伟壮丽,财富之厚,人才之广,声色之美,皆集于朝廷之上。城外有护城河围绕,河宽百尺,河的两岸种有榆树杨柳,朱门白墙掩映于树木的翠绿之间。有四条河自城中流过,大都自西而东,其中最大者为汴河,从安徽河南大平原而来的食粮,全在此河上运输。河上的水门夜间关闭。城内大街通衢,每隔百码,设有警卫。自城中流过的河道上,架有雕刻的油漆木桥相通。最重要的一座桥在皇宫的前面,乃精心设计,用精工雕刻的大理石筑成。皇宫位于城市之中央。南由宣德楼下面的一段石头和砖建的墙垣开始,皇宫的建筑则点缀着龙凤花样的浮雕,上面是光亮闪烁的殿顶,是用各种颜色的琉璃瓦建成的。宫殿四周是大街,按照罗盘的四角起的街名。皇宫的西面为中书省和枢密院。在外城的南部,朱雀门之外,有国子监和太庙。街上行人熙来攘往,官家的马车、牛车、轿子——轿子是一般行旅必需的——另外有由人拉的两轮车,可以说是现代东洋车的原始型,这些车轿等在街上川流不息。坐着女人的牛车上,帘子都放了下来。在皇城有个特点,就是必须戴帽子,即使低贱如算命看相的,也要打扮得像个读书人。

殿试的日子到了。皇帝任命欧阳修为主试官,另外若干饱学宿儒为判官。在读书人一生这个紧要关头到来之际,大家心中都是紧张激动,患得患失。过去多年来三更灯火五更鸡的苦读力学,都是为了这一时刻。考生必须半夜起身,天甫黎明就要来到皇宫之外,身上带着凉的饭食,因为没考完是不许出考场的。在考试时,考生要各自关闭在斗室之中,有皇宫的侍卫看守。朝廷有极严厉的规定,借以防止纳贿或徇私。考生的试卷在交给考试官之前,先要由书记重抄一遍,以免认出试卷的笔迹。在重抄的试卷上,略去考生的名字,另存在档册里。考生在考完放出之时,考试官则被关入宫中闱场,严禁与外界有任何接触,通常是从正月底到三月初,直到试卷阅毕呈送给皇上为止。考生首先考历史或政论，次考经典古籍，最后，在录取者的试卷已阅毕，再在皇帝陛下亲自监察之下考诗赋，然后再考策论。宋仁宗特别重视为国求才，对这种考试极为关注。他派贴身仆臣把题目送去，甚至有时为避免泄露，他还在最后一刹那改变题目。

苏氏兄弟都以优等得中。苏东坡的文章，后来欧阳修传给同辈观看，激赏数日。那篇文章论的是为政的宽与简，这正是苏东坡基本的政治哲学。不过，不幸有一个误会。欧阳修对此文章的内容与风格之美十分激赏，以为必然是他的朋友曾巩写的。为了避免招人批评，他把本来列为首卷的这篇文章，改列为二卷，结果苏东坡那次考试是名列第二。在仁宗嘉祐二年（一〇五七）四月八日，苏东坡考中，在四月十四日，他那时才二十岁，成为进士，在三百八十八人之中几乎名列榜首。得到此项荣誉，于是以全国第一流的学者知名于天下。

苏东坡这个才气纵横的青年，这次引用历史事例，却失之疏忽，而且在试卷上杜撰了几句对话。他发挥文意时说，在赏忠之时，宁失之宽厚；在罚罪之时，当恻然有哀怜之心，以免无辜而受戮。他写道："当尧之时，皋陶为士，将杀人。皋陶曰杀之，三。尧曰宥之，三。"这几句对白读来蛮好，显示贤君亦肯用不肖，使之有一展长才之日，这种史实颇可证实明主贤君用人之道。判官梅尧臣阅卷至此，对尧与皋陶有关此事之对白，不敢公然提出查问，因为一经提出，即表示自己对年久湮没的古籍未曾读过。苏东坡因此才得以混过。考试过去之后，梅尧臣一天问苏东坡：

"可是，尧和皋陶这段话见于何书？我一时想不起在何处读过。"

苏东坡这位年轻学者承认说："是我所杜撰。"

梅尧臣这位前辈宿儒大惊:"你所杜撰!"

东坡回答说:"帝尧之圣德,此言亦意料中事耳。"

主考官录取一学生,即表示自己恪尽其职发现了真才,二人彼此之间即形成了"老师"与"门生"终生不渝的关系。考中的门生要去拜谒主考老师致敬,并修函感谢恩德。欧阳修为当时文学权威,一字之褒,一字之贬,即足以关乎一学人之荣辱成败。当年一个作家曾说,当时学者不知刑罚之可畏,不知晋升之可喜,生不足欢,死不足惧,但怕欧阳修的意见。试想一想,欧阳修一天向同僚说的话,那该有何等的力量啊!他说:"读苏东坡来信,不知为何,我竟喜极汗下。老夫当退让此人,使之出人头地。"这种话由欧阳修口中说出,全京都人人都知道了。据说欧阳修一天对儿子说:"记着我的话。三十年后,无人再谈论老夫。"他的话果然应验,因为苏东坡死后的十年之内,果然无人再谈论欧阳修,大家都谈论苏东坡。他的著作在遭朝廷禁阅之时,有人还暗中偷读呢。

苏东坡的宦途正要开始,母亲病故。根据儒家之礼,这当然是极其重大之事,甚至官为宰相,也须立即退隐,守丧两年三个月之后,才能返回复职。东坡的姐姐已于数年前去世,因此苏家全家三个男人进京应试之后,家中只有母亲和两个儿媳妇。母亲死时还没听到京都的喜讯。苏家父子三人急忙返家,到家只见母亲已去,家中一团纷乱,篱墙倾倒,屋顶穿漏,形如难民家园。

正式办完丧礼之后,他们在一山坡之下名为"老翁泉"的地方,挑选一处作为苏家的茔地。这个泉之所以得此名,是因为当地人说月明之夜,可见一白发俊雅老翁倚坐在堤防之上,有人走近时,老翁则消失于水中。后来苏洵也埋葬于此,因为那片地方的名称,苏洵通常亦称为"苏老泉"。

苏洵在祭妻文里说:

非官实好,要以文称。……嗟予老矣,四海一身。自子之逝,内失良朋……昔予少年,游荡不学。子虽不言,耿耿不乐。我知子心,忧我泯没。感叹折节,以至今日……有蟠其丘,惟子之坟。凿为二室,期与子同。……我归旧庐,无不改移。魂兮未泯,不日来归。

居丧守礼之下的两年又三个月的蛰居生活,是苏东坡青年时期最快乐的日子。兄弟二人和年轻的妻子住在一起。东坡常到青神岳父家去。青神位于美丽

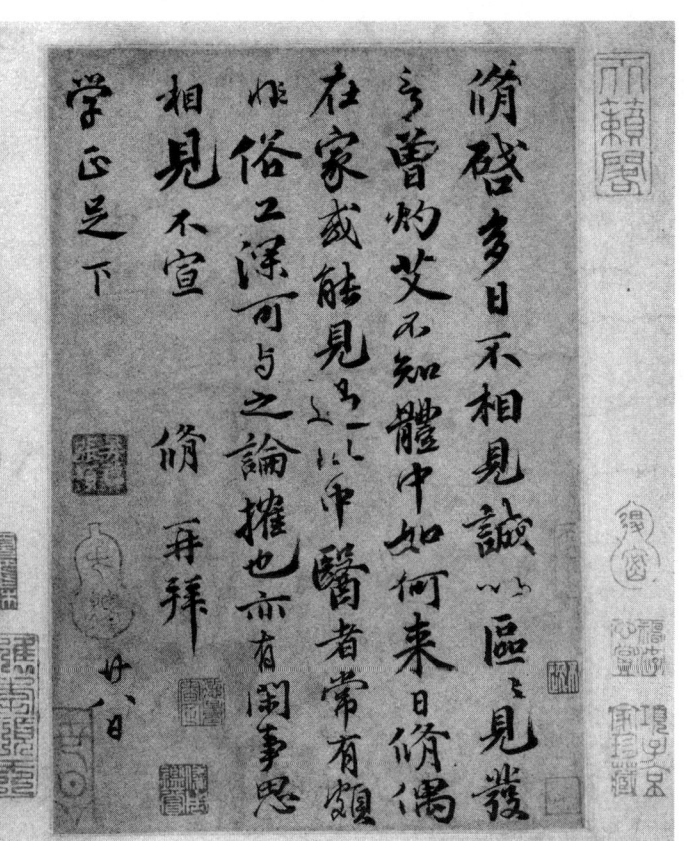

欧阳修手迹

书法　欧阳修　宋

欧阳修（1007—1072），字永叔，自号醉翁，晚年更号六一居士，世称欧阳文忠公。"唐宋八大家"之一。其于政治和文学方面都主张革新，又喜奖掖后进，苏洵父子及曾巩、王安石皆出其门下。创作实绩亦粲然可观，诗、词、散文均为一时之冠。

的山区，有清溪深池，山巅有佛寺，涉足其间，令人有游仙寻异超然出尘之感。东坡常与岳家叔伯表兄弟等前往庙中游历，坐在瑞草桥附近的堤防上，以野外餐饮为乐。在夏季的夜晚，他坐在茅屋之外，吃瓜子和炒蚕豆。岳家为大家庭：有岳父王方，两个叔叔及其妻子儿女。在岳父家约三十个人之中，有一个小姐，名唤"二十七娘"，是命定与苏东坡一生不可分的。

这时，老苏正在等待京中的任命消息。这时他接受官职并无不当，因为妻丧和母丧不同。京师已经有巨官显宦答应提拔他，但是他已等了一年有余，尚无消息到来。最后，终于有圣旨降下，要他赴京参加一种特殊考试。这一来，使此翁着了慌。因为这时他已经有了一种惧怕考试的心理。他给皇帝上一奏折，谢绝前去，以年老多病为辞。但是在给朋友的信里则说："仆固非求仕者，亦非固求不仕者……何苦乃以衰病之身，委曲以就有司之权衡，以自取轻笑哉……向者《权书》《衡论》《几策》，乃欧阳永叔以为可进而进之。苟朝廷以为其言之可信，则何所事试？苟不信其平居之所云，而其一日仓卒之言又何足信邪？"给梅尧臣的信里说："惟其平生不能区区附合有司之尺度，是以至此穷困……自思少年尝举茂林，中夜起坐，裹饭携饼，待晓东华门外，逐队而入，屈膝就席，俯首据案。其后每思至此，即为寒心……"

第二年，仁宗嘉祐四年（一〇五九）六月，他又接到朝廷的圣旨，仍是上一次的内容。并未言及免除任何考试，自然不能餍足老泉之望。朝廷主其事者当对他前所呈奏信而不疑才是——相信固好，否则即搁置亦可。他是不肯像学童一样去接受考问的，所以他又再度辞谢。他的奏折上说他已年近五十。五十之年又何以能报效国家？身为读书人之所以愿居官从政，欲有以报效国家也，否则为一寒士足矣。倘若他此时再入仕途，既无机会以遂报国之志，又不能享隐逸贤达之清誉。他最后结束说，时已至夏季，下月妻子之居丧将满，他将随子入都一行，届时当一谒当道，细叙情由。全信之语气显示他在五十之年，实已无意入朝为官，除非有力人士能使他不再如童子之受考试。

事实上，苏洵的妻子已死，他已准备远离家乡而不复返。非常明显，他是适于住在京都的。他的两个儿子既然已中进士，下一步就看朝廷何时有缺可以派儿子去任职，他自己倒也罢了。在居丧期满之后刚过两个月，父子三人又再度起程入京。这一次有两个儿媳同行，出发之前，已经把亡母之灵柩安排妥当。苏洵使人请了六尊菩萨像，安放在两个雕刻好镀金的佛龛中，供在极乐院的如来佛殿里。那六尊菩萨是：观世音菩萨、势至菩萨、天藏王、地藏王、解冤王者、引路王者。出发之前，苏洵正式把这些佛像供在庙里，并且去亡妻灵前告别。祭文的结语是："庶几死者有知，或生于天，或生于四方上下，所适如意，亦若余之游于四方而无系云尔。

第五章 父与子

父子三人和两个儿媳妇,现在已经准备妥当,即将进京。这次和前一次自然不同。三人已是文名大著,宦途成功几乎已确然无疑。这次举家东迁,要走水路出三峡,而不是由陆路经剑门穿秦岭。这次行程全长一千一百余里,大概是七百里水路,四百里旱路,要从十月启程,次年二月到达。用不着太急,因为有女人同行,他们尽可从容自在,在船上饮酒玩牌,玩赏沿途美景。两个妯娌从来没有离开过老家,心里知道这次是与进士丈夫同游,但可没料到她俩是在大宋朝三个散文名家的家庭里,而且其中一个还是诗词巨擘呢。一路上兄弟二人时常吟诗。那时所有读书人都会作诗,借以写景抒情,就如同今天我们写信一样。子由的妻子姓史,出自四川旧家。东坡妻子的地位、年龄较高,她属于实际聪明能干型,所以子由的妻子与她相处,极为容易。并且,老父这一家之长,也和他们在一起,做晚辈的完全是服从柔顺,大家和睦相处。在这位大嫂眼里,三个男人之中,她丈夫显然易于激动,不轻易向别人低头,而说话说得滔滔不绝。子由身材较高而瘦削,不像哥哥那么魁伟,东坡生而颧骨高,下巴颏儿和脸大小极为相配,不但英俊挺拔,而且结实健壮。和他们在一起的,还有东坡的小儿子,是苏家的长孙,就是那一年生的。有这么一个孩子,这家真是太理想、太美满了。倘若这个孩子早生一年,多少有点儿让人不好意思,因为觉得这位年轻才子苏东坡是在母丧期间和妻子太任性,太失于检点。宋朝的道学先生就会说他有亏孝道,要对他侧目而视了。

苏家是在以大石佛出名的嘉州上船,对两对小夫妇而言,这是一次富有希望的水路旅行,有兴致、有热情、有前途、有信心。真是"故乡飘已远,往意浩无边"。四川为中国之大省份,其大与德国相似,也是和三国的历史密切相关的。走了一个月才到东边的省界,这时三峡之胜才开始,山顶上的城镇庙宇,会令他们想起古代的战将、过去的隐人道士。兄弟二人上岸,游历仙都。据说当年有一个修行的道士,在白昼飞升之前就住在那个地方。东坡这个少年诗人早期写的诗,其中有一首,是关于传说中的一头白鹿的,也就是那个道士身边相伴的那头鹿,这首诗足以证明东坡精神的超逸高士。那首诗是:

日月何促促,尘世苦局束。
仙子去无踪,故山遗白鹿。

仙人已去鹿无家,孤栖怅望层城霞。
至今闻有游洞客,夜来江市叫平沙。
长松千树风萧瑟,仙宫去人无咫尺。
夜鸣白鹿安在哉,满山秋草无行迹。

长江三峡,无人不知其风光壮丽,但对旅客而言,则是险象环生。此段江流全长二百二十余里,急流旋涡在悬崖峭壁之间滚转出入,水下暗石隐伏,无由得见,船夫要极其敏捷熟练,才可通行。三峡之中,每年都有行船沉没、旅客丧生之事,在如此大而深的江流之中,一旦沉下,绝无生望。然而三峡确是富有雄壮惊人之美,在中国境内无一处可与之比拟,在世界之上,也属罕见。四川何以向来能独自成一国家,原因就在自然地理方面,省东界有高山耸立,水路则有三峡之险,敌人无从侵入。

经三峡时如若逆流而上,船夫的操作真是艰苦万分。那时,一只小平底木船,要由六十至七十个

长江三峡风光示意图

地图 2000年
长江上游的瞿塘峡、巫峡和西陵峡合称三峡,西起重庆市奉节县白帝城,东至湖北省宜昌市南津关。自白帝城至大溪称瞿塘峡,巫山至巴东县官渡口称巫峡,秭归的香溪至南津关称西陵峡。两岸峭崖壁立,水道曲折多险滩,是长江上最为奇秀壮丽的山水画廊。

纤夫，用长绳子一头拴在船上，一头套在肩上，在势如奔马的狂波中逆流而上，在沿江的岸边一步步俯首躬身向上跋涉而行。顺流而下时，则危险更大，在水流漂浮而下之时，全船的安全全操在一个舵夫之手，他必须有极高的技巧、极丰富的经验，才能使船庶乎有惊而无险。三峡也者，即为四川境内的瞿塘峡、巫峡和湖北省宜昌以上的西陵峡。每一个峡都是一连串危险万分的洪流激湍，其中旋涡急流交互出现，悬崖峭壁陡立水中，达数百尺之高。

惊险之处自瞿塘峡开始，因为水中有若干巨大的岩石，因季节之不同、水面之高低即因之而异，而岩石有时立出水面高达三十尺，有时又部分隐没于水中。当时正是冬季，正是江面航行困难之时。因为水面变窄，夏季洪水泛滥时与冬季水干时，江面水平高低之差，竟达一百尺之多。船夫总是不断注视江心岩石边水的高度。这些岩石叫"滟滪堆"，是因为惊涛骇浪向巨大岩石上冲击，水花飞散起来，犹如美女头上的云鬟雾鬓，因此而得名。滟滪堆的巨石在完全淹没之时，则形成一片广阔的旋涡，熟练的船夫，亦视之为畏途。当地有个谚语说："滟滪大如马，瞿塘不可下；滟滪大如象，瞿塘不可上。"这两句俗语也不见得有多大用处，只因为河床的变化太大，有的地方水位低时宜于行船，有的地方水位高时便于行船，主要以隐藏于水下的岩石之高低为准。有的地方，偶然降有大雨，船夫就要等候数天，直到水恢复到安全的水位再开船。纵然如此危险，人还是照旧走三峡，或为名，或为利，而不惜冒生命之险，就像现在苏家一样。出外旅行的人，极其所能，也只有把自己的安危委诸天命，因为除此之外，别无办法。行经三峡的人，往往在进入三峡之前焚香祷告，出了三峡再焚香谢神。不管他们上行下行，在三峡危险的地方，神祇担保有美酒牛肉大快朵颐的。

自然界有不少奇妙之事，在这里，三峡正好是奇谈异闻滋生之处，这里流传着山顶上神仙出没的故事。在进入瞿塘峡处，有"圣母泉"，是在岸上岩石间有缝隙，能回答人声。每逢有旅客上去向缝隙大呼"我渴了"，泉即出水，正好一杯之量而止。要再喝第二杯还需喊叫。

苏家向神祈求赐福之后，开船下驶。因为船只行驶时相距太近会发生危险，通常都是在一条船往下走了至少半里之后，另一条船才开出。若逢官家有船通过时，有兵丁手持红旗，按距离分立江边，前面的船已然平安渡过险地之后，便挥旗发出平安信号。苏东坡就曾作诗描写道：

入峡初无路，连山忽似龛。
萦纡收浩渺，蹙缩作渊潭。
风过如呼吸，云生似吐含。
坠崖鸣窄窄，垂蔓绿毵毵。
冷翠多崖竹，孤生有石楠。
飞泉飘乱雪，怪石走惊骖。

偶尔他们的船驶过一个孤立的茅屋，只见那茅屋高高在上侧身而立，背负青天，有时看见樵夫砍柴。看那茅屋孤零零立在那里，足可证明居住的人必然是赤贫无疑，小屋顶仅仅盖着木板，并无瓦片覆盖。苏东坡正在思索人生的劳苦，忽然瞥见一只苍鹰在天空盘旋得那么悠然自在，似乎丝毫不为明天费一些心思，于是自己盘算，为了功名利禄而使文明的生活受到桎梏镣铐的枷锁，是否值得？在高空飘逸飞翔的苍鹰正好是人类精神解脱后的象征。

现在他们的船进入巫峡了，巫峡全长五十里。高山耸立，悬崖迫人，江面渐窄，光线渐暗，呈现出黎明时的昏黄颜色，仿佛一片苍茫，万古如斯。自船面仰望，只见一条细蓝，望之如带，那正是天空。只有正值中午，才能看见太阳，但亦转瞬即逝；在夜间，也只有月在中天之际，才能看见一线月光。岸上巨石耸立，巨石顶端则时常隐没于云雾中。因为风高力强，云彩亦时时改变形状，山峰奇高可畏，亦因云影聚散而形状变动不居，虽绘画名家，亦无法捉摸把握。巫山十二峰中，神女峰状如裸女，自从宋玉作《神女赋》以来，独得盛名。此处，高在山巅，天与地互相接触，风与云交互鼓荡，阴阳雌雄之气，获得会合凝聚，是以"巫山云雨"一词，至今还留为男女交欢之称。峡内空气之中，似乎有神仙充盈，而云雾之内亦有精灵飞舞。苏东坡青年的理性忽然清醒。他觉得此等神话悖乎伦理。他说:"成年之人也仍不失其童稚之心,喜爱说神道鬼。《楚辞》中的故事神话,全是无稽之谈。为神仙而耽溺于男女之欲者,未之有也。(世人喜神怪,论说惊幼稚。楚赋亦虚传,神仙安有是。)"

这时有一个年老的船夫,开始给他们说故事。他自称年轻时,常攀登那些最高的山峰,在山顶池塘中洗浴,衣裳挂在树枝上晾干。山中有猿猴,但是他爬到那样高处,鸟鸣猿啼之声已渺不可闻,只有一片沉寂与山风之声而已。虎狼也不到那样高处,所以只有他一人,但他并不害怕。神女祠附近有一种特别的竹子,竹枝柔软低垂,竟直触地面,仿佛向神俯首膜拜一样。有风吹拂,竹枝摆动,使神坛随时保持清洁,犹如神女的仆人一般。苏东坡听了,颇为所动,心想:"人也许可以成仙,困难就在于难忘人欲耳。(神仙固有之,难在忘势利。)"东坡在一生之中,也和同时代其他人一样,很相信会遇到神仙,相信自己也许会成仙。

他们的船进巫峡之时,"神鸟"开始随船而飞。其实这种乌鸦也和其他聪明的鸟一样,因为在神女祠上下数里之内,这些乌鸦发现有船来,就一路追随,从船上乘客那儿啄取食物。乘客往往与乌鸦为戏,他们把饼饵扔到半空中,兴高采烈地看着神鸦自天空俯冲下来,将食物由空中衔起,百无一失。

这一带地方,自然无人居住,也不适于人居住。三苏行经"东瀼滩"时,波涛汹涌,船身被打击抛掷,就像一片枯干的树叶在旋涡之中一般。在他们以为已经过了最危险的地方时,谁知又来到"怒吼滩"。这里更为惊险,怪石如妖魔,沿岸罗列,有的直入江心。然后又来到一个地方,叫作"人鲊瓮",意思是好多旅客在此丧命,就如同一罐子死鱼。这里是一块特别巨大的圆石头,伸入江中,占了水道的五分之四宽度,水道因之变窄,逼得船只经过此处时,必须急转直下。凡是旅客过了人鲊瓮,都觉得那个老船夫,真不啻自己"生身的父母,再造的爹娘"一样。

出了巫峡,他们不久就到了秭归,开始看见沿岸高高低低散布着些茅屋陋舍。此处是一极小的乡镇,居民不过三四百家,坐落在陡峭的山坡上,居民极为贫苦。可是想到这一带令人心神振奋的风光之美,觉得在这个半文明的穷乡僻壤,居然出了两个大诗人,一个著名的皇后,还有另一个历史上著名的女人,也并非无故了。这大概就是奇山异水钟灵毓秀的缘故吧。一般居住山地的人,在风俗上总是把东西装在桶里或筐子里而背在背上,而且大部分是由妇女背着,这很容易使人肌肉疲劳,但是却永远对她们的身段儿有益。处在这里,未嫁的姑娘总是把头发分开，高高梳成两个扁圆的髻儿，以别于已婚的妇人。髻儿上插着六根银簪子，横露在两侧，另外还拢上一个大象牙梳子，有手掌那么大小，在头的后面。

苏家现在才过了巫峡和瞿塘峡，最要命的一个还在后面呢。大约三十年之前，有一次山崩，尖锐的岩石滚落在江心，使船只无法通过。江面的交通在这带断绝了大约二十年，后来才勉强开了一条狭窄的通道。这个地方因之叫作"新滩"。在此处因为风雪甚大，苏家在此停留了三天。苏东坡曾有诗记此事：

西陵峡

摄影　现代

西陵峡号称"据三峡之门户，扼川鄂之咽喉"，西起香溪口，东至南津关，为三峡险处，历史上以其航道曲折、怪石林立、滩多水急、行舟惊险而闻名。不过中华人民共和国成立后，经过对航道的多年治理和葛洲坝、三峡大坝等水利工程的建成，水势已趋于平缓，只是绮丽景观如旧。

缩颈夜眠如冻龟，雪来惟有客先知。
江边晓起浩无际，树杪风多寒更吹。
青山有似少年子，一夕变尽沧浪髭。
方知阳气在流水，沙上盈尺江无澌。

随风颠倒纷不择,下满坑谷高陵危。
江空野阔落不见,入户但觉轻丝丝。
沾裳细看若刻镂,岂有一一天工为。
霍然一挥遍九野,吁此权柄谁执持?
……
山夫只见压樵担,岂知带酒飘歌儿。
……
冻吟书生笔欲折,夜织贫女寒无帏。
高人著屐踏冷冽,飘拂巾帽真仙姿。
野僧斫路出门去,寒液满鼻清淋漓。
……
舟中行客何所爱,愿得猎骑当风披。
草中咻咻有寒兔,孤隼下击千夫驰。
敲冰煮鹿最可乐,我虽不饮强倒卮。
楚人自古好弋猎,谁能往者我欲随。
纷纭旋转从满面,马上操笔为赋之。

  长江在此处有如此自然的危险,本地人却因此落个有利可图。他们打捞沉船,转卖木板用以修理别的船,以此为业。他们也像一般名胜古迹城镇的居民一样,观光客往往因故不得不在本地停留数日,他们就可以和观光客交易而有生意做。此地江流湍急,船上的货物往往需要卸下,而乘客也宁愿在岸上走走,使身体舒服一下。
  从秭归再往下走,已然可以在遥远的地平线上望见大牛的背部耸立在较近的山岭顶端。他们现在正在进入的地区,是以庞大的黄牛山为主要景物的。这里的岩石甚为奇怪,当山岭的侧影蚀刻在遥远的天空中时,黄牛山这头巨牛似乎是由一个穿蓝衣戴斗笠的牧童牵着。本地有个俗语描写这头黄牛蛮横的面貌说:"朝发黄牛,暮宿黄牛,三朝三暮,黄牛如故。"本地的女人脸皮细嫩白净,头上包着小黑圆点儿的头巾。风光之美可与巫峡抗衡,在有些乘客看来,甚至会超巫峡之上。那种风景正是在中国山水画上常可见到的。形状令人难以置信的巨石,矗立天际,望之如上帝设计的巨型屏风;又有如成群的石头巨人,或俯首而立,或跪拜于地面向上苍祷告。河边上的岩石,层层排列成阵,似乎是设计出来欲以大自然之壮丽故意向人炫示。此处有一巨大之断崖，表面平坦，竖立如同巨剑，尖端正刺入江岸。再沿江下行不远，危险的航程即将结束之前，来到了"虾蟆培"。"虾蟆培"是一个巨大的扁圆石头，酷似一个青蛙头，口中有水流入河中，形状极似水晶屏风。此一巨大的扁圆石头，呈苔绿色，背上满是晶莹的小水珠。青蛙尾尽处为一石洞，其中发出清脆的潺湲之声。有些赴京赶考的举子往往在青蛙嘴边接水，带到京中研墨，供做文章之用。

过了"虾蟆培"不远，大自然一阵子的天威怒气，算是消散尽了，岩石江水的洋洋大观也收场了，从宜昌以下，风光一变而为平静安详。夕阳照着一带低平的稻田与炊烟处处的茅舍，提醒旅客们已再度回到人类可以安居的世界。一般习俗是，旅客到此，因为逃过灾难，转危为安，都相向庆祝。旅客以美酒猪肉犒劳船夫，人人快乐，人人感恩。回顾过去，都以为刚刚做了一个荒唐梦。

到了江陵，苏家弃船登陆，乘车起旱，奔向京都。江上航行完毕之日，兄弟二人已然作了诗歌百首。这些首诗另集印行，名之为《南行集》。但是，苏东坡最好的几首诗是在陆地上的行程中写的。那几首诗特别注重音韵、情调、气氛之美，节奏极好，形式多变化。在襄阳他写了几首乐府诗，如《船夫吟》《野鹰来》系为追忆刘表而作，《上堵吟》则为追忆孟达因手下二将不才而失去沃土的经过。其诗为：

  台上有客吟秋风，悲声萧散飘入空。
  台边游女来窃听，欲学声同意不同。
  君悲竟何事，千里金城两稚子。
  白马为塞凤为关，山川无人空自闲。
  我悲亦何苦，江水冬更深，鳊鱼冷难捕。

悠悠江上听歌人，不知我意徒悲辛。

苏家在二月安抵京城。他们买了一栋房子，附有花园，约有半亩大，靠近宜秋门，远离繁乱的街道。绕房有高大的老槐树和柳树，朴质无华的气氛，颇适于诗人雅士居住。一切安顿之后，父子三人便恭候朝廷任命了，当然那一向是需时甚久的。兄弟二人又经过了两次考试，一是考京都部务；另一种更为重要，名为"制策"，要坦白批评朝政。仁宗求才若渴，敕令举行此种考试，以激励公众舆论的风气，所有读书人经大臣推荐，并凭呈送的专门著述之所长，都可以申请参加。苏氏兄弟经大臣欧阳修的推荐，都申请而蒙通过。苏东坡蒙朝廷赐予的等级，在宋朝只有另一人获得。他又呈上二十五篇策论文章，其中有些篇已经成为后世学校中必读的散文。后来，皇后告诉人，仁宗曾经说："今天我已经给我的后代选了两个宰相。"

万幸的是，苏洵被任命为校书郎，并未经考试，正合他的本意，后来又授以新职，为本朝皇帝写传记。这本来就是作家的事，他自然乐于接受。但是后来出现了问题，就是那些皇帝都是当今天子的先人，他们的传记须忠实到什么程度呢？苏洵决定采取史家的严格写法，史家不应当文过饰非，即使为自己的先人立传，亦当如此。于是有了争论，在今日苏洵的文集里尚保有下列的文句：

洵闻臣僚上言，以为祖宗所行不能无过差。不经之事，欲尽芟去，无使存录……纂集故事……非曰制为典礼，而使后世遵而行之也。然则洵等所编者，是史书之类也。遇事而记之，不择善恶，详其曲折，而使后世得知而善恶自著者，是史之体也。若夫存其善者，而去其不善，则是制作之事，而非职之所及也……班固作《汉志》，凡汉之事，悉载而无所择。今欲如之，则先世之小有过差者，不足以害其大明，而可以使后世无疑之之意。

苏氏父子的文名日盛。他们与当代名家相交往，诗文为人所爱慕，一家皆以文坛奇才而知名于时。兄弟刚二十有余，年少有时也会成为天才的障碍。苏东坡这时轻松愉快，壮志凌云，才气纵横而不可抑制，一时骅骝长嘶，奋蹄蹴地，有随风飞驰，征服四野八荒之势。但是弟弟则沉默寡言。父亲则深沉莫测，对事对人，一概不通融假借，因此处世则落落寡合，将身旁这两匹千里之驹，随时勒抑，不得奋鬣奔驰。

壮年

宋仁宗嘉祐七年至神宗元丰二年

（一〇六二——一〇七九）

第六章·神、鬼、人
第七章·王安石变法
第八章·拗相公
第九章·人的恶行
第十章·两兄弟
第十一章·诗人、名妓、高僧
第十二章·抗暴诗
第十三章·黄　楼
第十四章·逮捕与审判

第六章 神、鬼、人

纵然苏东坡才华熠熠，在仕途上他仍须由低级而上升。在仁宗嘉祐六年（一○六一），朝廷任命他为大理评事，签书凤翔府判官，有权联署奏折公文。在唐朝，因行地方分权之制，形成藩镇割据，国家颇蒙其害，最后酿成叛乱，陷国家于危亡，而藩镇大员每为皇亲国戚、朝廷诸王。宋代力矫其弊，采用中央集权，武力环驻于国都四周，并创行新制，对各省长官，严予考核节制，其任期通常为三年，因此时常轮调。每省设有副长官联署公文奏议，即为此新制度中之一部分。苏子由也被任为商州军事推官，但是父亲在京为官，兄弟二人必须有一人与父亲同住京师，因为无论如何，总不可使鳏居的老父一人过活。于是子由辞谢外职不就。子由为兄嫂赴任送行，直到离开封四十里外的郑州，兄弟二人为平生第一次分手，子由随后回京。在此后三年之内，东坡在外，子由一直偕同妻子侍奉老父。东坡在郑州西门外，望着弟弟在雪地上骑瘦马而返，头在低陷的古道上隐现起伏，直到后来再不能望见，才赶程前进。他寄弟弟的第一首诗写的是：

> 不饮胡为醉兀兀，此心已逐归鞍发。
> 归人犹自念庭闱，今我何以慰寂寞。
> 登高回首坡垅隔，惟见乌帽出复没。
> 苦寒念尔衣裘薄，独骑瘦马踏残月。
> 路人行歌居人乐，童仆怪我苦凄恻。
> 亦知人生要有别，但恐岁月去飘忽。
> 寒灯相对记畴昔，夜雨何时听萧瑟。
> 君知此意不可忘，慎勿苦爱高官职。

"风雨对床"之思，在唐人寄弟诗中有之，此种想法成了苏氏兄弟二人团聚之乐的愿望，也是辞官退隐后的理想生活。后来有两次兄弟二人又在官场相遇，彼此提醒在诗中曾有此"风雨对床"之约。

由京都到凤翔的函件，要走十天才到，兄弟二人每月经常互寄诗一首。由那些诗函之中，我们可以发现，初登宦途时，苏东坡是多么心神不安。兄弟二人常互相唱和。在唱和之时，要用同韵同字，所以是磨炼写诗技巧的很好的考验。在中国过去，此种写诗方法，是文人必须具备的成就。在这类诗中，可以找到令人惊喜的清新思想，用固定韵脚的字，各行要有自然的层次。犹如在玩纵横字谜一样，韵用得轻松自然时，其困难正足以增加乐趣。在写给弟弟最早的和诗之中，东坡已经显示出他那完美的诗才。他按规定用"泥"和"西"两字做韵脚，写出了下列的诗：

> 人生到处知何似，应似飞鸿踏雪泥。
> 泥上偶然留指爪，鸿飞那复计东西。

这首七绝成了东坡诗的佳作。此处"飞鸿"一词是人心灵的象征。实际上，本书中提到东坡的行动事故，也只是一个伟大心灵偶然留下的足迹，真正的苏东坡只是一个心灵，如同一只虚幻的鸟，这只鸟也许直到今天还梦游于太空星斗之间呢。

凤翔位于陕西的西部，离渭水不远。因为陕西为中国文化的发源地，整个渭水流域富有古迹名胜，其名称都与古代历史相关。强邻西夏，位于今之甘肃，时常为患中国，陕西省因而人力财力消耗甚大，故人民生活甚为困苦。苏东坡到任后第一年内，建了一栋庭园，作为官舍，前有水池，后有亭子，另有一上好花园，种花三十一种。

苏东坡既已安定下来，判官之职又无繁重公务，他遂得出外邀游，到南部东部山中游历，动辄数日。有一次，他因公须到邻近各地视察，急需结束些悬而未决的罪案，并要尽其可能地将甚多囚犯释放。这件差事对他再适合无比，他于是畅游太白山和黑水谷一带的寺院，以及周文王的故里。有时清闲无事，他便到西安附近有名的终南山去，去看珍奇的手稿，或是一个朋友珍藏的吴道子真迹。

东坡年富力强，无法安静下来，这时是他生平第一次独自生活，只与娇妻稚子在一起。如今他已然尝到做官生活的味道，但并不如他梦想的那么美妙。远离开京都的骚扰杂乱，在外县充任判官，副署公文，审问案件，颇使他感觉厌烦无味。有时难免感觉寂寞，但也有时举杯在手，月影婆娑，又感觉欣喜振奋。

在他还不够成熟老练之时，他需要妻子的忠言箴劝。苏夫人在务实际、明利害方面，似乎远胜过丈夫。她对丈夫非常佩服，知道自己嫁的是个年轻英俊的诗人。才华过人的诗人和一个平实精明的女人一起生活之时，往往是显得富有智慧的不是那个诗人丈夫，而是那个平实精明的妻子。在婚姻上所表现的，仍然是男女相辅相成。苏夫人知道丈夫那坦白直爽甚至有时急躁火暴的性格之后，她觉得倒不需急于向他表示什么佩服崇拜，还是要多悉心照顾他，才尽自己身为贤妻的本分。苏东坡是大事聪明，小事糊涂，但是构成人生的往往是许多小事，大事则少而经久不见，所以苏东坡则事事多听从妻子。夫人提醒他说他现在是初次独自生活，而没有父亲照管。苏东坡把人人当好人，但是太太则有知人之明。苏东坡与来访的客人谈话之时，太太总是躲在屏风后屏息静听。一天，客人走后，她问丈夫："你费那么多工夫跟他说话干什么？他只是

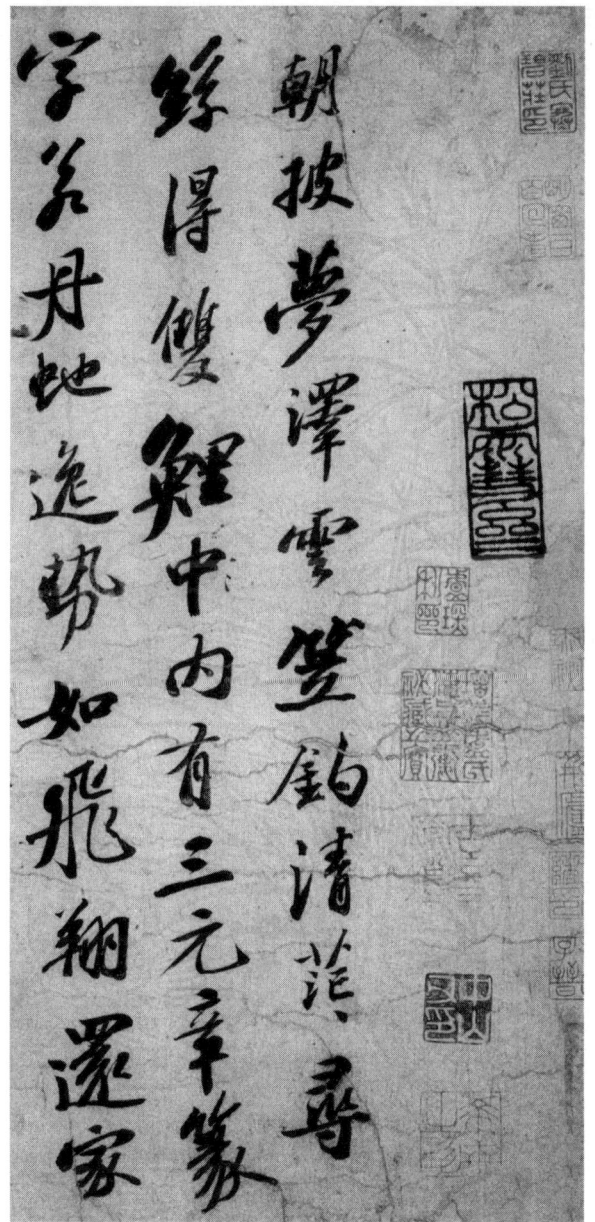

《李白仙诗卷》（局部）

书法 苏轼 宋

有人将李白与苏轼做过一个比较，得出的结论是："虽然与李白一样，苏轼也算得上是北宋一代最为豪放的文人，但他仍然比李白细腻、内向得多，也往往在狂放之余带有一种淡淡的哀愁。……'慎静以处忧患'，正是苏轼人生哲理的核心。"

留心听你要说什么，好说话迎合你的意思。"

她又警告丈夫要提防那些过于坦白直率的泛泛之交，要提防丈夫认为"天下无坏人"的大前提之下所照顾的那些朋友。总之，苏东坡的麻烦就在看不出别人的短处。妻子对他说："提防那些人，速成的交情靠不住。"东坡承认妻子的忠言很对。我想苏夫人的这种智慧是自"君子之交淡如水"得来的——水没有刺激的味道，但是人永远不会对之生厌。真诚的友谊永远不会特别表白的，真正的好朋友彼此不必通信，因为既是对彼此的友情信而不疑，谁也不需要写什么。数年分别后，再度相遇，友情如故。

有的人不忙不快乐，苏东坡就是这一型。那时陕西旱象出现，已经好久不雨，农人为庄稼忧心如焚，除去向神灵求雨，别无他法，而求雨是为民父母官者的职责。苏东坡突然行动起来，心想一定是什么地方出了毛病，不然神不会发怒。现在若不立刻下雨，黎民百姓就要身蒙其害了。苏东坡现在要写一份很好的状子，向神明呈递。在这方面，他是万无一失的。他现在准备立即在神明之前，以他那雄辩滔滔的奇才，为老百姓祈求普降甘霖。

在渭水以南，有一道高大的山脉，通常称之为秦岭，而秦岭上最为人所知、最高、最雄伟的山峰，叫太白峰。太白山上一个道士庙前面，有一个小池塘，雨神龙王就住在其中，这个龙王可以化身为各种小鱼。苏东坡就要到那个道士庙里去求雨。他为农人求雨，但是也像一个高明的律师一样，他想办法叫龙王明白天旱对龙王也没有好处。在奉承了几句话之后，他在那篇祈雨文里说："乃者自冬徂春，雨雪不至。西民之所恃以为生者，麦禾而已。今旬不雨，即为凶岁。民食不继，盗贼且起。岂惟守土之臣所任以为忧，亦非神之所当安坐而熟视也。圣天子在上，凡所以怀柔之礼，莫不备至。下至于愚夫小民，奔走畏事者，亦岂有他哉？凡皆以为今日也。神其盍亦鉴之？上以无负圣天子之意，下以无失愚夫小民之望。"

由太白山下来之后，他继续游历各处，特别是上次漏过的名胜。在当月七日，他曾求过雨，回到城里，十六日，曾下小雨，但是对庄稼仍嫌不足，农民也不满意。他研求原因，人告诉他在太白山的祈求并不是无效，但是神由宋朝一个皇帝封为侯爵之后，再去祈求便不再灵验。苏东坡在《唐书》上一查，发现太白山神在唐朝原是封为公爵的。山神实际上是被降低了爵位，大概因此颇不高兴。苏东坡立刻为县官向皇上草拟了一个奏本，请恢复山神以前的爵位。然后他又与太守斋戒沐浴，派特使敬告神灵，说他们已为神求得更高的封号，又从庙前的池塘里取回一盆"龙水"。

十九日，苏东坡出城去迎"龙水"。全乡下人人振奋，因为这次的成功是他们极为关心的事。乡间早已来了好几千人，当地十分热闹，在"龙水"未到时，已然阴云密布，天空昏黑。老百姓等了好久，雨硬是不肯下。苏东坡又进城去，陪同宋太守到真兴寺去祷告。在路上，他看见一团乌云在地面低低飘过，在他面前展开。他从农夫手里借了个篮子，用手抓了几把乌云，紧紧藏在篮子之中。到了城里，他祷告乌云的诗里有："开缄乃放之，掣去仍变化。云兮汝归山，无使达官怕。"祷告已毕，他又和宋太守出城去。他俩走到郊区，忽然来了一阵冷风。旗帜和长枪上的缨子都在风中猛烈飘动。天上乌云下降，犹如一群野马。远处雷声隆隆。正在此时，一盆"龙水"到来。苏东坡和宋太守前去迎接"龙水"，把"龙水"放在临时搭建的祭台上，随即念了一篇祈雨文，这篇祈雨文和其他的祭文至今还保存于他的文集里。仿佛是有求必应，暴雨降落，乡间各地，普沾恩泽。两天之后，又下大雨，接连三日，小麦、玉蜀黍枯萎的秸茎又挺了起来。

现在欢声遍野，但是最快乐的人却是诗人苏东坡。为纪念这次喜事，他把后花园的亭子改名为"喜雨亭"，写了一篇《喜雨亭记》，刻在亭子上。这篇文章是选苏东坡文章给学生读时，常选的一篇，因为文笔简练，很能代表苏文的特性，又足以代表他与民同乐的精神。

这件事之后，太白山的山神也升了官，又由皇帝封为公爵。苏东坡和宋太守为此事再度上太白山，向神致谢，又向神道贺。次年七月，又有大旱，这次求雨，却不灵验。苏东坡失望之余，到蟠溪求姜太公的神灵。姜太公的神灵直到今天还是受老百姓信仰的。姜太公在周文王时是个贤德有智慧的隐士，据稗官野史上说，他用直钩在水面三尺之上垂着钓鱼。据传说他心肠好、人公正，鱼若从水中跳出三尺吞他的饵，那是鱼自己的过错。常说的"姜太公钓鱼，愿者上钩"便是此意。

苏东坡此次向姜太公求雨是否应验，并无记载。但是不管信仰什么神，信佛也罢，信一棵得道的老树桩子也罢，这并不是怀疑祷告不灵的理由。祷告不灵永远无法证明，因为根据佛经，若出什么毛病，总是祷告的人不对，通常是他的信心不足，所谓"诚则灵"，便是此意。所有的神都要显出灵验，否则便无人肯信了。再者，祷告也是人根深蒂固的天性。祷告，或是具有祷告的那种虔诚态度，毕竟是很重要的，至于是否灵验，那倒在其次。

无论如何，后来苏东坡做其他各地的太守，只要事有必要，他还是继续祷告。他知道他的此种行动是正当无疑的，他也就相信神明必然会竭其所能为人消灾造福。因为，倘若明理是人最高的本性，神明也必然是明理的，也会听从劝告，也会服理。但是在苏东坡几篇论到天灾的奏折里，他也按照中国的传统指出来，朝廷若不废除暴政以纾民困，向神明祷告也无用处。这就是中国凭常识形成的宗教，这种看法就使中国古籍上有"尽人事，听天命"的说法。在知道了中国人所有的愚蠢行为之后，这种谚语又让我重新相信中国人毕竟是伟大的思想家。

我简直不由得要说苏东坡是火命，因为他一生不是治水，就是救旱，不管身在何处，不是忧愁全城镇的用水，就是担心运河和水井的开凿。说他是火性并无不当，因为他一生都是精力旺盛的，简单说来，他的气质，他的生活，就犹如跳动飞舞的火焰，不管到何处，都能给人生命温暖，但同时也会把东西毁灭。

这个跳动飞舞的火苗，据说曾经两度和邪魔外祟争辩。因为他深信，不但是神灵，即使是妖魔鬼怪，也得对他那义正词严的攻击顺服，所以他有所恃而无恐。他痛恨一切悖乎情理的事，甚至妖魔鬼怪也得对他的所作所为，要能判别何者为是何者为非。妖魔等物也许有时会遗忘或分辨不清，可是在苏东坡的雄辩口才之下，他们就会自见其行为的愚蠢，进而立即罢手。

有一次，他在从凤翔回京都的路上，正顺着一条山路行走，经过白华山。侍从之中一个人忽然中邪，在路上就把衣裳一件一件脱下来，直到脱了个精光。苏东坡吩咐人勉强给他穿上，把他缚起来，但是衣裳又掉了下来。大家都说一定触怒了山神，那个兵才中了邪。苏东坡走到庙里，向山神说道：

某昔之去无祈，今之回无祷，特以道出祠下，不敢不谒而已。随行一兵，狂发遇祟。而居人曰神之怒也，未知其果然否？此一小人如蚍蜉尔，何足以烦神之威灵哉！纵此人有隐恶，则不可知，不然，以其懈怠失礼，或盗服御饮食等小罪尔，何足责也，当置之度外。窃谓岳镇之重，所隶甚广，其间强有力富

喜雨亭

折扇 蔡彦才、沈有壬 1936年
喜雨亭,今在陕西凤翔县东湖公园内。《喜雨亭记》是苏轼于嘉祐七年(1062)在凤翔府任判官时所作。全文不长,共五百来字,四小段而已,但无论就其使用的散文形式来看,还是就其表现的内容和给人的感受来看,都是一篇值得品味的艺术精品。

贵者,盖有公为奸慝,神不敢于彼示其威灵,而乃加怒于一卒,无乃不可乎!某小官,一人病则一事阙,愿怒之可乎?非某愚直,谅神不闻此言。

祷告完毕,苏东坡刚一离开那所山神庙,一阵山风猛向他脸上扑来,转眼之间,风势愈狂,竟而飞沙走石,行人无法睁眼。苏东坡对侍从说:"难道神还余怒未息?我不怕他。"他继续往前走,狂风越发厉害。这时只有一个侍从携带他随身的行李在后面跟随,别人和马匹都在想法避风,因为觉得实在无法前进。有人告诉他回庙去向山神求饶。苏东坡回答说:"吾命由天帝掌握,山神一定要发怒,只好由他。我要照旧往前走,山神他能奈我何?"然后,风逐渐减弱,终于刮完,并无事故发生,那个兵也清醒过来。

苏东坡对自己有急智和看不见的精灵相斗，坚具信心。有一次，他和一个邪魔力争不让。那是此后数年，他在京师身为高官之时，他的二儿媳妇（欧阳修的孙女）一天晚上也中了邪，是在产后。年轻的儿媳妇以一老妪的声音向周围的人说："我名清，姓王，因为阴魂不散，在这一带做鬼多年。"苏东坡对儿媳妇说："我不怕鬼。再说，京都有好多驱鬼除妖的道士，他们也会把你赶跑的。不要不识相。显然是你糊涂愚蠢才送了命，现在既然已死，还想闹事！"然后他向女鬼讲了些佛教有关阴魂的道理，又告诉她说："你给我老老实实地走开，明天傍晚我向佛爷替你祷告。"女鬼乃合掌道："多谢大人。"儿媳妇于是霍然而愈。第二天日落后，他给佛爷写了一篇祈祷文，焚香，供上酒肉，把女鬼送走。

此后不久，他次子的小儿子说看见一个贼在屋里跑，看上去又黑又瘦，穿着黑衣裳。苏东坡吩咐仆人搜查，结果一无所获。后来奶妈又忽然倒在地板上，尖声嘶喊。苏东坡过去看她，她向东坡喊道：

"我就是那个又黑又瘦穿黑裳的！我不是贼，我是这家的鬼。你若想让我离开奶妈的身上，你得请个仙婆来。"

苏东坡对鬼斩钉截铁地说："不，我不请。"

鬼的声音缓和了点儿说："大人若一定不肯请，我也不坚持。大人能不能给我写一篇祷告文，为我祈祷？"

东坡说："不行。"

鬼的条件越来越低，用更为温和的声音请求可否吃点儿肉喝点儿酒，但是苏东坡越发坚决。鬼被这个不怕鬼的人慑服了，只请求为他烧点儿纸钱便心满意足，东坡仍不答应。最后，鬼只要求喝一碗水。东坡吩咐："给她。"喝完水之后，奶妈跌倒在地上，不久恢复了知觉，但从此断了奶。

苏东坡在凤翔那一段，发生了一件事，使他有点儿不光彩，在他后来的日子里不愿提起。到那时为止，他和上司宋太守处得很融洽，宋太守与他家是世交。此后，来了一位新太守，情形就有了变化。新太守姓陈，是武人出身，严厉刻板，面黑体壮，两眼炯炯有神。他与苏东坡同乡，认为苏东坡少年得意，颇把他看作暴发户。陈太守为官以来，颇负美誉。曾在长沙捕获一恶僧，此一僧人颇与权要交往，他仍将此僧交与有司法办，全境之人，无不惊异。又有一次，他捕获七十余男巫，这些男巫平素皆鱼肉乡民，他将他们强行遣返故乡，耕田为农。那时有些寺庙暗中干些邪污败德之事，他拆除了几座庙。据说他的兵卒奉命站定不动时，敌人的箭从天上稠密飞来，兵卒们仍然屹立不动。

现在苏东坡新来的上司是这样的一个人。所有的文武官员都向他俯首致敬，但是对苏东坡而言，我们都不难猜测，现在是两个不妥协通融的硬汉碰了面。二人之间遇有争论，便舌剑唇枪，恶语相加。苏东坡年少多才，要一个有才自负的年轻人向外在的权威俯首拜服，实在难之又难。也许令苏东坡感到最大的不快是陈太守往往改动拟妥的上奏文稿。陈太守往往在苏东坡造访时不予接见，有时使他久候，久到足够让他睡个午觉的工夫，用以表示不悦之意。二人的龃龉不和，后来竟闹到陈太守向京师上公文，陈明苏东坡的抗命情形。

苏东坡的报复机会不久到来。陈太守在太守公馆里建造了一座"凌虚台"，以便公务之暇，登台观望四野景物之胜。不知何故，陈太守吩咐苏东坡写一篇文字，预备刻在凌虚台的石碑上，作为兴建此台的纪念。这个诱惑对年轻多才的苏东坡，是欲拒不能了：他必得借此机会来玩笑一番。做文章刻石留念，自然是为传之久远，必须庄重典雅，甚至富有诗情画意方为得体。显然是他不得直接攻击陈太守，但是知道向老头子放支玩笑的小箭，总无伤于人，亦无害于己。今天我们还可以读到那篇《凌虚台记》：

> 台因于南山之下，宜若起居饮食与山接也。……而太守之居，未尝知有山焉。……太守陈公杖屦逍遥于其下，见山之出于林木之上者，累累如人之旅行于墙外，而见其髻也。曰："是必有异。"使工凿其前为方池，以其土筑台，高出于屋之檐而止。然后人之至于其上者，恍然不知台之高，而以为

山之踊跃奋迅而出也。公曰："是宜名凌虚。"以告其从事苏轼，而求文以为记。轼复于公曰："物之废兴成毁，不可得而知也。昔者荒草野田，霜露之所蒙翳，狐虺之所窜伏，方是时，岂知有凌虚台耶。废兴成毁，相寻于无穷，则台之复为荒草野田，皆不可知也。尝试与公登台而望，其东则秦穆之祈年、橐泉也，其南则汉武之长杨、五柞，而其北则隋之仁寿、唐之九成也。计其一时之盛、宏杰诡丽、坚固而不可动者，岂特百倍于台而已哉。然而数世之后，欲求其仿佛，而破瓦颓垣无复存者，既已化为禾黍荆棘、丘墟陇亩矣。而况于此台欤？夫台犹不足恃以长久，而况于人事之得丧、忽往而忽来者欤？而或者欲以夸世而自足，则过矣。盖世有足恃者，而不在乎台之存亡也。"

倘若苏东坡年龄再大些，文字之间的语调会更温和些，讽刺的箭也许隐藏得更巧妙些。这篇记叙文，本为庆祝而作，却在沉静中沉思其将来坍塌毁坏之状，并含有太守不知所住之城外有山之讽刺，在中国碑记文中尚属罕见。但是陈太守这个老头子确实肚量够大，竟不以为忤。这一次他对此文一字未予更动，照原作刻在石碑上。

由此可见，陈太守为人心地并不坏。在二人分手之后，东坡也看出此种情形，因而有修好之举。成了名的作家常有的应酬，就是应子侄辈之请为其先人写墓志铭。墓志文字必须赞美亡故者，但多为陈词滥调，而且言不由衷，故无文学价值。写此等文字古人每称之为谄媚死者，但是此等事仍为作家极难避免之社交应酬。在这一方面，苏东坡自己应有极严格的规定，而且确实做到了。他绝不写一篇此种文章，即使王公贵人相求，也是不写。在他一生之中，他只写了七篇墓志铭（中华书局1986年版《苏轼文集》即有13篇，收入"墓志铭"下，并且苏轼给陈太守写的那篇并非名为"墓表铭"，而是"传"——编者注），皆有特别的理由，他的确有话要说才写的。几年之后，他也为陈太守写了一篇。除去他为司马光写的那篇之外，这篇算是最长的。因为东坡和那位陈太守，最后彼此都对对方十分敬仰。

陈太守的儿子陈慥，后来成了苏东坡毕生的友人，此子不可不在此一提。陈慥喜欢饮酒骑马，击剑打猎，并且慷慨大度，挥金如土。一天，陈慥正在山中骑马打猎，有两个兵卒相随。他前面忽然有一只喜鹊飞起，他的随员没有将此喜鹊击落。这位年轻的猎人咒骂了一声，从丛林中隐藏处一马冲出，嗖的一箭射去，喜鹊应声落地。这个青年的脸上，似乎有什么特别之处吸引住苏东

《王史二氏墓志铭稿卷》(部分)

书法 黄庭坚 宋 日本东京国立博物馆藏

中国人讲究立德、立言、立功,死后这些都要写进墓志铭,以求得人死留名。墓志铭一般是在铭主死后由德高望重的人士撰写。此卷为苏东坡的好友黄庭坚撰写,由《王长者墓志铭稿》和《宋卢南诗老史翊正墓志铭稿》合成。

坡。后来有人传言,说陈慥的父亲在他处做官之时曾有纳贿之事,被判处死刑。传闻是这样的,苏东坡正要遭受贬谪之时,陈慥正隐居在黄州,苏东坡的仇人想起苏东坡当年与陈慥的父亲交恶,就把他贬谪到黄州来,好使陈慥对付苏东坡。也许陈慥要为父报仇,这样苏东坡的敌人就可以借刀杀人了。但是事实上,苏东坡与陈慥父亲之死毫无关系,陈慥反成了苏东坡谪居黄州期间最好的朋友。

苏东坡又遇见了一位"朋友"——章惇,章惇命定是苏东坡后半生宦途上的克星。章惇后来成了一个极为狠毒的政客,现在官居太守之职,所治县份距此不远,也在湖北省境。我们手下没有资料可以证明是否苏夫人曾经警告过丈夫要提防章惇,但是章惇确是富有才华,豪爽大方,正是苏东坡所喜爱的那等人。苏东坡曾经预测过章惇的前途,这个故事是人常说起的。是在往芦关旅行的途中,苏章二人进入深山,再往前就到黑水谷了,这时来到一条深涧边,上面架着一条窄木板,下面距有百尺光

第六章 神、鬼、人

067

景，有深流滚翻倾泻，两侧巨石陡峭。章惇是极有勇气之人，向苏东坡提出从木板上走过去，在对面岩石的峭壁上题一行字，一般游客是常在名胜之地题词的。苏东坡不肯过去，章惇以无动于衷的定力，独自走过那条深涧，然后把长袍塞在腰间，抓住一根悬挂的绳索，坠下悬崖，到对面小溪的岸上，在岩石上题了"苏轼章惇来"五个大字。随后又轻松自如、若无其事般由独木桥上走回来。苏东坡用手拍他这位朋友的肩膀说："终有一天你会杀人的。"章惇问："为什么？"苏东坡回答说："敢于玩弄自己性命的人自然敢取别人的性命。"苏东坡的预测是否可靠，且看后文分解。

仁宗驾崩后，苏东坡受命督察自陕西西部山中运输木材供修建陵寝之用的工事。这时他又忙碌了一阵子，此外平时他并不十分快乐。他颇为想家。仁宗嘉祐八年（一〇六三），他写信向子由说：

始者学书判，近亦知问囚。但知今当为，敢问向所由。士方其未得，惟以不得忧。既得又忧失，此心浩难收。譬如倦行客，中路逢清流。尘埃虽未脱，暂憩得一漱。我欲走南涧，春禽始嘤呦。鞅掌久不决，尔来已徂秋。桥山日月迫，府县烦差抽。王事谁敢憝，民劳吏宜羞……千夫挽一木，十步八九休……对之食不饱，余事更遑求……劬劳幸已过，朽钝不任镂。秋风迫吹帽，西阜可纵游。聊为一日乐，慰此百年愁。

英宗治平元年十二月（一〇六四），他解除官职，内兄自四川来与同居，次年正月，举家迁返京都。当时，凡地方官做官三年之后，朝廷就要考察他政绩如何，叫作"磨勘"。依据考察的结果，再经推荐，另授新职。东坡既然回京，子由获得了自由，不久就外放到北方的大名府去做官，当时大名府也叫"北京"，在今日的北京南方一百里。

新主英宗，早闻苏东坡的名气，要破格拔擢，任以翰林之职，为皇帝司草诏等事。宰相韩琦反对，建议皇帝为苏东坡计，应俟其才干老练，不宜于突然予以如此高位。皇帝又称拟授命他掌管宫中公务之记载。宰相又提出反对，说此一职位与"制诏"性质相近。他推荐苏东坡到文化教育部门去任职，并且苏东坡要经过此等职位所需之正常考试。皇帝说："在不知一人之才干时，方予以考试。现在为何要考苏东坡？"但是终于按照宰相的意见，苏东坡依法考试，考试及格，于是他在史馆任职。在史馆任职的官员，要轮流在宫中图书馆工作，而苏东坡正以有此良机饱读珍本书籍、名人手稿、名家绘画为乐。

那年五月，苏东坡的妻子以二十六岁之年病逝，遗有一子，年方六岁。苏洵对东坡说："汝妻嫁后随汝至今，未及见汝有成，共享安乐。汝当于汝母坟茔旁葬之。"在妻死后的第十周年，苏东坡写了一首词以寄情思，这首小词颇离奇凄艳，其令人迷惘的音乐之美，可惜今日不能唱出了。其词如下：

十年生死两茫茫。不思量，自难忘。千里孤坟，无处话凄凉。纵使相逢应不识，尘满面，鬓如霜。

夜来幽梦忽还乡。小轩窗，正梳妆。相顾无言，惟有泪千行。料得年年断肠处，明月夜，短松冈。

妻子死后，次年四月老父病逝，时为英宗治平三年（一○六六）。苏洵已完成了《太常因革礼》一百卷。自然如一般预料，兄弟二人立即辞去官职，经过迢迢的旱路水路，把父亲和东坡妻子的灵柩运回四川眉州故里，在祖茔埋葬。朋友们纷纷馈送奠仪。

运送灵柩，他们必须雇船自安徽走水路，然后再顺长江逆流而上。两兄弟不惜多费时日，用以满足沿途畅游之愿，所以到次年四月才安抵故里。父亲的坟墓早在父亲自己营建之下完成，只要将父亲灵柩安放在母亲墓穴之旁，便算完事。不过苏东坡好大喜功，他在山上种了三万棵松树，希望将来长成一带松林。

现在又要过一段蛰居的生活。要到两年零三个

苏东坡像

石刻　现代
宋神宗熙宁八年（1075），苏东坡时任密州（治所为今山东诸城）知州，年近四十。正月二十日夜，他梦见爱妻王弗，便写下了这首《江神子》。这是千年以来写夫妻之情最成功、最动人的辞章之一。

月才居丧期满（神宗熙宁元年［一〇六八］七月）。在他们回京之前，必须做两件事。苏东坡要师法父亲为纪念母亲而立佛像的往例，必须立一座庙，以纪念父亲。在庙内，他悬有父亲遗像，另外四张极宝贵的吴道子画的佛像，是他在凤翔时物色到的。庙的建造费要白银一千两，苏氏兄弟共出五十两，其余由和尚筹募。

居丧期满后，苏东坡要做的第二件大事，就是续弦。新娘是前妻的堂妹，王杰的女儿。十年前，为母亲的葬礼，苏东坡曾经返回故里奔丧，常到妻家青神去。闰之当年只有十岁或是十一岁，多次在她家看见东坡。在大家一同出外游玩野餐之时，她看见东坡那么年轻就在科举考试中得了魁元，心里惊奇赞赏。现在她是二十岁的小姐了，因为东坡父母双亡，他自然可凭自己的意思择偶，而觉得她正合心意。这件婚事大概要归功于闰之哥哥的张罗，因为他已经对东坡感情很深厚。闰之因为比丈夫小十一岁，早就对他佩服得五体投地，她似乎是什么事都听从丈夫的心愿。她一直无法叫丈夫节省花费，一直到他在世最后那些年。她不如前妻能干，秉性也比较柔和，遇事顺随，容易满足。在丈夫生活最活跃的那些年，她一直与他相伴，抚养堂姐的遗孤和自己的儿子，在丈夫宦海浮沉的生活里，一直和丈夫同甘共苦。男人一生在心思和精神上有那么奇特难言的惊险变化，所以女人只要聪明解事，规矩正常，由她身上时时使男人联想到美丽、健康、善良，也就足够了。男人的头脑会驰骋于诸多方面，凝注新的事物情况，为千千万万的念头想法而难得清闲，时而欣喜雀跃，时而有隐忧剧痛，因此觉得女人的宁静稳定，反倒能使人生在滔滔岁月之中进展运行而不息，感到纳闷难解。

在神宗熙宁元年（一〇六八）腊月，在把照顾父母的坟茔等事交托给堂兄子安和一个邻人杨某之后，苏氏兄弟乃携眷自陆路返回京都。此后兄弟二人谁也没再返归乡里，因为抵达京都之后，二人都卷入政坛的旋涡之中。后来虽然宦游四方，但迄未得返里一行。

第七章　王安石变法

苏氏兄弟在神宗熙宁二年（一〇六九）到达京师。从那年起，中国则在政潮汹涌中卷入新社会的实验里，而此一政治波浪所引起的冲击震荡不绝，直到宋朝灭亡而后已。这是中国最后一次的国家资本主义的实验，绝不是第一次。在中国四千年的历史上，有四次变法，结果都归于惨败。最成功的一次是法家商鞅的法西斯极权主义，因为商鞅的学说由秦始皇——万里长城的筑造人，认真地实行出来。这个早期法西斯学说有二大特色，一为崇武，一为重农。但是这两项仍是合而为一的，因为商鞅坚信有勤苦之农民乃有勇武之精兵，中产阶级的商人贸易者，应当力予制压。但是，尽人皆知，那个威力强大的军事组织，依照此一学说已经建立，随后发展起来，且已使秦国的专政之君统一了全中国。正当这样的政治学说要应用于全中国之时，一个庞大无比的帝国，真是出人意料，竟在数年之内崩溃了。

另外有两次激进的改革，一次是汉武帝时，一次是在王莽当政时。第一次是按照桑弘羊的国家资本财政论，虽然战争绵延，国库赖以增富，但是终以几乎招致叛乱而废止。第二次则因王莽被推翻而新政亦成泡影。所以，如今王安石变法成为第四次失败，固不足为奇。但是在此四次新的实验之中，每一次都是由一个具有创新力的思想家的观点出发，其人宁愿把过去全予摒弃，凭其信念与决心，全力以赴。王安石对商鞅极为钦佩，曾经写过一首诗吁请大家对他当有正确的了解，此一事颇具重要意味。同时，我们必须注意，凡有极权主义提出来，不论古时或现代，基本上的呼声，都是为了国家和人民的利益。在历史上，多少政治上的罪恶都是假借"人民"的名义而犯下的，现代的读者自然不难明白。

王安石是个怪人，思想人品都异乎寻常。学生时代很勤勉，除去语言学极糟糕之外，还算得上是个好学者，当然也是宋朝一个主要的诗人。不幸的是，徒有基督救世之心，而无圆通机智处人治事之术，除去与他本人之外，与天下人无可以相处。毫无疑问，他又是一个不切实际的理想主义者。倘若我们说理想主义者是指的不注意自己的饮食和仪表的人，王安石正好就是这等人。王安石的衣裳肮脏，须发纷乱，仪表邋遢，他是以此等恶习为众所周知的。苏洵在《辨奸论》那篇文章里刻画王安石说："衣臣虏之衣，食犬彘之食。"又说他"囚首丧面而谈诗书"。王安石是否喜欢以这样的特点异乎常人，我们无从知道，但是一个人把精力完全倾注在内在的思想上，自然会忽略了他的外表，这话倒不难相信。有一个故事流传下来，说他从来不换他的长袍。一天，几个朋友同他到一个寺院里的澡堂。在他由浴池出来之前，朋友们特意偷偷地留在外头一件干净的长袍，用以测验他是否知道衣裳已经被换了。王安石洗完出来，把那件新袍子穿上，朋友动了手脚，他完全不知道。不管怎么样，他总是身上穿了件衣裳就行了。

又有一天，朋友们告诉王安石的胖太太，说她丈夫爱吃鹿肉丝。

胖太太大感意外，她说："我不相信。他向来不注意吃什么，怎么会突然爱吃鹿肉丝了呢？你们怎么会这样想？"

大家说："在吃饭时他不吃别的盘子里的菜，只把那盘鹿肉丝吃光了，所以我们才知道。"

太太问："你们把鹿肉丝摆在了什么地方？"

大家说："摆在他正前面。"

太太明白了，向众人说："我告诉你们，明天你们把别的菜摆在他前面，看会怎么样。"

朋友们第二天把菜的位置调换了，把鹿肉丝放得离他最远，大家留意他吃什么。王安石开始吃靠近他的菜，桌子上照常摆了鹿肉，他竟然完全不知道。

还有一个故事说王安石在做扬州太守幕府时，彻夜读书。那时的太守是韩琦，他后来做了宰相。王安石总是苦读通宵，天将黎明之时才在椅子中打盹。等睡醒时，已然晚了，来不及洗脸梳头发，便连忙跑到办公室上班。韩琦一看他那副样子，以为他彻夜纵情声色，就向他劝导几句。

韩琦说："老弟，我劝你趁着年轻，多用功念点儿书吧。"

王安石立在那儿未做分辩。在去职之时，他告诉朋友说韩琦不赏识他。后来，王安石的学者名气日大，韩琦对他的看法也有了改变，也愿把他看作

秦朝疆域图

地图　现代

商鞅的变法为秦始皇最终统一中国奠定了基础，不过这个过程是在残酷压榨民众的条件下完成的，尽管秦始皇采取了种种巩固统治的措施，希望能使秦朝千秋万代绵延不休，但15年后，才传到第二个皇帝秦朝就灭亡了。

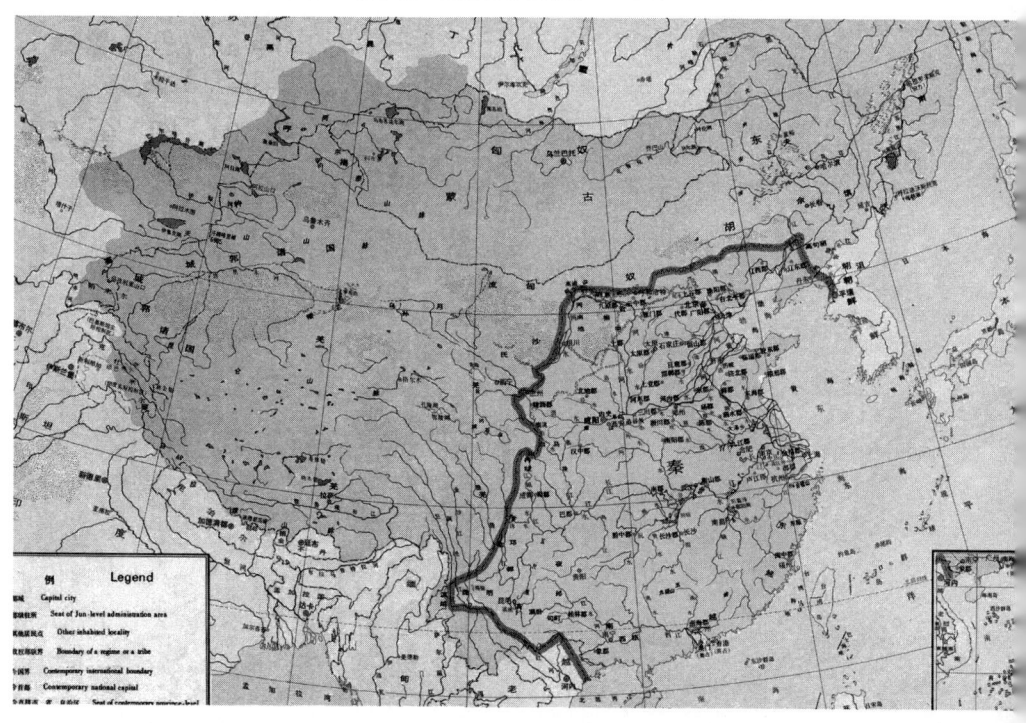

自己的属下,王安石却很恼怒。事情赶巧的是,王安石在京师接受朝廷一项高位那一年,正好韩琦罢相。王安石记日记甚勤,竟写了七十巨册,他曾有这样批评韩琦的话:"韩琦别无长处,惟面目姣好耳。"

但是王安石这个怪人,除去邋遢的外表之外,尚有不止此者。在他得势之前大约二十年之中,他之所以使人谈论者,是他屡次谢绝朝廷的提升。这倒很难相信他之如此是纯系沽名钓誉之意,因为从他二十一岁考中进士,到他四十六岁得势——那是他壮年最活跃的时期,共二十五年——他一直谢绝任命,宁愿在一个偏远的省份当一小吏。那是仁宗在位之时,国家太平,才俊之士咸荟萃于京都。王安石越谢绝朝廷授予高位之意,他的声誉越高。最后,朝廷上的官员皆急欲一睹此人的真面目,此时因为他除去以文章出名之外,他位居太守,治绩斐然,行政才干之优,堪称能吏。他建堤筑堰,改革学校,创农民贷款法,把他的新社会理想,实施了数项。政绩确实不错,也深得百姓爱戴。他对入朝为官的引诱一直视若无睹,直到仁宗嘉祐五年(一〇六〇),朝廷任命他为三司度支判官,他才来到京师。很显然,此人的兴趣是在经济财政方面,只有在这方面他才会对国家有最大的贡献。后来他母亲去世,他必须辞官守丧;但是甚至于守丧期满,他又被召入朝之时,他又谢绝在京为官,宁愿留在金陵。

他这一段自己韬光养晦的历程,颇难了解,因为此人一定深信一旦时机到来,他必可为国家做大事。若说他壮年这段时期已经建立了他政治生涯的基础,是合乎情理的说法。也许当时朝廷名臣重儒之间的竞争,他觉得不能胜任,因为那时朝中有年高德劭学识渊博的文臣,如范仲淹、司马光、欧阳修、曾公亮等人,这些人都会对锐意的改革侧目而视,都深得人望,足以使抱有新见解的后起之辈无从发展。王安石是在坐以待时。但是,从心理上看,恐怕另有一个理由。王安石那样气质的人,不管身居何处,总愿自为首领,而在偏远的外县身为太守,仍不失小池塘中的大青蛙。他在京师担任一项官职,那一段短短的时期,曾和同僚争吵不和,使事事错乱失常。他想变动成规,照自己的想法办事。吴珪和张方平都记得为他同僚或为属下之时,遇事都极难与人合作。

在仁宗嘉祐五年他来到京师时,时人都视之为奇才。他已经写过些好诗文,他有创见,也善于言谈。老一辈的名公巨卿如富弼和文彦博对他颇有好评,甚至欧阳修也对他有好感。在他那古怪的仪表之下,暗藏着当时那些官员所不能窥测的才干和品格,他这个奇特之士就曾与那些大员周旋。在能看穿王安石的品格并认为他将会成为国家一大害的寥寥数人之中，有苏洵和他的老友张方平。张方平曾与王安石为同僚，共同监督地方考试，因相处不洽而将他峻拒之后，便不再与他交往。他一定把早年与王安石共事的经验告诉过苏洵。于是二人对王安石极为厌恶，更因为他穿着习惯的矫揉造作不近人情，而对他反感更深。欧阳修曾经把王安石介绍给苏东坡的父亲，而王安石也愿意结识苏氏父子，但是老苏对他拒而不纳。王安石母亲去世时，在所有经邀请参加丧礼之人当中，只有苏洵拒绝前往，并且写了那篇著名的文章《辨奸论》，这一篇成了后来历代学生常读的文章。

在这篇文章里，苏洵开头就说了解人的性格很难，甚至聪明人也常会受骗，只有冷静的观察者才能看透人的性格而预知他将来的发展。他引证古代的一个学者山巨源对王衍的预言，那时王衍仅仅是聪颖秀逸的书生；还引证名将郭子仪对卢杞的预测，后来卢杞对唐代的灭亡多少负有责任。卢杞为人阴险而富有才干，但其容貌极丑。郭子仪在接见卢杞时，必须把歌女舞姬等斥退，恐妇女辈见其丑陋而受惊，或因一时嗤笑而开罪于他。但是苏洵说，当时若不是有昏庸之主，这两个人还不足单独有亡国的才干。现在一个具有卢杞的阴险与丑陋，兼有王衍的辩才的人出现了。"今有人口诵孔、老之书，身履夷、齐之行，收召好名之士、不得志之人，相与造作语言，私立名字，以为颜渊、孟轲复出，而阴贼险狠，与人异趣"。此人如一旦得势，足以欺英明之主，为国家之大害。"夫面垢不忘洗，衣垢不忘浣，此人之至情也。今也不然，衣臣虏之衣，食犬彘之食，囚首丧面而谈诗书，此岂其情也哉？凡事之不近人情者，鲜不为大奸慝"。苏洵希望他的预言不应验才好,这样他就可比为"善用兵者,无赫赫之功"的名将了。但是他说:"使斯人而不用也,则吾言为过,而斯人有不遇之叹,孰知其祸之至于此哉?不然,天下被其祸,而吾将获知言之名,悲夫!"

王安石的奇怪习惯,是否矫揉造作,无法断言;但每逢一个人对某一事做得过度,人总容易怀疑他是沽名钓誉。我们若是相信邵伯温的记载,仁宗皇帝也曾有此怀疑。一天大臣等蒙恩受召,盛开御宴。客人须在池塘中自己捕鱼为食。在用膳之前,做成小球状的鱼饵,摆在桌子上金盘子里。王安石不喜欢钓鱼,便将金盘子里的鱼饵吃光。第二天,皇帝对宰相说:"王安石为伪君子。人也许误食一粒鱼饵,总不会有人在心不在焉之下把那些鱼饵吃完的。"由这个故事可以看出,为什么仁宗不喜欢王安石了。在王安石的日记里,他对仁宗也挑剔得特别苛酷。由后来的发展看,苏洵的话没说错。但是不知何故,在世界各国,怪人、狂想家、精神分裂者,总是相信邋遢脏乱才是天才的标志,而最能使自己获有千秋万岁名的办法,就是拒绝正人君子般的装束。还有一种怪想法,就是,肮脏污秽就表示轻视物质环境,因此也就是精神崇高,于是合理的结论必然是:天堂者,恶臭熏人的天使集中处也。

老苏写《辨奸论》时,苏东坡说他和弟弟子由都认为责骂得太重,只有张方平完全赞同。可是,事过不久,苏东坡的同代人就看到老苏的所见太对了。那篇文章至今流传,足以显示苏东坡老父的真知灼见。

王安石接任三司度支判官不久,他就企图试探一下自己的政治基础。当时仁宗在位,他就上书论政,长达万言。在此万言书中,陈明他对改革财政的基本原则,"因天下之力以生天下之财,取天下之财以供天下之费"。他说自宋开国以来,政府即感财力不足之苦,此皆因缺乏一良好之财政经济政策。此等政策之所以未为人所想到,只因为无伟大而有力者谋其事。他说当时有其权位者,却无此大才。在全国之中,他亦不知何人具有此等才干足以出任斯职。他很巧妙地指出若从事基本改革,必使之与古圣先生之道相联系,要使庶民相信不悖乎先王之道。他又说,在顺乎古代传统之时,切勿师先王之法,但仅师先王之意,政策无论如何不相同,但皆以人民之利益为依归。总之,那是一篇结构谨严、文字老练的政论文章,论到政府的每一方面,财政、官制、教育,无不在内。

倘若王安石打算试探他的政治基础,他会发现他的政治基础还在松软下陷。仁宗皇帝把他的万言之书看完,就置诸高阁了。在随后英宗皇帝短短的四年当政之中，王安石又蒙恩召，但是他仍然辞谢不就。历史学家往往举出的理由是，因为仁宗无子，仁宗驾崩后，他曾奏请免立英宗为帝，因此他心中感觉不安之故。

这时，英宗之子，将来要继承帝位，现今正以王储之身，居于京都，后来即位为神宗，王安石那时才因宠得势。神宗为太子时，韩维为太子司文书事，而韩维对王安石则极为佩服。韩维常对朝政表示意见，每逢太子赞同那些意见，韩维就说："此非臣之意见，乃王安石之意见耳。"于是，太子对王安石渐渐器重，希望将来要借重王安石的政治大才。在英宗治平四年（一〇六七），神宗年二十岁，即帝位，立即任王安石为江宁知府，九月又将他擢登翰林之位。王安石与他的好友韩维不断联系，深信他的机会终于到来。他这次违背了以前的老习惯，圣命一到，立即拜受了官职。但是延迟进京，七个月后才成行。

神宗皇帝说："先王之时，王安石一向谢绝任命，不肯来京都。有人以为他冒失无礼，现在他仍然不来，称病为借口。是真有病在身，还是冀图高位？"

这一时期，朝中有两位元老重臣，互相嫉恨：一为曾公亮，一为韩琦。韩琦在三朝担当宰相与枢密之职，已有权责太重之势。曾公亮在企图动摇韩琦之时，希望拉王安石为有力的同党。他向皇帝力保王安石真有宰相之才具，皇帝应当对他的话信而不疑。另一方面，大臣吴珪深知王安石之为人，他警告皇帝说，若使王安石得权，必致天下大乱。

最后，在神宗熙宁元年（一〇六八），王安石

王安石像

肖像画　清

王安石（1021—1086），字介甫，号半山，封荆国公，世人又称王荆公。北宋杰出的政治家、思想家、文学家、改革家，"唐宋八大家"之一。对于王安石推行的变法，历史上的评价多有不同。列宁就认为他是"中国十一世纪最伟大的改革家"。

已然深知皇帝对他的态度，乃自外地来京，奉召入朝，奉准"越级进言"，不受朝仪限制。

皇帝问："朝政当务之急为何？"

王安石回奏道："以决定政策为要。"

皇帝又问："卿以唐太宗为如何？"

"陛下当以尧舜为法，固不仅唐太宗而已。尧舜之道行之亦甚易。后世儒臣并不真了解先王之道，认为尧舜之政，后世不可复见。"

皇帝听了颇觉称心，但谦谢道："卿之所望于寡人者过奢，恐怕寡人无以符贤卿之望。"

后来王安石得到一次单独召见的机会，别的官员已全退去。那是王安石的千载良机。

皇帝说："坐下。我要和你长谈。"皇帝陛下开始问他为什么过去两个明君（其中一个是唐太宗）一定要获得贤臣为相以辅佐朝政。皇帝提出的两个贤相之一并非别个，正是诸葛亮，可以说是历史上最贤能的宰相。王安石又使谈话不离三千年前的尧舜之治这一题目，他说他愿谈尧舜的贤相。他说诸葛亮在高人心目中，无足多论。诸葛亮的政治才干，也不过是按部就班，循序渐进，以达到一个明确的目标，此种做法决不适于像他这等急躁自信的财政经济的鬼才。

王安石接着说："陛下如今御临一个地大民多的国家。国家升平百年之久，全国才智之士如此之多，竟无贤德才智之臣佐陛下以为善政？其故恐在陛下无明确之政策与用人不专耳。今日虽有非常之才，一如当年辅佐尧舜之贤臣，如受小人之阻挠，亦必弃职而罢。"

皇帝道："每朝皆有小人。即使尧舜时代，尚有恶迹昭彰的四凶。"

王安石道："诚如陛下所说，正因尧舜知道此四奸臣之劣迹而杀之，尧舜才能有其成就。倘若此四奸臣在朝不去，仍逞其阴谋而妒贤害能，贤良之臣亦必弃官而去。"

神宗听了，颇为感动。他年方二十，像一般年轻人一样，雄心万丈，极愿国富兵强。他为人善良而公正，圆脸盘，五官端正，和祖宗长相相似。宋朝的皇帝，到神宗以后，才明白显出了精力衰颓的样子。王安石心想年轻皇帝对远大可期目标的热望，终于点燃起来。自从那次密谈之后，神宗皇帝就决定不惜赴汤蹈火也要完成王安石的变法计划，即便牺牲其他所有大臣也无不可——结果竟不幸而如此。不知为什么缘故，每逢贤德的老臣进谏反对王安石的新法之时，这位年轻皇帝的头脑中便浮现出那"四凶"的影子来。

在神宗熙宁二年（一〇六九）苏氏兄弟回到京师之时，王安石被任为参知政事（副宰相）。随后两年之中，但见稳重的老臣纷纷离朝，御史台遭到清肃排斥，继之身为谏官的都是王安石的一群小人。王安石就职不久，就开始大刀阔斧在政府各部门大事清除异己。抗争之事此起彼落，整个官场闹得乌烟瘴气。贤德干练、深孚众望的大臣，对王安石公开反对。这位年轻的皇帝反倒不明白究竟是何缘故。王安石想尽方法，使皇帝觉得这场混乱纷争，是皇帝和胆敢反对皇帝的那批奸邪的大臣之间的殊死之战。

皇帝问道："为什么会闹得这么人仰马翻？为什么所有的大臣、御史，全朝的读书人，都群起反对新法呢？"

王安石回奏说："陛下要知道，陛下是要师法先王之道，为了事功，不得不清除这些反对旧臣。在反动的旧臣与陛下之间的夺权之争，是不可免的。倘若他们获胜，朝廷大权将落在他们之手；若陛下获胜，朝廷的大权则仍将在陛下之手。那些自私的大臣，全都是存心阻挡陛下行先王之道，就是因此才闹出这一番纷乱。"

有年轻好胜志在国富兵强的皇帝在上，有对自己的财政经济学说坚信不移的宰相在下，实行王安石激进的政治财政改革已经如箭在弦了。实行新政的动机是不容置疑的。宋朝承五代残唐纷争杀戮的五十年之后，一直没有强盛起来。而且，西夏、契丹（后来称辽）、金，不断侵略中国的边境。中国与这些北方部落短期交战之后，遂订约言和。和约的条款对中国皇帝也是忍垢蒙羞的条款，因为那些番邦虽然承认中国的皇帝，但那是中国皇帝按年赐予他们金银绸缎换来的,每年付出的财帛要十万到二十五万缗,这自然使国库财力大量外流。国内行政一向松弛泄沓!政府经费则捉襟见肘。王安石自命为财务奇才,能凭耍弄纳税征兵制度便可以给国库筹集款项。我相信借在中国西北用武而恢复国威,是王安石政策中打动君心的要点,因为王安石当政时曾在西北由中国发动战争数次,其中有数次胜利,一次惨败。为继续作战,皇帝需要金钱,为了筹款,国家财政制度必须改变。可是我们不必怀疑力主新政者真纯的动机,我们先看看那些财政经济改革的严重后果吧。

王安石到达京都不久,司马光就和他在神宗面前争论起来,这次争论就总括了双方基本的歧见。这时国库已到真正空虚的地步,到了春季的祭天大典,皇帝竟想免去赐予臣子的银两绸缎,这样可以给皇家节省一笔钱。这件事引起司马光和王安石之间的一次争论。王安石认为国库空虚完全为朝臣不知理财之道的结果。

司马光反驳他说:"你之所谓财政,只是在百姓身上多征捐税而已。"

王安石回答说:"不是。善于理财者能使国库充裕而不增加捐税。"

司马光说:"多么荒唐!总之,一国有其固定量的财富。这笔财富不是在百姓手中,便是在政府手中。不论你实行什么政策,或给此政策什么名称,你只是把百姓手中的钱拿过一部分交给政府罢了。"

皇帝有几分持司马光的说法,于是在随后一两个月内把新政暂行搁置。

不必身为经济学家,尽可放心相信一国的财富方面的两个重要因素只是生产与分配,谅不致误。要增加国家的财富,必须增加生产,或是使分配更为得当。在王安石时代,增加生产绝无可能,因为那时还没有工业化的办法。所以一个财政天才之所能为,只有在分配方面。因为王安石基本上关心的,是充裕国库,而增加国家财富的意思,也就是提高政府的税收。王安石看得很清楚,富商与地主正以自由企业方式获利,他不明白政府为什么不应当把他们的利润抢过来而由政府自己经商,自己获利。那结论是可想象而知的。他用的名称的确很够新奇,他要用资本削减垄断,叫"钱平";他要取之于富归之于贫以求均富;他要阻止农民向地主高利贷款。在春耕期间由政府借款予农民,在收割后由农民归还政府,自然是仁善之举。王安石能使皇帝深信所有这些措施都是为了人民的利益;但是历史上记载,经过了一段踌躇,王安石才决定实行借款予农民的理论,这理论是一个小吏提出的,就是:投资五十万两白银,每年政府可赚二十五万缗,因为一年两收,则百分之二十或三十的利息可以一年收两次。

我们无须把这些新政的细节详予说明，总之新政是由神宗熙宁二年（一〇六九）开始，大约八年之后闹得天怒人怨，王安石本人和皇帝都十分心烦，二人彼此之间也不愉快。现在仅略述其大要于后。

最重要与最为人所熟知者共有九项，为方便计，今归纳为三组。有三种国营企业、三种新税、三项管制人民的登记制度。三种国营企业是均输法（国营贸易局）、市易法（国营零售店管理局），以及利息二分实收三分（加上申请和登记费）的青苗法。三项新税收是免役税、国产消费税、所得税。登记制度是把国民组织起来，编成十家为一组的征兵单位，亦即保甲；重新登记土地和马匹（方田均税法与保马法）。大体说来，这些方案近乎现代的集体经济政策。

国营企业自神宗熙宁二年（一〇六九）以首先设立全国或省际的批发机构开始。深信政府有厚利可图，神宗皇帝拨了五百万缗现款、三百万石米作为由政府接收省际贸易的货品和原料的经费。但是这套办法立刻遇到了困难。当年二月，朝廷先创立制置三司条例司，负研究条款之责并予以公布。在条例司的官员之中就有苏子由。苏子由上奏折指出，朝廷若接收全国贸易，自由企业会立即瘫痪，只因各地的批发商人无力与官家竞争。政府与商人必将互相掣肘，而且他否认国库会有利可图。私人商业有相沿已久的信用关系及其他办法，政府经营时则无此种便利。必须先成立庞大机构以高薪雇用大批官员，并建筑美轮美奂的官衙。结果不是从事以供与求为基础的商业经营，而是视佣金多寡来处理，按私人交情厚薄而分配利润，照亲疏远近而订立合同。子由力陈，由于官僚作

世界上最早的纸币"交子"

纸币　北宋

交子被认为是世界最早使用的纸币，发行于北宋时期的成都。据清《续通典·食货》记载，交子应为三年一届，其肇因始于宋代金属货币不便于携带，到神宗时，交子正式被官方承认——熙宁初年将伪造交子等同于伪造官方文书罪。

风的无能，官方无力压低物价，只能以高价买入，远比正常商人购货时价钱高，所以自然失败无疑。

所谓官营的均输法，亦即政府批发生意，因此搁置了一年，从长计议。后来朝廷用一个新名称提出一项修正计划。批发与零售的分界不是一个呆板硬性的规定，主管大公营商店的市易务分设在大城市，如成都、广州、杭州。为了这些贸易机构的发展，朝廷又由国库拨出一百万缗，由京都地方的货币中拨出八十七万缗。为成立这些机构所举出的理由为："富商大贾因时乘公私之急，以擅轻重敛散之权。""稍收轻重敛散之权，归之公上，而制其有无，以便转输，省劳费，去重敛，宽农民。"领导者是一个极为能干的官员。他向政府所呈报的利润越厚，则上级认为他越干练。这个能干的官员名叫吕嘉问，成了全国的市易务官，全权控制全国的小商人。京师市易务的规矩是，小贸易商必须做该机构的会员，可以把货物与该处的资财联合经营，或由官方出钱收买他们店铺的存货。商人若想歇业，可把存货售与官家；也可用部分存货作为抵押向官方借钱，半年付息一分，或一年付两分；非该处会员，也可把货物卖与官家，价格由官家规定；最后是，不论官家需用何等货物，统由该处办理。

政府吸收小商家，为此一制度最弱的一点，而私人营业几乎完全停顿。数年后，贸易和商业大为减少，按理论朝廷获利甚大，而实际上朝廷税收受损却到惊人的程度。皇帝在百姓心目中已经降低为与小民争利的贩夫走卒，皇帝知道后，大为不悦。最后，京都市易务和商税的丑闻传到了皇帝耳朵里，皇帝下令停止新法中最为人厌恶的几项。

但是变法中最为人所知的是青苗法。直到今日，每逢人谈到王安石的变法时，先想到的是这一项。这一项措施影响到全国每一个村庄，也是引起朝中轩然大波的主要原因。这一项措施本身确实不错，有些近似现代的农民银行。王安石年轻时做太守，曾在春耕时贷款与农民，收割时本利收回。他觉得这个办法对老百姓确实有帮助，因为他任职地方政府，能知道借款确有其需要，并且还要经官方适当的调查。在陕西省，官方亦曾试办，也颇为成功。而且由于这项办法由陕西春耕时开始（当时称青苗钱），所以农民借款仍叫"青苗"贷款。

在年成好时，当局知道必然会丰收，就贷款与农人购买农具和麦苗；一经收割，官方就去收麦子以供军需，且有利息可赚。据制置三司条例司所说："诸路常平、广惠仓钱谷，略计贯石可及千五百万以上，敛散未得其宜，故为利未博。今欲以见在斛斗，遇贵量减市价粜，遇贱量增市价籴，可通融转运司苗税及钱斛就便转易者，亦许兑换。仍以见钱，依陕西青苗钱例，愿预借者给之。随税输纳斛斗，半为夏料，半为秋料。内有请本色或纳时价贵愿纳钱者，皆从其便。如遇灾伤，许展至次料丰熟日纳。非惟足以待凶荒之患，民既受贷，则兼并之家不得乘新陈不接以邀倍息。又常平、广惠之物，收藏积滞，必待年俭物贵然后出粜，所及者不过城市游手之人。今通一路有无，贵发贱敛，以广蓄积，平物价，使农人有以赴时趋事，而兼并不得乘其急。凡此皆以为民，而公家无所利其入，是亦先王散惠兴利、以为耕敛补助之意也。"

这项美丽纯正的计划原本是为农民之利益而设，结果竟一变而为扰民，弄得农民家败人亡，到底何以演变至此一地步，我们到后面再看。不过我们应当说明的是，这个新措施本乃常平仓古法的延续，但后来渐渐把古法取而代之。由宋朝开国始，政府在各县一直保持此类谷仓，用以稳定谷价。丰年谷贱伤农，政府则收买剩余的稻谷；在歉年时，正相反，稻谷之价高涨时，官方则将稻谷抛售，用以平抑粮价。诚然，主管粮政的当局不见得行政效率能永远很好，因为不少官吏在谷价低贱时，不见得愿意收买。甚至在英宗治平三年（一〇六六）常平仓公布的数字显示，官家一年内收购五十万一千零四十八石谷物，卖出为四十七万一千一百五十七石。现在，仓廪的财货都已变为青苗贷款的本金，常平仓的正常功用自然终止了。

青苗法的基本问题是，这种贷款必然会变成强迫贷款。王安石不容许人有异议，如今必须成功不可。他必须向神宗表示此种贷款极为成功，深受农民欢迎。他不容许属下放款松懈。他不能了解农民不需要此项贷款，每逢预备贷出的款项不能如数贷出时，他就暴跳如雷。他开始把办理贷款成绩好的官员提升，把他认为懈怠者处罚。每一个官员无不注意自己的成绩，最关心的就是由报表上显出好成绩。此等对众官吏竞赛的刺激办法，很像现代的推销政府公债。主办贷款的官员一旦知道自己若不能将款如数贷出，便会因"阻碍变法"的罪过行将革职或降职时，被王安石称为能吏的官员，便将款项开始在官方压力之下强行分配。每家都得向官家借债，每一期三个月，每个人在一期得交付百分之三十的利息。也有善良的官吏深知这种贷款对贫民为害之大，也知道若本利不能缴还，必难免牢狱之灾。因此依照朝廷的明文规定，正式向民众宣布，此等贷款，依据圣旨，纯属自愿；心里对会因"阻挠变法"而降级，早有准备了。

免役法亦复如此。官方的本意与实施情形，也是大相径庭。但是这一项措施可以说是王安石变法中最好的一项。后来苏东坡的"蜀党"当权时，他一派中所有的人都打算把王安石的新法全予推翻，苏东坡所支持新法中唯一的一种，就是免役法。

在宋以前，中国实行征兵制已经很久。王安石提出的就是老百姓要付税以代替兵役。换言之，这条措施就是以募兵组成常备军代替征兵制。不过，仔细

研究一下免役法的规定，其结论恐怕难逃政府借税收以裕国库的目的，至于使人民免于征兵之利益，则已由实行保甲制度而化为泡影，而保甲制度较之征兵制弊害更多。免役法慎重研讨一年之后，条文终于公布了。条文中规定凡过去免于征兵之家仍须付免役税，例如，寡妇，家中无子女或只有独子，或虽有子女而尚未成年者，尼姑与和尚道士，都须纳一种税，名之为"助役钱"。各地区在免役配额之外，须多缴纳百分之二十，以供荒年百姓无力缴纳时应用。由此种税征集的款项，则充政府雇兵与雇用其他人员之用。正如苏辙在青苗贷款措施上所说，百姓将因拖欠而入狱，而受鞭笞之苦，也正如司马光当时所指出将来必然发生之情况——凡无现款以缴纳夏秋之免役钱者，必被迫而出售食粮，杀其耕牛，伐其树木，方可以缴纳此项捐税。再者，

中国古代战事

国画　现代

宋代的募兵制在很大程度上是为了避免出现藩镇割据的局面，同时，为了防止人民暴动，在发生灾荒的地方，尽力把灾民招募为兵。然而，募兵制大大加重了政府的负担，而且应募的多是泼皮无赖，而灾民为兵又老弱无战斗力，这也让宋朝成为了中国历史上武备较废弛的朝代。

在前项征兵法中，民家只不过轮流服役数年，而在新实行之免役法中，常常须为免役而年年缴税，连不需服役之年，亦须照常缴税。

免役法以及新商税与所得税法，必须看作是向民征税的一项新方法，而并非免于征兵，因为人民在保甲法之下仍须接受征调而接受军事训练的。新商税法是根据商人账目在商人的利润上征取捐税的。所得税，并非现代意义的所得税。我之要在此称之为所得税，是因为官方强迫人民登记其收入与财产，据此以做分配其他捐税之用。此税之所以像所得税，就是人民必须报其收入与财产之所得，煞费心机去欺骗政府。在这项新政的争论上，据说此项措施公布之后，民家"尺椽寸土，检括无遗，至鸡豚亦遍抄之"，无一不登记报官的。最后一项措施于神宗熙宁七年（一〇七四）历时不久而废，因王安石不久失势之故；甚至在此项措施停止实施之前，苏东坡称其不合于法，在他治下地区拒予推行。

王安石在免役法中表明旨在解除人民在征兵法中之苦，结果保甲法证实了他是言不由衷。事实至为明显。他的新保甲法与免役法是同时公布的，在神宗熙宁三年（一〇七〇）十二月。朝廷用免役法的法宝，一只手从人民身上解除了征兵的重担，却用另一只手把那个重担又放回人民身上。保甲是邻居连保制度，每十家为一保，每五十家为一大保。一保中如有人窝藏贼犯，保内各家要负连带责任；如有谋杀、强奸等罪，保中必须报告官府。每一大保之壮丁必须组队接受军事训练，一家有壮丁二人者抽其一，如超过二壮丁，则依比例多抽。凡抽去者每五天离田受训，此五天相当于现今之一星期，一个月分为六节。家有壮丁者，不必如古代征兵制度下只身赴外乡，而是使军队深入村中。但是王安石善于宣传，他知道给旧事物一个新名称，此旧事物便不复存，所以"征兵制已废"。

在集中登记管理人民之外，还有一种农民田地强迫登记，作为征收新税的依据，以及另一种将政府的马匹寄养在民家的制度，也就是方田均税法及保马法。像所有集体制度一样，王安石的新法是不放人民自由生活的。政府在妥为照顾人民的焦虑之下，这个新政权必须确知人民做些什么，有些什么。也像其他集体制度一样，这个新政权也认为缺少了特务人员是不能统治的，因而其特务制度在神宗熙宁五年（一〇七二）成立，幸而苏东坡已经离开京都了。这个新政权若不把御史台（相当于现代的报章杂志界）控制住，而以甘心效忠的同党手下人填满，这个新政权也是无法发挥效能的。王安石也觉得有控制学者文人的思想观念之必要。他以前像王莽，往后则像希特勒，因为他一遇到别人反对，则暴跳如雷——现代的精神病学家，大概会把他列为患有妄想狂的人。

显出王安石的妄想狂性格，以及所有历史学家和批评家共同认为他一个不可饶恕的行为，倒不是他的政治社会的冒险改革，而是他自命为经典的唯一解释人一事。他也像王莽那样篡改古籍，所以王安石也写他自己的《三经新义》，使之成为思想的官定标准，用以代替所有过去经典的名家疏解。以一个学者而论，王安石还算不错，但还不足以把郑康成、马融、陆德明等鸿儒取而代之。他此种行为，既是官权的滥用，又是对学术的污辱。中国的科举考试，一般都是以经书的 段为题，而应考者的发挥题意也要依据经书。这个王氏新制度的建立，就是说国内的考生必须在每个题意上，要研究并且吸收王安石所说的话，自为政之道、佛教色彩的儒学，一直到"鹑""枭""雉"等字的语源。苏东坡离开京都之后，一次在地方考试时监考，曾写过一首诗，表示对考生试卷上所表现的思想观念之呆板雷同的厌恶感。

王安石的《三经新义》也和他的语言学一样，往往带有佛教思想，新思想创见多，而学术根基浅。但是他却相信，在解释古籍的思想和政治观念时，他之认为如何就必然如何。他的《三经新义》糟不可言，他死之后就完全为人所遗忘，而且也一本无存了。可是在他当权之时，则是科举考生人人所必读的经典；考生的意见如与宰相的见解小有出入，便因之落第而有余。最为人所厌恨者，是此《三经新义》是在两年之内仓促编成的；此书之正式开始编纂是在神宗熙宁六年（一〇七三）三月，在他的小儿子和一个政治走狗帮助之下编成，两年后出版。这本急就章，就定为儒家思想的标准疏解，但每逢王安石对疏解有所改变，为应天下考生之需，新版本立即出现。考生人人知道，他们的前途是全系于能做这个修正本的应声虫与否而定。

这里不讨论王安石学问如何，苏东坡觉得实在难以容忍，因为苏东坡的学问胜过他实在太多。不过现在也可以提一提，王安石的字源学之荒唐可笑，简直跟外行人一样。在他的《三经新义》之外，在当时学人之中，大家最愤怒的事，就是王安石所引起的讨论字源学的怪风气。他的字源学，只是字的结构与来源的研究，不是用比较方法，而是凭个人的幻想。王安石相信这是独得之秘，是对学术上不朽的贡献，至老年时犹苦研不辍，成书二十五卷（《字说》分卷，王安石自谓二十四卷，马端临《文献通考》等作二十卷——编注）。西方的学者会了解，一旦学者任凭想象力纵情驰骋而不予以科学方法的限制，就是不用汉人的说经与清儒的朴学方法，那他写二十五卷《字说》真是易如反掌的事。若施用幻想，则这部"幻想字源学"一天可写十部。像王安石这样研究一个字构成的各种理由，为什么一个字由某些偏旁组织起来就表示某种意义，那倒是容易而有趣的。王安石的《字说》有五十条左右流传下来，都是供茶余酒后的笑谈。苏东坡和王安石之间的许多笑话，都是以此等字源学为关键的。

苏东坡喜用"反证论法"。中文里有一个"鸠"字，是"九""鸟"合成。显然"九"字是表音。王安石不管语音学的道理，只想从意义上找点趣谈。一天，苏东坡和他闲谈时，忽然问王安石："可是，为什么'鸠'字由'九''鸟'二字合成呢？"王安石语塞。苏东坡说："我能告诉你为什么。《诗经》上有'鸣鸠在桑，其子七兮'。七只小鸟加上父母两个，不是九个吗？"

"波"字是由"水"加"皮"而成，"皮"此一偏旁表音。这个"波"字触动了王安石丰富的想象，他说"波"者"水"之"皮"也。一天苏东坡遇见他，向他戏谑道："'波'若是'水'之'皮'，则'滑'就是'水'之'骨'了。"王安石违反中国字构成的基本原则，有时他割裂字根为二，再另与一个部首相接，像"富"字一例，真会使语言学家啼笑皆非的。

有些中国后代的学者，在西方集体主义的观点上看，打算为王安石洗刷历史上的污点，说他的观念基本上符合现代的社会主义，打算这样恢复他的名誉。在为王安石辩护的学者之中，中国现代一个伟大的学者梁启超，便是其一。主张王安石的社会主义观念为是为非，自无不可，但是他那社会主义的政权必须凭其政绩去判断才是。事实是,王安石使国家的垄断取私人的垄断而代之,弄得小生意人失业;农人在无力付强迫的青苗贷款和利息之下,卖妻儿而逃亡,为他担保的邻居,或与之共同逃亡,或把财产典卖。县镇监狱有人满之患,每一县政府都有查封的抵押品和没收的财产,衙门也讼案充斥。朝廷这样失政之下,即使没有外族侵入,任何朝代也会灭亡的。在神宗熙宁七年(一〇七四),一道圣旨说商业停顿,百姓失业;过了两年,另一道圣旨停止了青苗贷款,其中说很多百姓因无力归还贷款而遭监禁鞭笞。在哲宗元祐五年(一〇九〇),已是二十年左右之后,苏东坡在设法挽救乡间的经济破产,请求政府归还没收的财产,宽免贫民的欠债,他的奏折中说:

宋神宗像

宋神宗(1048—1085),名赵顼,北宋第六代皇帝。即位后,对疲弱的政治深感不满,而他素来都欣赏王安石的才干,故命王安石推行变法,振兴北宋王朝。又称熙宁变法。但变法操之过急,不得其法,最终以失败收场,不过新法还是维持了将近20年。

……籍纳拘收产业……除已有人承买交业外,并特给还;未足者,许贴纳收赎,仍不限年。四方闻之,莫不鼓舞歌咏……以谓某等自失业以来,父母妻子离散,转在沟壑,久无所归……臣即看详,元初立法,本为兴置,市易已来,凡异时民间生财自养之道,一切收之公上。小民既无他业,不免与官中首尾胶固,以至供通物产,召保立限,增价出息,赊贷转变,以苟趋目前之急。及至限满,不能填偿,又理一重息罚。岁月益久,逋欠愈多,科决监锢,以逮妻孥。

在实行新法的前几年,王安石还能把惨况巧为掩饰,使神宗不明真相,坚称他的土地政策颇获农民支持,将一个极权政治渲染成民主政治,那种巧立名目，令人觉得犹如今日一样。那时，也和现在一样，人民对一个政权是否爱戴，只有在那个政权失势之后才能知道。皇帝诚心要明白真相，自己派人去察访。但是太监和那些诡诈的调查官吏，知道皇帝赞成变法，于是总是向皇帝报告百姓喜爱新政，说税吏一到，人民欢呼，若照预先布置好的欢迎会的情况说，这话当然不错。王安石在当政数年之后，可怕的情况终于在皇帝驾前泄露出来，是经由一个地位卑微的宫廷门吏的几幅画，皇帝才知道的。

那个皇宫的门吏名叫郑侠，他看见成群的农民从东北逃到京都，充塞在街道之上。他知道绘画比文章力量更大，他心想画几幅灾民图呈献给皇上。一幅难民图上画的是农民身上一半裸露，忍受着饥饿，在狂风暴雨使人无法睁眼之下，在阳关大道上挣扎跋涉。另一幅画上是半裸的男女正在吃草根树皮，还有别人戴着铁链，扛着瓦砖薪柴去卖了缴税。皇帝一见，掉下泪来。这次出奇的献图（容后再叙），继之以惊人的彗星出现和华山崩陷，神宗才废止了多项王安石的新法。

第八章 拗相公

一场政治风暴现在刮起来了,就要引起燎原的大火,会把宋室焚毁。这场风暴始于国家资本主义者,人称之为"拗相公"的王安石和他的反对派之间的一次斗争。王安石的反对派包括所有的其他官吏,也就是贤德的仁宗皇帝在思想自由的气氛中拔擢培养、留作领导国政的一代人才。我们需要了解那次政争的性质,因为那种朋党之争笼罩了苏东坡的一生。

中国最早的通俗文学至今尚存在者,其中有一篇预示中国小说的来临,是一个短篇小说,叫《拗相公》。那是宋朝通俗文学的短篇小说集,新近才发现,这足以表示,王安石死后不久,在通俗文学之中,他便以其外号为人所知了。那场政争的悲剧之发生,就由于一个人个性上的缺点,他不能接受忠言,他不愿承认自己犯错。朋友对王安石的反对,只增强了他贯彻他那政策的决心。有人告诉我们,说个性坚强是一种重要的美德,但是却需要予以精确的说明:就是说坚强的个性是用去做什么事。王安石很可能还记得学生时代曾听见一个平常的格言，说"决心"为成功的秘诀，自己却把固执当作那种美德了。王安石在世时，他在文学界是以"三不足"为人所知的。"三不足"就是"天命不足畏，众言不足从，祖宗之法不足用"（《宋史·王安石传》为"天变不足畏，祖宗不足法，人言不足恤"，未言及苏轼所赠。或出于某宋人笔记——编者注）。这是苏东坡赠予他的标志。

　　这位"拗相公"不容任何方面有人反对，朋友方面，或是敌人方面。他能言善道，能说动皇帝相信他的强国之策，决心要把他的计划进行到底。这就暗示他要压制一般的反对意见，尤其是谏官的话。谏官的职责本来就是批评朝廷的政策和行动，并充当舆论与朝廷之间的桥梁。中国政治哲学的基础，是好政府必然是"广开言路"，而坏政府则不然。所以开始论到新政之后，自然争论迅即涌向一个更基本的问题，就是批评与异议的自由。这次交战，宰相王安石赢了第一回合；但是此后，全国官员分成了两个阵营，陷于朋党之争，直到宋朝灭亡而后已。几年之后，变法方案即遭修正，或予中止，但是两派的裂痕则演变愈甚，其后果亦更加严重。

　　在朝廷上此一政争，成了"流俗"与"通变"之争，这两个名称在当代文学里曾多次出现，而王安石亦最喜爱用。凡是王安石所不喜，或与王安石持异议者，王安石皆称之为"流俗"派，而他与其同党则自称为"通变"派。王安石攻击批评者，说恶意阻挠新政。在另一方面，反对派则攻击他，说他"视民间清论为流俗，视异己者为腐败"。刘挚则称："彼以此为流俗，此以彼为乱常。"王安石这位宰相排斥反对他的御史之时，反对派对他更重要攻击的，是他欲"钳天下人之口"，也就是使天下人不得批评政府。

　　中国政府从来没有发展出一个党治的组织，使之具有大家公认的权力，也没有当政党与反对党大家公认的责任。没有计票、举手、表示是否，或其他确定公众意见的方法。中国人在集会时，只是讨论问题，然后同意某一决定。在原则与实际上，对政府政策之批评，政府不但容许，亦且予以鼓励。敌方可推翻内阁，或申谢而退去。每有朋党之争，习惯上是将反对派放出京都，到外地任职。甚至在仁宗和英宗时，政府颇负盛名的领导人物，如范仲淹与欧阳修，都曾贬谪至外地，暂时退居低位，后来又回京得势。在这种情况之下，一派当权，则另一派退避。

　　朝内的争论在宋朝演变得越发激烈，是由于宋朝的政府组织制度的特殊所致，因为宋朝对宰相的职权没有明确的规定，内阁很像个国会，由皇帝掌握平衡之权。政府由复杂拙笨的连锁机构组成，功能的界限重复，最后决定的大权仍然在皇帝手中。当时所谓宰相，只是个交际上的称呼而已，实际名称为"同中书门下平章事"。也许有两位副宰相。一般组织如下：

两　院	三　省	六　部

知院 { 1. 枢密院（使与副使） 2. 中书禁中（平章事与参政） }

{ 1. 中书省（侍郎） 2. 门下省（侍郎） 3. 尚书省（仆射） }

- 吏部
- 户部
- 礼部
- 兵部
- 刑部
- 工部

户部（财政）完全独立，直接对皇帝负责。御史台独立，其他各机构，只供做赠予空衔之用。通常，宰相兼中书省侍郎与门下省侍郎。三省各侍郎和枢密院太尉构成知院，称为"知政"。后

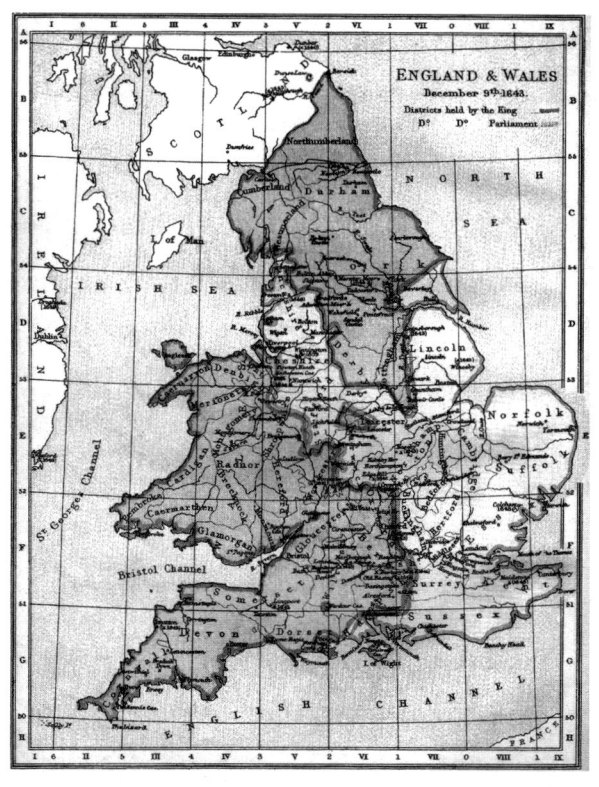

英格兰——现代政党的发源地

地图　1643年　英国

19世纪以来，人们的参政需求主要是通过政党来实现。近代政党产生的目的就是为了将社会上纷繁芜杂的个人和小团体的诉求整合为明确的政治诉求。但北宋年间大规模的党争自王安石变法正式开始，由最初士大夫之间的政见分歧逐步演化为党同伐异、喜同恶异的纯粹的意气之争。

来，神宗锐意改变，意在简化此一组织制度，权责区划较为分明。门下省司研讨命令，中书省（宰相府）司发布，尚书省司执行。但是纷乱与权责分散，依然如故。

王安石最初只是个参知政事（副宰相），但因受皇帝支持，擅自越权进行变法计划，与吕惠卿、曾布私下决定一切。这自然在神宗驾前和各知政易于发生争论。主要问题只有两个：一个是青苗贷款法，一是御史的言论自由一事。一方面，是元老重臣干练有才之士，人数之众，几乎构成了全体；另一方面，只有一个人，王安石，但有神宗支持，以及另一批默默无名的小人，野心大，精力足，阴险而诡诈。为了便于参考，并免于许多人名的累赘，下表内列有政争中较重要之人名，以见双方之阵容：

当权派
王安石（拗相公）
神　宗（雄心万丈的皇帝）
曾　布（活跃的政客）
吕惠卿（声名狼藉，后出卖王安石）
李　定（母丧不奔，后弹劾苏东坡）
邓　绾（两面人，先后服侍吕惠卿和王安石）
舒　亶（与李定同弹劾苏东坡）
王　雱（王安石之子）
谢景温（王安石姻亲）
蔡　卞（王安石女婿）
章　惇（后为苏东坡敌人）
吕嘉问（王安石手下的贸易霸主）

反对派
司马光（反对派之首，大史学家）
韩　琦（元老重臣）
富　弼（老臣）
吕　海（第一个发动攻击的人）
曾公亮（脆弱人物）
赵　抃
文彦博（老好人）

张方平
范　镇　}（元老重臣，苏家"叔伯"辈好友）
欧阳修

苏东坡

苏子由（东坡之弟）

范仲淹（伟人）

孙　觉（高俊，易怒，东坡密友）

李　常（矮壮，东坡密友）

刘　恕（性火暴，东坡至交）

吕公著（美髯，曾与王安石为友）

韩　维（出自世家，曾为王安石好友）

程　颢（理学家，"二程"中的长兄）

王安礼　}（王安石弟）
王安国

刘　挚（独立批评者，后与东坡为敌）

苏　颂
宋敏求　}（熙宁三舍人）
李大临

其他御史

郑　侠（负重任之宫廷门吏，王安石因他而败）

此一极不平衡的阵容，既令人悲，又令人笑。一看此表，令人不禁纳闷王安石化友为敌的才气，以及神宗宠用王安石所付代价之大，因为所有对新政持异议者皆遭撤职，罢官议罪。最后，神宗又不得不罢斥王安石、吕惠卿、邓绾诸人。他的强国梦破灭了，只落得统治一群庸才之臣。倘若说知人善任为"神圣"的特性，"神宗"这个庙号，他是当之有愧了。

王安石的悲剧在于他自己并不任情放纵，也不腐败贪污，他也是迫不得已。要把他主张的国家资本计划那么激进、那么极端的制度付诸实施，必得不顾别人的反对。也许这就是他隐退以待时机如此之久的缘故。他有一个幻象，而他的所作所为，都以实现这个光辉灿烂的幻象为依归。他之所求，不是太平繁荣的国家，而是富强具有威力的国家，向南向北，都要开拓疆土。他相信天意要使宋朝扩张发展，一如汉唐两代，而他王安石就是上应天命成此大业之人。但是在后世的历史学家的沉思默想之中，此等上应天命的人，无一不动人几分感伤——永远是个困于雄心而不能自拔的人，成为自己梦想的牺牲者，自己的美梦发展扩张，而后破裂成了浮光泡影，消失于虚无缥缈之中。

王安石轻视所有那些"流俗"之辈，不但与那些忠厚长者大臣一等人疏远起来，就连自己的莫逆之交如韩维、吕公著也断绝了来往。我们还记得神宗尚身为太子之时，是韩维使太子对王安石倾心器重的。等这些朋友对他推行新政的方式表示异议时，他毫不迟疑，立刻把他们贬谪出京。他既陷于孤立无援，就拔升些不相知的"才不胜职"之辈，而这些人只是对他唯唯诺诺、毕恭毕敬，实际上利用他以遂其私欲。三个劣迹昭彰的小人是李定、舒亶、邓绾。李定隐瞒母丧不报，以免辞官，退而居丧返里，在儒教社会中这是大逆不道的。邓绾之为后人所知，是他说了一句名言："笑骂从汝，好官须我为之。"但是王安石的两个巨奸大恶的后盾人物，则是两个极端活跃、富有险谋才干又极具说服能力的小人：曾布和吕惠卿，尤以吕惠卿为甚，最后他想取王安石的地位而代之，又把王安石出卖了。王安石八年新政终于崩溃，可以一言以蔽之曰："吕惠卿出卖了王安石，王安石出卖了皇帝，皇帝出卖了人民。"在吕惠卿以极卑鄙的手段公布王安石的私信，以离间他和皇帝之时，王安石便垮了。王安石晚年每天都写"福建子"三个字数次，用以发泄心中的愤怒，因为出卖他的这个朋友吕惠卿是福建人。王安石失败之后，苏东坡一天在金陵遇见他，斥责他发动战争迫害文人之罪，王安石回答说吕惠卿当负全责。此不足以为借口，因为王安石本人坚持严酷对付反对派，而且在熙宁四年（一〇七一）四月至六年（一〇七三）七月吕惠卿因父丧去职期间，王安石在京师用以侦察批评朝政的特务机构成立了。

此外，相反两派的领袖王安石和司马光，虽然政见不同，不能相与，但皆系真诚虔敬、洁身自好之士。在金钱与私德上从未受人指责，欧阳修则至少在家庭生活上曾传有暧昧情事。

有一次，王安石的妻吴氏为丈夫置一妾。等此女人进见时，王安石惊问道:"怎么回事?"

女人回答说:"夫人吩咐奴婢伺候老爷。"

王安石又问:"你是谁?"

女人回答道:"奴家的丈夫在军中主管一船官麦,不幸沉船,官麦尽失。我们家产卖尽,不足以还官债,所以奴家丈夫卖掉奴家好凑足钱数。"

王安石又问:"把你卖了多少钱?"

"九百缗。"

王安石把她丈夫找到,命妇人随同丈夫回去,告诉她丈夫不必退钱。

这种情形司马光也曾遇见过,因为他在勉强之下纳了一个妾。他年轻时曾官居通判,而妻子未能生育儿子。太守夫人赠送他一妾,司马光不理睬。妻子以为是自己在跟前的缘故。一天她告诉那个侍姬等她自己离家之后,打扮妥当,夜间到老爷书房去。司马光看见那一女子在他书房中出现,他惊问道:"夫人不在,你胆敢来此?速去!"随即让她离去。王安石和司马光都志在执行自己的政策,而不在谋取权力地位,而且王安石对金钱绝不重视。他做宰相时,一领到俸禄,就交给弟兄们,

《资治通鉴》手稿

文稿　司马光　宋

司马光(1019—1086),我国北宋时期重要的文学家、历史学家、政治家。他最为世人称道的是辉映千古的史学巨著《资治通鉴》,开创了年经事纬的编年体通史的范例。司马光的政治主张虽然偏于保守,但王安石变法中出现的偏差和用人不当等情况却从侧面证明司马光在政治上还是老练稳健的。

任凭他们花费。

司马光,道德才智,当代罕见其匹,由始至终是光风霁月胸怀,争理不争利。他和王安石只是在政策上水火不相容。当代一个批评家曾说:"王安石必行新政始允为相,司马光必除新政始允为枢密副使。"

司马光为宋朝宰相,其为人所崇敬,不仅与范仲淹齐名,他还是包罗万有的一部中国史(至五代)《资治通鉴》的作者。这部书全书二百九十四卷,附录考异三十卷,学富识高,文笔精练,为史书中之北斗,后世史学著作之规范。初稿(长编)多于成书数倍。他写作此书时,一直孜孜不懈,每日抄写,积稿十尺,最后全稿装满两间屋子。此空前巨著费去作者二十五(实为十九年——编者注)年工夫。

最先引起争论的问题,是青苗法。在制置三司条例司研讨数月之后,青苗法终于在神宗熙宁二年(一〇六九)九月公布。朝廷派出四十一位专使大员,到各省去督导实施新法。不久之后,即分明显示官家款项并不能如预先之估计可由人民自行贷出。专使所面临之问题即是:径行还京陈明使命未能达成,抑或勉强人民将款贷去而回京禀报新政成功。官家愿将款项借予富户,以其抵押较为可靠,但富户并不特别需要借款;贫户急需借款,但官家必须取得抵押,因知其无还债能力。有些特使乃思得办法,按人民之财力,自富至贫,将官款定比分配。但是贫户太贫,实在无力借款,只有富户可借——这正是现代银行财务事业的基本特性。官方要做到贫户确能归还贷款,于是使贫户之富有邻居为之作保。一个特使向京都的报告中说:官方把贷款交与贫户时,贫户"喜极而泣"。另一个特使,不愿强民借贷,回京报告大不相同。御史弹劾放款成功的特使,说他强民借贷,大违朝廷之本意。王安石亲自到御史台对诸御史说:"你们意欲何为?你们弹劾推行新政的能吏,却对办事不力者默不作声。"

韩琦那时驻在大名府,官居河北安抚使,亲眼看到了青苗法实行的情形,他向皇帝奏明青苗贷款是如何分配出去的。这若与苏东坡的火暴发作相比,韩琦的奏折可以说是顾虑周详,措辞妥帖,言之有物,真不愧是个极具才干、功在国家的退职宰相的手笔。在奏折上他说,甚至赤贫之民也有分担的款额,富有之家则要求认捐更多。所谓青苗贷款也分配给城市居民负担,也分配给地主和"垄断剥削者",须知这两种人正是青苗法所要消灭的。不可不知的是,每借进一笔钱,短短数月之后就要付出一分半的利息。不论朝廷如何分辩,说贷款与民不是以营利为目的,百姓都不肯相信。韩琦指出,纵然阻止强迫贷款,要力行自愿贷款，并无实际用处，因为富户不肯借，穷人愿借，但无抵押；最后仍须保人还债。同时，督察贷款的特使急于取悦于朝中当权者，低级官吏又不敢明言，韩琦说，他自思身为国家老臣，势不得不将真相奏明皇帝。他请朝廷中止新法，召回特使，恢复故有的常平仓制。

和王安石讨论韩琦的奏折时，皇帝说："韩琦乃国之忠臣，虽然为官在外，对朝廷仍是念念不忘。我原以为青苗法会有利于百姓，没料到为害如此之烈。再者，青苗贷款只用于乡村，为何也在城市推销？"

王安石立即回奏道："有什么害处？都市的人倘若也需要贷款，为什么不借给他们？"

于是韩琦和朝廷之间，奏批往返甚久，这位退位的宰相，明确指出汉朝所一度实行的国家资本制度的影响，那样榨取民脂民膏以充国库而供皇帝穷兵黩武，并不足以言富国之道。

这就动摇了王安石的地位，皇帝开始有意中止青苗法。王安石知道了，遂请病假。司马光在提到王安石请病假时说："士夫沸腾，黎民骚动。"大臣讨论此一情势，赵抃当时还拥护王安石，主张等王安石销假再说。那天晚上阁员曾公亮派他儿子把政局有变的情形去告诉王安石，告诉他要赶快销假。得此密告，王安石立即销假，又出现在朝廷之上，劝皇帝说反对派仍然是力图阻挠新政。

皇帝也不知如何是好，乃派出两个太监到外地视察回报。两个太监也深知利害，回报时说青苗法甚得民心，并无强迫销售情事。老臣文彦博反对说："韩琦三朝为相，陛下乃信太监之言而不信韩琦吗？"但是皇帝竟坚信自己亲自派出之使者，决心贯彻新政。几名愚蠢无知、毫不负责的查报人员，不知自己说的几句话，竟会对国家大事产生了影响，这种情形何时是了！倘若那几个阉宦还有男子汉的刚强之气，这时肯向皇帝据实回奏，宋朝的国运还会有所改变。他们只是找皇帝爱听的话说，等时局变化，谈论"土地改革"已不再新鲜，他们也羞臊得一言不发了。

司马光、范镇，还有苏东坡三个人并肩作战。司马光原对王安石颇为器重，他自己当然也深得皇帝的信任。皇帝曾问他对王安石的看法，他说："百姓批评王安石虚伪，也许言之过甚，但他确是不切实际，刚愎自用。"不过，他的确和王安石的亲信小人吕惠卿在给皇帝上历史课时，发生了一次激烈的争辩，甚至需要皇帝来打断，要他二人平静下来。司马光既然反对他的政策，王安石开始厌恶他。王安石请病假如此之短一段时期之中，神宗皇帝打算使司马光充任枢密副使。司马光谢绝不就，他说他个人的官位无甚重要，重要的是皇帝是否要废止新政。司马光九次上奏折。皇帝回答说：

"朕曾命卿任枢密副使，主管军事，卿为何多次拒不受命，而不断谈论与军事无关之事？"

司马光回奏称："但臣迄未接此军职。臣在门下省一日，即当提醒陛下留意此等事。"

王安石销假之后，他的地位又形巩固，他把司马光降为知制诰。范镇拒发新命，皇帝见范镇如此抗命，乃亲手把诏命交与司马光。范镇因此请辞门下省职位，皇帝允准。

王安石既复相位，韩琦乃辞河北安抚使，只留任大名府知府，皇帝照准。苏东坡怒不可遏。他有好多话要说，而且非说不可，正如骨鲠在喉，不吐不快。他之坦白直率，是断然无疑的。那时，他只三十二岁，任职史馆，官卑职小，且只限于执笔为文，与行政毫无关系。他给皇帝上奏折两次，一次是在熙宁三年（一〇七〇）二月，一次是在次年二月。两次奏折都是洋洋洒洒，包罗无限，雄辩滔滔，直言无隐，犹如现代报上偶尔出现的好社论文章一样，立即唤起了全国的注意。在第一篇奏折上，一开首就向青苗法攻击。他告诉皇上全国人已在反对皇上，并说千万不可凭借权力压制人民。文章之中他引用孔夫子的话说：

是以不论尊卑，不计强弱，理之所在则成，理所不在则不成，可必也。今陛下使农民举息，与商贾争利，岂理也哉，而何怪其不成乎？……陛下苟诚心乎为民,则虽或谤之而人不信;苟诚心乎为利,则虽自解释而人不服。且事有决不可欺者,吏受贿枉法,人必谓之赃;非其有而取之,人必谓之盗。苟有其实,不敢辞其名。今青苗有二分之息,而不谓之放债取利,可乎?……今天下以为利,陛下以为义;……天下以为贪,陛下以为廉。不胜其纷纭也。

孔子曰:"百姓足,君孰与不足。"……臣不知陛下所谓富者,富民欤,抑富国欤?

他又警告皇帝说:

盖世有好走马者,一为坠伤,则终身徒行……近者青苗之政,助役之法,均输之策,并军搜卒之令,卒然轻发,又甚于前日矣……今陛下春秋鼎盛,天锡勇智,此万世一时也。而群臣不能济之以慎重,养之以敦朴,譬如乘轻车,驭骏马,冒险夜行,而仆夫又从后鞭之,岂不殆哉!臣愿陛下解辔秣马,以须东方之明,而徐行于九轨之道,甚未晚也。

苏东坡又警告皇帝说,若以为用专断的威权必能压制百姓,则诚属大错。多少官吏已然降级或革职,甚至有恢复肉刑之说。他接着又说:

今朝廷可谓不和矣。其咎安在?陛下不返求其本,而欲以力胜之。力之不能胜众也久矣。古者刀锯在前,鼎镬在后,而士犹犯之。今陛下躬蹈尧舜,未尝诛一无罪。欲弭众言,不过斥逐异议之臣而更用人。必不忍行亡秦偶语之禁,起东汉党锢之狱,多士何畏而不言哉?臣恐逐者不已,而争者益多……陛下将变今之刑而用其极欤?天下几何其不叛也?

今天下有心者怨，有口者谤，古之君臣相与忧勤以营一代之业者，似不如此。古语曰："百人之聚，未有不公。"而况天下乎！今天下非之，而陛下不回，臣不知所税驾矣。《诗》曰："譬彼舟流，不知所届。心之忧矣，不遑假寐。"区区之忠，惟陛下察之。臣谨昧死上对。

使朝廷文武百官最为激动的，莫如王安石之清除御史台。最初，王安石威吓朝廷百官，倒不是以他那极端而广泛的经济政策，而是他对胆敢批评他的御史，凭他狂妄的习惯，一律撤职。于是批评朝政之权受到了摧残，政府组织的基础受到了破坏，这样就触动了政体的最敏感部分。官场全体为之大惊失色，王安石自己的朋友也开始背弃他。

单以排除御史台的异己一事，就足以削弱对他的支持力量，也引起朝廷领袖纷纷萌生退意。在中国，监察机构是朝廷一个历史悠久的制度，其作用就是代表舆论时时对当政的政权予以控制或批评。在一个好政府里，监察机构必须能随时对皇帝进诤言，向皇帝反映舆论，这种重要性是不可忽视的。由于其地位如此之重要，监察机构既有重大力量，亦有重大责任，御史如对当权者做强有力的攻击，可以把一个政权推翻。这种监察作用，在政府的人事和政策上可以引起变动，不过其方法并未明确予以规定，其作用与现代的新闻舆论大致相似。古代此种制度之异于今日者，就是此等监察机构及其反对权，并无明文规定受有法律保障，只是传统上认为明主贤君应当宽宏纳谏；至于皇帝重视他那明主贤君的名誉与否，那就是他自己的事了。倘若他不克己自律，他可以降旨把御史降级、惩处、折磨，甚至全家杀害。有些皇帝确是如此。身为御史者在个人毫无法律保障之下，却要尽职责向朝廷与皇帝进谏规劝，处境是既难又险。但是像现代，总有对公众抱有责任感的新闻杂志编辑，不惜冒监禁死亡之险而向极权政权挑战的，在过去也总有御史受皮肉之苦、鞭笞之痛，甚至死亡之威胁，而尽其于人民之职责。尤其在东汉与明朝两代，当时有御史，写好弹劾奸相的本章，自料必死无疑，在本章呈递与皇帝之前，先行自缢身死。这些御史正如武士之上战场，前仆后继。好皇帝自己爱惜名誉，对于这等御史的处理颇为慎重，因此甚获美誉而得人望，但是恶人当政则急于塞御史之口，正如现代之专制暴君，总以钳制报章杂志之口为急务。

王安石当政之始，元老重臣对他颇寄厚望。现在御史中丞吕诲向王安石发出了第一弹,说他:"执邪见,不通物情。置之宰辅,天下必受其祸"。连司马光都深感意外。在吕诲同司马光去给皇帝讲解经典之时,吕诲向司马光透露那天早晨他打算要做的事,从袖子里把那件弹劾表章给司马光看。

司马光说:"吾等焉能为力?他深得人望。"

吕诲大惊道:"你也这么说!"

吕诲遭受革职,于是排除异己开始了。

现在星星之火使朝廷政争变成了熊熊之势。有一妇人,企图谋杀丈夫,但仅仅使她丈夫受伤而未克致命。此一妇人曾承认有谋杀之意,当时有个高官对处治之刑罚表示异议。此一案件拖延一年有余,未能定案。司马光要以一种方式判决,王安石要另一种方式,而且坚持己见,皇帝的圣旨对此案的处刑亦有所指示。但是御史刘恕则拒不同意,要求再审,御史如此要求,亦属常事。另一御史对王安石的意见不服,王安石则令自己的一个亲信弹劾他。这样一来,一场争斗,便化暗为明。

御史台则群情激动。问题现在是仍要在不受限制之下自由尽责呢,还是等候逐一被人清除?几位御史乃联名上书弹劾王安石,请求罢黜其相位。王安石大怒,欲将此数人投诸监狱而后快。司马光与范纯仁认为基本上不可如此对待御史,最后六个御史遭贬谪至边远外县充任酒监。一见情形如此,范纯仁起而应战。他要求贬谪御史之成命必须撤回,结果他自己也遭流放。下一个要倒下去的是苏东坡的弟弟苏子由。他一直就反对青苗法和均输法。两个月之后,忠厚长者老臣富弼向朝廷辞职归隐,临去警告说,在任何政治斗争中,正人君子必败,而小人必占上风,因为正人君子为道义而争,而小人则为权力而争,结果双方必各得其所,好人去位,

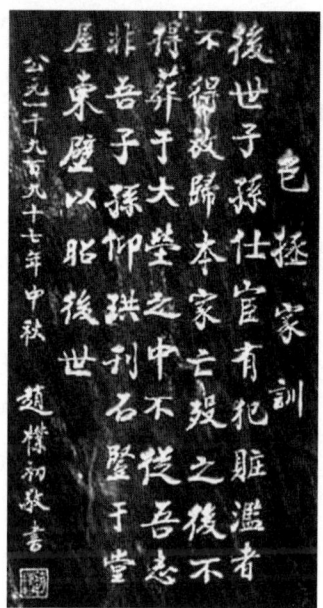

包拯家训

碑刻 赵朴初 1997年

中国历史上最著名的御史肯定非包拯莫属了。他在仕途期间,虽没有同朝为官的欧阳修、范仲淹、苏轼等在文学史上的辉煌地位和政治上的坎坷经历,但他为人做官的品行道德和正直气节在民间广为流传。包拯故后,获得了"忠贤将相,道德名家"的极高评价。

坏人得权。他预言国家大事若如此下去，国家行将大乱矣。

朝廷之上，现在是一片骚乱。神宗熙宁二年（一〇六九）二月，制置三司条例司成立，七月实行均输法，九月实行青苗法。数月之后，众人对当权者的意见，由期待而怀疑，由怀疑而迷惑，由迷惑而愤怒恐惧。

现在情势变化甚速。熙宁三年（一〇七〇）三月与四月，御史台大规模遭受整肃，随即大规模布置上新人。随后倒下的两个御史，都是王安石个人的朋友，都曾助他获得权力，王安石也是倚为声援的。身材颀长、性情暴躁又富有口才的孙觉，他也是苏东坡毕生的友人，曾经向王安石发动论争，因为王安石坚称周朝的钱币机构，曾经以百分之二十五的利息把钱借给人民，他对此说表示反对。王安石仍然希望得到他的支援，派他到外地调查为什么当时盛传朝廷强迫贷款与农人，甚至在京畿一带也传闻如此。孙觉回到京师，老老实实报告确有强迫销售情事。王安石认为他这是出卖朋友——所以孙觉也被革职。更为重要的案子是"美髯公"吕公著的案子。吕公著是宰相之子，学识渊博，但是沉默寡言。在早年，王安石和吕公著在文学上同享盛名，同为儒林所敬佩。吕公著曾帮助王安石位登权要。作为回报，王安石乃使他官拜御史中丞。现在吕公著上神宗皇帝的奏议中，文字未免过于辛辣，使王安石大为不快，在文中他问："昔日之所谓贤者，今皆以此举为非，岂昔皆贤而今皆不肖乎？"王安石亲拟罢斥吕公著的诏书，用字措辞正好流露他自己喜怒无常的特性。在二人交好之日，王安石曾向皇帝说："吕公著之才将来必为宰相。"而今他把吕公著比作了尧舜时的"四凶"。

最使曾佩服他的人与之疏远的原因，就是在同一个月内，王安石派了两个劣迹昭彰的小人进入御史台，去填补他排挤出来的空缺。他指派李定为全权御史，在御史台引起了群情激愤。李定既没考中科举，也没有为官的其他必要资格。他叫人知道的反倒是他隐瞒母丧不守丧礼一事。在中国人心目中，这简直是败德下流至于禽兽。王安石把他升到那么崇高的地位，只是因为自乡间来京后，他向皇帝奏明青苗法极受人民欢迎，王安石把他向皇上引荐，好向皇上陈奏。这件事使御史们怒不可遏。同时，王安石又把亲戚谢景温升为御史。谢为求升发，把自己的妹妹嫁与王安石的弟弟。有三个御史反对朝廷的此一任命诏书，三个人一起丢官。其余的御史对此事还照旧坚持。张戬请求将三个御史官复原职，并罢斥王安石的心腹李定与吕惠卿。在张戬到中书省去催办此一案件时，他发现王安石性情古怪，只是听他叙述，自己则一言不发，用扇子掩着嘴，一味大笑。

张戬说："我想你一定正笑我愚蠢。但是你要知道，全国老百姓笑你的正多着呢。"

这时另一位遭到牺牲的御史是程颢，他是宋朝理学家"二程"之中的兄长大程。在新政推行之初，他曾经与王安石合作。现在他也到中书省为那同一个案子向王安石争论。王安石刚看了他的奏折，程颢看到他正怒气难消。这位理学大家以颇有修养的风度对他说："老朋友，你看，我们讨论的不是个人私事或家事，我们讨论的是国事。难道不能平心静气说话吗？"从儒家的道德修养看，王安石觉得很丢脸，很难为情。

一个月的光景，御史台的清除异己便已告完成。连前年所罢黜的那六个御史在内，王安石清除的御史一共达到了十四人，十一名是御史台的人，三名是皇宫中的谏官。司马光向皇帝曾经痛陈利害。只有三个人，就是王安石、曾布、吕惠卿，赞成新政，朝廷百官无不反对他们三个人。"难道皇上就只用这三个人组织朝廷？就用这三个人治理国家吗？"韩琦和张方平已在二月告老还乡，司马光对枢密副使一职拒而不受，当月也遭贬降，范镇已经大怒而去。在九月，举棋不定的赵抃，他这位内阁大臣，一度想讨好这群新贵，现在决定辞职。他也指出"青苗使者于体为小，而禁近耳目之臣用舍为大"。数月之后，年老信命毫无火气的曾公亮，把王安石之得势归之于天意，以年老多病为由，在极不愉快之下，请求去职，其实多少也是受批评不过而走的。在神宗熙宁三年（一〇七〇），王安石正式出任相职，在整个政府中其权位凛乎不可侵犯。次年六月，欧阳修辞去朝廷一切职位，退隐林泉。

苏东坡现在写他那上神宗皇帝的万言书，准备罢官而去。他和司马光、范镇曾经并肩作战，但是司马光与范镇已经在愤怒厌恶之下辞去官职。范镇后来和苏东坡有了亲戚关系，他曾在前两朝任职于中书省。其人虽然外貌看来肥胖松软，个性之强，则不让钢铁。在去职之时，他在辞呈上说："陛下有纳谏之资，大臣进拒谏之计；陛下有爱民之性，大臣用残民之术。"在早朝之时，皇帝将此奏折交与王安石看，王安石的脸立刻煞白。当时在附近的几个人说曾看见王安石拿着此奏折在手，手气得发抖。

在熙宁三年（一〇七〇）九月，司马光被派到外地陕西去做外任官，但是他留恋京都不忍去。他和王安石诚恳但有时很严肃认真地讨论新法，书信来往凡三次之后，才与他完全决裂。皇帝原先仍希望他在朝为官，皇帝数次告诉其他大臣说，只要司马光在身边，他不会犯什么大错。皇帝再三再四召他回朝，司马光都予谢绝。他的话早已说够，皇帝若不肯察纳忠言而中止骑此刚愎的蛮驴奔赴毁灭之途，则他的本分已尽。在他决定辞去一切官职退隐林下之时，他仍然怒不可遏。他写给皇上的奏折上说：

安石以为贤则贤，以为愚则愚，以为是则是，以为非则非。谄附安石者谓之忠良，攻难安石者谓之谗慝。臣之才识固安石之所愚，臣之议论固安石之所非。今日所言，陛下之所谓谗慝者也。伏望陛下圣恩，裁处其罪。若臣罪与范镇同，则乞依范镇例致仕。或罪重于镇，或窜或诛，所不敢逃。

从现在到十五年后神宗皇帝驾崩这段时间，司马光要避门不出，倾其全力继续九年前即已开始的历史巨著的写作。后来，神宗皇帝罢黜王安石之后，打算重召司马光回朝主政，司马光唯一的回答仍然是：皇帝要立即废除新法吗？由此看来，这两个极端相异的政治思想，一直到最后，都是丝毫不变动而且不可能变动的。可是在随后一位皇帝哲宗即位的第一年，王安石已死，司马光也卧床病重，那时他以宰相的地位发出的最后一道命令是："王安石为人并不甚坏。其过端在刚愎自用。死后朝廷应以优礼葬之。"

苏东坡的《上神宗皇帝万言书》，甚为重要，其中包括他自己的政治哲学，也表示其个人之气质与风格，其机智学问与大无畏的精神，都显然可见。愤怒的争论与冷静清晰的推理，交互出现。有时悲伤讥刺，苛酷的批评，坦白直率，逾乎寻常；有时论辩是非，引证经史，以畅其义。为文工巧而真诚，言出足以动人，深情隐忧，因事而现。在正月蒙皇帝召见之时，皇帝曾称赞那篇《议学校贡举状》，并命他"尽陈得失，无有所隐"。苏东坡即认真遵办。那是他最后一次尽其所能求皇帝改变主意，这时所有高官大臣都已去职，一切情势都呈现不利。苏东坡知道，即便自己不遭大祸，至少将遭罢黜，这是必然无疑之事。

对现代读者最重要的两个论点，一是孟子所说的君权民授，一是为政当容清议。他警告皇帝说，君之为君，非由神权而得，乃得自人民之拥护。为帝王者不可不知。他说：

《书》曰："予临兆民，凛乎若朽索之驭六马。"言天下莫危于人主也。聚则为君民，散则为仇雠，聚散之间，不容毫厘。故天下归往谓之王，人各有心谓之独夫。由此观之，人主之所恃者，心而已。人心之于人主也，如木之有根，如灯之有膏，如鱼之有水，如农夫之有田，如商贾之有财。木无

《集古录跋尾》（部分）

书法 欧阳修 宋 中国台北故宫博物院藏

欧阳修前期的政治思想对当时经济、政治和军事等方面的严重危机有较清醒的认识。主张除积弊、行宽简、务农节用，与范仲淹等共谋革新。晚年对王安石部分新法有所抵制和讥评，最终也导致他在神宗熙宁四年（1071），以太子少师的身份完全隐退。

根则槁,灯无膏则灭,鱼无水则死,农夫无田则饥,商贾无财则贫,人主失人心则亡,此理之必然,不可逭之灾也,其为可畏,从古已然。

但是,为人君者若不容许自由表示意见,焉能得到人的支持?苏东坡进而发挥这一点,我认为是这篇奏议中最重要的。就是政治上不同意一事之原则,有御史监察制度,便是具体的做法。根据苏东坡所说,一个好政权之得以保持,大部分在于不同的政见合理地发挥其功用。民主政治体制,系表现于党派间政见之歧异。苏东坡如生于现代,必然反对联合国安理会全体同意原则,在基本上为反民主。他知道,中国自盘古开天辟地以来,还没有两个人事事完全同意,而民主制度的对立面,唯有暴政制度。我从未发现民主制度的敌人,在家庭,在国内,或是世界政治上而不是暴君的。苏东坡接着说:

孙宝有言:"周公上圣,召公大贤,犹不相悦,著于经典。两不相损。"晋之王导,可谓元臣,每与客言,举坐称善,而王述不悦,以为人非尧舜,安得每事尽善,导亦敛衽谢之。若使言无不同,意无不合,更唱迭和,何者非贤。万一有小人居其间,则人主何缘知觉?

我想,把监察机构存在的理由与其基本原则,说得清楚明白,再无人能比得上苏东坡这篇奏议了。一个发挥自由功用不惧利害的监察机构所代表的,就是真正的公众意见。

夫弹劾积威之后,虽庸人亦可奋扬,风采消委之余,虽豪杰有所不能振起。臣恐自兹以往,习惯成风,尽为执政私人,以致人主孤立。纪纲一废,何事不生。……是以知为国者,平居必常有忘躯犯颜之士,则临难庶几有徇义守死之臣。若平居尚不能一言,则临难何以责其死节。

他把当时的舆论状况与古代相比,说:

臣自幼小所记,及闻长老之谈,皆谓台谏所言,常随天下公议,公议所与,台谏亦与之,公议所击,台谏亦击之……今者物论沸腾,怨谤交至,公议所在,亦可知矣。

苏东坡比较中国历代政府制度的异同，而发挥监察机构其所以存在之必要。在此他俨然以倡导者出现，其态度博学，其推理有力，其识见卓绝：

古者建国，使内外相制，轻重相权。如周如唐，则外重而内轻。如秦如魏，则外轻而内重。内重之弊，必有奸臣指鹿之患。外重之弊，必有大国问鼎之忧。圣人方盛而虑衰，常先立法以救弊……以古揆今，则似内重。恭惟祖宗所以深计而预虑，固非小臣所能臆度而周知。然观其委任台谏之一端，则是圣人过防之至计……而自建隆以来，未尝罪一言者……风采所系，不问尊卑，言及乘舆，则天子改容，事关廊庙，则宰相待罪。故仁宗之世，议者讥宰相，但奉行台谏风旨而已。圣人深意，流俗岂知。台谏固未必皆贤，所言亦未必皆是，然须养其锐气而借之重权者，岂徒然哉，将以折奸臣之萌，而救内重之弊也。夫奸臣之始，以台谏折之而有余，及其既成，以干戈取之而不足……陛下得不上念祖宗设此官之意，下为子孙立万一之防。朝廷纪纲，孰大于此？

苏东坡告诉皇帝，千万不可用威权慑服百姓。他又提到有谣传恢复肉刑之说。数百年以前，有各种砍截人体处罚罪犯之法，包括墨、劓、荆、宫四刑。这些残忍的刑罚，除宫刑之外，在公元前二世纪之后被废止；约在隋朝时期，宫刑被废止。此等酷刑之未曾恢复，当归功于苏东坡上神宗的奏议。当时谣传之甚，与日俱增。

陛下与二三大臣，亦闻其语矣。然而莫之顾

者，徒曰我无其事，又无其意，何恤于人言。夫人言虽未必皆然，而疑似则有以致谤。人必贪财也，而后人疑其盗；人必好色也，而后人疑其淫……

苏东坡指出，当时商业萧条，物价飞涨，由京师附近各省，远至四川，谣言漫天飞，黎民怨怒，声如鼎沸，甚至深远至山区，酒亦属于专卖；和尚、尼姑亦遭逮捕，没收其财产，官兵的粮饷都遭减低。

夫制置三司条例司，求利之名也。六七少年与使者四十余辈，求利之器也。驱鹰犬而赴林薮，语人曰，我非猎也，不如放鹰犬而兽自驯。操网罟而入江湖，语人曰，我非渔也，不如捐网罟而人自信。

苏东坡相信皇帝会看得清楚国内的不和与纷争，他从良臣能吏之挂冠去职，舆论之背向不难判断。在数度对新政的指责之后，他力言因推行新政，皇帝已失去民心，皇帝本人及当权者已不为清议所容。

苏东坡上书之后，如石沉大海。三月，又上第三书。皇帝已临时下一诏书，严禁强销青苗贷款，但是却没打算废止此等全部措施。苏东坡引用孟子的话说，正如一个偷鸡贼想改过向善，决定每月只偷一只鸡。后来使情形恶化的，是苏东坡在神宗熙宁四年（一〇七一）一月起任告院权开封府推官，在任期内，他出了一道乡试考题《论独断》（全题是：晋武平吴以独断而克，苻坚伐晋以独断而亡，齐桓专任管仲而霸，燕哙专任子之而败，事同而功异）。这激怒了王安石。

苏东坡立遭罢黜。正如他所预期，虽然皇帝对他的忠言至为嘉许，王安石的群小之辈会捏造借口，陷他于纠纷之中。王安石的亲戚兼随员谢景温，挟法诬告。当时流传一个谣言，说苏氏兄弟运父灵乘船回四川原籍途中，曾滥用官家的卫兵，并购买家具瓷器，并可能偷运私盐从中牟利。官方乃派人到苏氏兄弟运灵所经各省路途上，从船夫、兵卒、仪官处搜集资料。苏东坡也许真买了不少家具瓷器，但并不违法。官差回去报称无所搜获，如有所获，必然带回京师了。

苏东坡的内弟，那时住在四川，苏东坡有信给他，信里说："某与二十七娘甚安。小添、寄叔并无恙。……某为权幸所疾久矣，然捃摭无获，徒劳掀搅，取笑四方耳，不烦远忧。"

司马光回洛阳之前在京都时，皇帝对他说：

"似乎苏轼人品欠佳,卿对他评价过高。"

司马光回答说:"陛下是指有人控告他吗?我对他知之较深。陛下知道谢景温为安石亲戚,控告也是王安石煽动而起。再者,虽然苏东坡并非完美无疵,他不比隐秘母丧不报的畜生李定好得多吗?"

按苏东坡的政绩说,他而今应当官居太守才是,皇帝也有此意。王安石与谢景温反对,使之任附近一县的判官;但是皇帝予以改动,任命他为杭州通判。苏东坡对御史的弹劾不屑于置理,连修表自辩也不肯,任凭官方调查,自己携眷径赴杭州上任去了。

第九章　人的恶行

现在朝廷上平静了，死一般的平静。苏东坡携眷离都之时，当年仁宗在位年间的名臣儒吏都已清除净尽，四散于外地。欧阳修正退隐于安徽阜阳。苏家世交张方平家正在河南淮阳。

苏子由去年即被神宗任命为淮阳州学教授。苏子由也有其特点，不像兄长子瞻那么倔强任性，但一直洁身自好，使清誉不受玷辱，能照顾自己免于危害，所以挑选一个平安卑微的职位，与贤士大儒相往还。后来张方平辞官归隐，迁居河南商丘，或称"南京"，子由请调至商丘为官。后几年，苏东坡往返京都之时，总是路宿张宅，向张方平请求指教，如对叔伯长辈。司马光与吕公著现在西京洛阳，过着退隐的生活。吕海病重将死，死前，他呈给皇帝一个难题求教：

臣本无宿疾，遇值医者用术乖方。……妄投汤剂，率任情意，差之指下，祸延四肢，浸成风痹……非只悒跙蹙之苦，又将虞心腹之变。……虽然一身之微，固未足恤，其如九族之托，良以为忧。

贤德的老宰相富弼不能平安度日，已经被降职为博州太守，当道认为他推销青苗贷款，办理不力。并且他还胆敢上奏折称："此法行，则财聚于上，人散于下"。这时王安石的心腹邓绾，突然十分活跃起来，一看有机会可以效忠主子了，他向主子说可以控富弼阻碍新政之罪，于是富弼宰相的显爵全被剥除，调至另一地去任太守。但是王安石于愿未足，对皇帝说富弼所犯之罪，情如尧舜时之"四凶"，倘若只将他的宰相官爵褫除而已，何以遏阻其他奸邪之辈？皇帝对王安石所奏，置之不理，任由富弼去担任那一卑小的职位。富弼在往就新职途中，路过南京，访问老友张方平。

老相国感慨系之，他向张方平说："知人甚难。"

张方平说："你说的是王安石吗？我认为了解他并不难。当年我有一次和他共办乡试，他就把一切老规矩都弄得乱七八糟的，我就把他调离我的部下，再不理他。"老宰相自觉难堪，又起程赶路。在老年，他常常仰望屋顶，默然叹息。

苏东坡离京之前，京中曾发生一次暴乱。在前年冬天，保甲制便已实行，新兵在乡村受军事训练，新兵疑心受训的用意，以为会调离家乡，会开至北方去和外族打仗，于是临近京都的村子里发生了示威抗议。骚乱之发生还另有原因。当时官方命令农人自备武器，其实也只是弓箭而已。父子相拥而泣，村民有断腕以躲避征调者。由于这次暴乱，王安石丢掉了他最后的一个朋友韩维。因为韩维正是那一地的太守，他奏明暴乱经过，呈请暂将军训延缓，至深冬举行，因那时农忙已过，空闲较多。

就因此一表章，连韩维也遭罢黜了。

要使王安石失势，还须上天显示昭然可见的征兆，需要宫廷门吏的仁行义举。在神宗熙宁六年（一〇七三），西岳华山山崩。皇帝至为慌乱，依照习俗，乃迁居另一宫殿，以示敬仰神祇，并下令以粗粝三餐上进。此外，自此年夏季到次年春季，一直干旱不雨，皇帝至为忧愁，不知如何是好。他问王安石，王安石回答说：

"旱涝乃是天灾，在尧汤之世也曾发生。吾人之所能为者只是力行善政而已。"

皇帝说："我所担心的也是此事，恐怕我们所行的不是善政啊。我听见关于商税法的怨言甚多。宫里人人都听说了，连皇后、太后也听说了。"

另一个阁员大臣冯京也在场，他也说："我也听说了。"

王安石回答说："为什么我没听人说？冯大人之所以听说，是因为所有发怨言不满的人都奔赴你的四周了。"

现在命定要成大事的渺小人物快要出现了。他叫郑侠，就是画难民图的皇宫门吏。他呈给皇帝的难民图上，画的是戴着脚镣的难民在砍树挣钱，用以付还官家的青苗贷款。郑侠还随图附上一篇短文：

窃闻南征北伐者，皆以其胜捷之势、山川之形，为图来献。料无一人以天下之民质妻鬻子、斩桑坏舍、流离逃散、遑遑不给之状上闻者。臣谨以逐日所见，绘成一图，但经眼目，已可涕泣。而况有甚于此者乎！如陛下行臣之言，十日不雨，即乞斩臣宣德门外，以正欺君之罪。

皇帝把画卷带到寝宫，给皇后和皇家别人看。先说话的是皇帝的祖母："我听说百姓为了助役钱和青苗贷款，其苦不堪。我觉得我们不应擅改祖制。"

皇帝回答说："但是实行新法也是为民谋福，并无害民之意。"

太后又说："我知道王安石自有大才，但是已然树敌甚众。为了他自己好，你还是暂时把他的职务中止吧。"

皇帝说："我发现在满朝大臣之中，只有王安石愿意身当大任。"

皇帝的弟弟歧王这时正立在一旁，他说："我认为你应当听听祖母老人家刚才说的话。"

皇帝突然大怒说："好！好！我不会治国，你来接。"

《流民图》(部分)

国画　蒋兆和　1943年

蒋兆和的《流民图》作于抗日战争期间的1942年至1943年间，与郑侠在1074年所作的《流民图》相比，虽然处于不同的时空，但作品所展现的流离失所的民众饥寒交迫的境况同样震撼人心。

歧王说："我不是那个意思。"

大家僵住，静了片刻，然后皇太后说："这些乱子都是王安石闯的，你要怎么办呢？"

第二天早晨王安石罢相，但吕惠卿和邓绾仍然在位。皇帝决定把商税法、青苗法、免役法、保甲法、方田均税法等一共八种新法，中止推行。

天开始下雨，老天爷高兴了。

但是王安石的时刻还未到。弹劾门吏郑侠还得需要技巧。郑侠第一次循正规献画时，宫廷的官吏拒而不受，说官卑职小，无权与皇帝上奏章。郑侠乃到京师城外的官差站，因为此系非法利用官差制度，郑侠要在御史台受审。

审问的结果如何，历史上并无记载。但是次年正月，郑侠又将一画册呈献给皇帝，名为《正直君子邪曲小人事业图迹》。所绘乃唐代贤臣奸佞图像，虽未指明系宋代当时权要，而前代奸佞之辈所作所为却与当代奸人有其相似处，一看便知，绝不致误，即使容有含混难解之处，画册上的故事也可以祛除心中的疑问。与这本画册同时进献的还有一个

第九章　人的恶行

奏章，推荐一位贤人出任宰相，因为此时王安石已遭罢黜。现在当政的是吕惠卿，邓绾已然改向吕惠卿效忠。在这两个小人狼狈为奸之下，郑侠被贬谪到偏远的广东去。

在郑侠离京之前，一位御史前去看他，对他说："所有各御史对朝政都钳口不言，独君一人挺立不屈，作此殊死战，殊为可敬！"而今似乎全御史台监察朝政之重任，移到一宫廷门吏的肩上了。那个御史于是交给他包好的两卷名臣奏议，都是弹劾御史台里当权的小人的文章，并且对他说："我把这些资料交托与你，务必妥为保管。"但是吕惠卿由于他那颇有效能的侦察网，获得了这项消息，他派舒亶在路上追到郑侠，搜查他的行李。按照此两册上曾经批评朝政的官名，吕惠卿、邓绾、舒亶乃按部就班地逐一迫害那些人，并予以监禁。吕惠卿打算把郑侠判处死刑，但是皇帝阻止道："郑侠谋国而不谋身，忠诚勇气，颇可嘉许，不可重罚。"所以郑侠仍准径赴流放之地，未予阻挠。

苏东坡去世之后，一黄某获得苏东坡一珍贵的手稿，其中有苏东坡下列的名句："处贫贱易，处富贵难。安劳苦易，安闲散难。忍痛易，忍痒难。人能安闲散，耐富贵，忍痒，真有道之士也。"每一次革命在未得势之前，能表现出最大的力量与团结；但在既已得势，既已清除反对力量之后，则开始由内部的纷争而分裂，终至崩溃。在力图推翻别人时，人性中的精华发挥作用；在企图控制别人时，则人性中之糟粕发挥作用。只要情况顺利，这群小人各有肥缺在手，邓绾、吕惠卿、曾布之间，则忙得无空闲自相争吵；但在王安石一旦失势，情况开始逆转，此一帮派则内部失和了。

在此失和之前，内部腐坏的种子早已播下。王安石的儿子很恨吕惠卿，而吕惠卿很恨曾布。而邓绾是跟着兔子跑，却帮猎狗忙，吃里扒外，所以往后是够忙的。王安石最后只落了一个儿子。这个儿子聪明外露，古怪任性，而又残忍凶暴，王氏集团许多恶行他当负其责任。现在他已长大成人，他已经开始管理家中的钱财，他的叔伯不再能像往常那样乱用王安石的钱。这个权倾一时的宰相的傲慢无理的儿子，以为凭态度恶劣，由他的令人厌恶，便可以显得出人头地。据说，新政初期，一天，理学家程颢正在王安石家开会。这个儿子出现了，头发散乱，赤足无鞋，手拿女人的头巾，一直走到父亲跟前，问他们正在说什么话。

王安石回答说："我正和程先生谈论新政，我们的新政总受到别的大臣批评。"

儿子一下子坐在大人坐的座位上，大笑道："只要把韩琦和富弼的头砍下来就够了。"

王安石自己为他儿子受了什么罪，随后自可看到。王家不是和睦可喜的一家人，因为这一家有两个叔叔，一直不赞成王安石的做法，特别警告王安石提防吕惠卿那个骗子。孔夫子曾说人应当"放郑声，远佞人"。有一天，王安石正和吕惠卿商讨政事，弟弟安国在外面吹笛子。王安石向外面弟弟喊道："停此郑声如何？"弟弟应声回敬道："远此佞人如何？"

现在这一帮派很担心他们的前途。但是吕惠卿并没完全失望，而且正好看到自己得势之日已近，取王安石而代之的机会到了。世界上有些人能随意操纵眼泪，吕惠卿和邓绾便是此等人。他俩去见皇帝，以一副极为动人的样子在皇帝面前哭，好像他们想到国家的前途就悲从中来。应用他们动人的口才，又把皇帝拖回了原来那条老道路，而吕惠卿也官拜了宰相之位。

现在争吵真正开始了。全国的市易务官吕嘉问这时遭到弹劾。市易务的滥权枉法的报告，自然传到皇帝耳朵里。皇帝问王安石，那时王安石还在京都。

王安石回奏道："嘉问一向认真守法，自然树敌甚众，所以才受攻击。"

皇帝说："但是朝廷从商税方面收到的钱的确很少，而且我很不喜欢官家卖水果、卖冰、卖煤这等事，对朝廷太不体面。"

王安石回奏道："陛下不必为这些小事操心，这是低级员司管的事，皇帝只要留心朝廷的主要政策就行了。"

皇帝回答道："即便如此，可是为何朝廷上人人把这种措施看作暴政呢？"

王安石回答道："请把那些人的名字交给臣。"

这些肮脏龃龉的口角争吵，不值得详谈。实际上的内幕是，市易务官吕嘉问身居要津，开始公然蔑视条例司，污辱了一个叫薛向的官员，而曾布却偏袒着薛向，攻击吕嘉问，吕嘉问因而免职。吕惠卿和曾布奉命调查此一案件。吕和曾二人一向交恶，二人与王安石的关系，正如斯大林与托洛茨基之与列宁一样。在调查期间，吕惠卿开始攻击曾布，曾布也开始攻击吕惠卿，曾布垮台。

这是纠纷的开端。吕惠卿而今成了朝廷唯一的魁元。他不但抓住郑侠案件的机会罢黜了王安石的弟弟王安国，又借着无处不在的邓绾的帮助，想把王安石牵连在山东省一个谋反案件中，其实那是由一个亲王发动的。王安石被控与叛逆串通，因为他与一逆贼是朋友。还有另一个阁员，也曾名义上做过宰相，他与吕惠卿极不相容，他想使王安石官复原职，用以抑制吕惠卿。他除去请皇帝罢黜吕惠卿，重用王安石之外，又送一密函与王安石。控告谋反自然是极严重，王安石以七日之内，火速进京。

王安石与谋反一案确无干系，在神宗熙宁八年（一○七五）二月，又重任宰相。这使邓绾有几分尴尬，他只好连忙背弃吕惠卿，又投入王安石这边来。为了重获王安石的青睐，他决定出卖吕惠卿。邓绾背着王安石，暗中和王安石的儿子勾结，控告吕惠卿勒索华亭商人五百万缗。朝廷降吕惠卿官，出为太守。邓绾以吕惠卿如此轻易逃过，心有不甘，乃联合吕嘉问请求重新审问，将吕惠卿羁押在京师的御史台监狱中。

一度权势炙手可热的小人权要，一一遭到罢黜，邓绾也非例外。邓绾依然是精力充沛，他亲眼看到吕惠卿垮台，又看出皇帝对王安石也日形厌倦。他以天纵阴谋之才，洞烛机先，心想下一个身揽大权的人必是王安石的儿子和女婿。他上一表章，请皇帝将此二人升迁重用。但是王安石和皇帝对邓绾的变节背信早已厌腻，不但不心存感激，反将他罢官斥退。邓绾现在对人性应当是失去了信心吧！

吕惠卿在御史台监狱等待审判之时，对王安石发出了最后的一击。原来那些年他保存了王安石的一些私人信件，以备敲诈之用。现在他把这些信都呈交给皇帝，控告王安石在皇帝背后图谋不轨，因为有几封信上有"无令上知此一帖"。皇帝对这些纷乱如麻的事早已厌恶，而今在这些信上的发现，真使皇帝对王安石第一次发了脾气。王安石痛骂自己的儿子，不该背着他胡乱攻击吕惠卿。他儿子显然不知道吕惠卿手中藏有这些信，并且握有他父亲的把柄，深悔自己行动鲁莽。受父亲斥责之后又心中憋气，立刻病倒，不久背上生出了恶疮。王安石一向信佛，他请和尚诵经，请医生开药，但均无法救儿子一命。儿子王雱之死，是对老相国的一个严重的打击。这位相国对政治与人生的虚幻，大彻大悟了，他感觉厌倦，呈请辞官归隐。皇帝允许他在熙宁九年（一〇七六）十月辞去职务，但仍保有若干最高爵位，王安石并非遭受罢黜。数年之后，有人在金陵附近的乡间，看见他骑着驴，嘴里喃喃自语，听不清说些什么。

第九章 人的恶行

第十章　两兄弟

熙宁四年（一〇七一）七月，苏东坡携眷离京往富有湖山之美的杭州上任。在随后八九年内，他始终在杭州、青岛附近的密州以及江苏的徐州为官，无不政绩斐然。这段时间，他作诗甚多，所写的诗词很美，或感伤，或诙谐，或愤怒。以天真快活的心情，几乎赤子般的狂放不羁，将心中之所感，尽情歌唱出来。可是这样忧虑愤怒的诗歌触怒了权要，终于给他招惹了灾祸。

他弟弟子由这时在陈州（淮阳）充任教授，淡泊自甘。陈州位于国都东南七八十里，正在苏东坡治下的视察行程之中，他随后几年都常常利用机会到弟弟家盘桓小住，有时会住上七十几天。苏东坡的儿子已经十二岁，还有一个婴儿，才一岁，但是他弟弟则儿女很多。沉默寡言的苏子由，一声不响只顾生儿育女——最后直到生了三个儿子、七个女儿，都是苏东坡帮助婚配的。苏东坡欣然接受弟弟的请求，与他们共度中秋后才走。子由很穷，住的房子又小又矮。东坡常常对弟弟的高大取笑，他写了两句：

常时低头诵经史，

忽然欠伸屋打头。

他们的老朋友，那位退隐的国家元老张方平，也和他们在一个城里住，大家常酒饭相聚。张方平饮酒甚豪，他的酒量是一百杯。据苏东坡说，他自己的酒量则小得多，但是他说他并不以自己酒量小而戒酒。欧阳修也是海量，但是张方平却胜过他，因为张方平开始喝酒时，他不向客人说他们要喝多少杯，而是多少天。苏东坡说："对你们海量的人我并不羡慕，我喝完一杯就醉，不是和你们一样得其所哉吗？"

那几个月，兄弟二人和家人悠闲团聚，共度时光。兄弟二人常到柳湖去划船，或是在城郊漫步，谈论政治、家事、前途。一天，二人正在讨论国家情势，子由向哥哥进了些忠言。苏东坡的一个短处就是老向客人谈论自己的心思，写文章也是发挥自己的见解。当时不是什么好年月，子由对哥哥太了解。后来，苏东坡的监禁解除之后，子由用手捂住他的嘴，那是告诉他以后要三缄其口。

兄弟二人，气质不同，形貌各异。子由高大，丰满的圆脸，两颊附近的松肉很多，而东坡则健壮结实，骨肉匀称。由他的画像，我们不难判断，他是五尺七八寸身高，脸大，颧骨高，前额高大，眼睛很长而闪闪发光，下巴端正，胡须长而末端尖细。最能透露他特性的，就是他那敏感活动、强而有力的嘴唇。他的脸色红润，热情洋溢，会由欢天喜地的表情一变而成抑郁沉思的幻想状。

苏东坡对他弟弟说："我知道我一向出言不慎。我一发现什么事情不对，就像在饭菜里找到个苍蝇一样，非要唾弃不可。"

弟弟说："但是你要了解你说话的对方，有的人你可以推心置腹，有的不可以。"

苏东坡点头说："这就是我之所短。也许我生来就太相信人，不管我是跟谁说话，我都是畅所欲言。"

他告诉弟弟，他送出《上神宗皇帝书》之后，真怕有生命之险。他有一个朋友，也为他担心。那个朋友是晁端彦，正好去看他。晁端彦和他同科考中，正如今之同年毕业的同学一样。

东坡说："但是我告诉晁端彦说，我曾殿试高中，多少高官显宦立刻把我看作朋友。皇帝已然接受我的忠言。我不坦诚进谏，舍我其谁？我告诉晁端彦，我真正怕的是会因此而被杀害。他一言不发，面色极其严肃。于是我又对他说：'没关系。皇帝若想杀我，我死而无怨。但有一件，我不愿以身就戮而使你拍手称快'。我二人都大笑起来。"

子由说："有一件事你知道吗？你留意过没有？一日空闲长似两日。所以人若一生七十年都在空闲中过，他实际上等于活了一百四十年。这是求长寿最容易的办法。"

兄弟二人在政治上虽然看法相似，而且也立场相同，二人个性则迥然相异。子由沉稳、实际、拘谨、寡言，而东坡则轻快、开阔、好辩、天真、不顾后果。在朋友同僚的心目中，子由为人可靠，而东坡之直言无隐，玩笑戏谑，则使人害怕。在亲密朋友之间，东坡谈笑风生夹杂惊人的双关语。天下拘谨实际的人听他说话，都觉得他随时可以吐露真理，仿佛不论何事，只要是真，便值得说出口来，此外不知还有什么禁忌！

在文学风格上，也有一种差异——就犹如亨利·詹姆斯（Henry James）和威廉·詹姆斯（William James）。东坡像威廉，子由像亨利。由各自的才气上看，威廉原应当写小说，而亨利应当写心理与哲学性的论文。可是威廉·詹姆斯却把他的才华和诙谐注入到通常枯燥无味的心理学和哲学教科书，而亨利·詹姆斯则在小说的世界里注入了他人性的思想和观察这样充实的内容，这对世界的文化反倒有益而无损。子由没有哥哥才气的一半，但是他的文章内容充实，具有深度，使他在这一类文章之内，足称大家。

苏东坡知道弟弟的忠言大有道理，倘若他的气质像子由那样恬淡沉静，他必然会乐于接受的。但是问题不是他如何想，而是他如何感，不是理性的问题，而是感性的问题。我们论到苏东坡，就不能避免"气"这个字。因为每个文学批评家—综括苏东坡的个性,必用孟子所说的这个"气"字。"气"本是普通字,是空气,是气体,是大气,是精神,是力量,是运动,是闷在心里的恼怒。在《孟子》里,"气"是哲学的概念,类似柏格森所说的"生气勃勃",是人格上的"元气"。使伟人和匹夫显然不同的,往往是精力元气上的差异。在孟子的哲学中,"气"是伟大的道德动力,更简单说,就是人求善、求正义的高贵精神。这种精神,人人皆有,是与生俱来的。人在世界上生活下去,这个"气"可因得其陶冶营养而增长强大,亦可因消减而衰弱。以苏东坡的情况而言,其意义正同于伟大的精神,一个人高升到无极限的精神,至大至刚,激烈冲动,因其本身充沛的元力必要发之于外而不可抑制。佩服苏东坡的人和批评苏东坡的人,就常说到他这种至大至刚之气。孟子在自己本身觉察到有此力量,这种力量若辅以正义真理,便在天地之间无所畏惧。

苏辙像

苏辙(1039—1112),字子由,晚年自号颍滨遗老。苏轼之弟,人称"小苏"。苏辙是散文家,为文以策论见长,他的散文,如苏轼所说,"汪洋澹泊,有一唱三叹之声,而其秀杰之气终不可没"。与其父苏洵、兄苏轼合称"三苏",均在"唐宋八大家"之列。

孟子的一个弟子问:"敢问何谓浩然之气?"

孟子回答道:"难言也。其为气也,至大至刚,以直养而无害,则塞于天地之间。其为气也,配义与道。无是,馁也。是集义所生者,非义袭而取之也。行有不慊于心,则馁矣。"

苏东坡既然天赋这样生气蓬勃的精神,自然常遭遇到道德的矛盾,一方面要保持英雄本色,不失其与生俱来的大无畏精神;另一面又要顾到同样重要的明哲保身这一人生的本分。在苏东坡一生的官宦生涯中,有某些时期此种冲突特别尖锐,往往他宁愿保持他的英雄本色。所以他内心中的冲突总不会太大的。他那伟大的天才不断自由流露而一发不可抑制。正是：

猿吟鹤唳本无意，
不知下有行人行。

苏东坡与其弟弟子由及家人共度中秋。这次中秋值得记忆，他后来一直思念不止，也是随后六年中唯一的一次中秋聚会。临别时，二人难分难舍，子由决定送兄长至颍河下游八十里外的颍州（今阜阳）。到颍州在欧阳修相伴之下，又一同过了半个多月。但是终须分手。在苏东坡开船出发的前夜，兄弟二人又在颍河的船上共度一夜，吟诗论政，彻夜未眠。二人论政的结论，后来苏东坡写在一首诗里，到达杭州之后，寄给子由。其中有句为：

眼看时事力难胜，
贪恋君恩退未能。

兄弟二人不觉都想起了孟子的话："责难于君谓之恭，陈善闭邪谓之敬，吾君不能谓之贼。"事实上，二人都明白下面这段话的真理：

徒善不足以为政，徒法不能以自行……为高必因丘陵，为下必因川泽；为政不因先王之道，可谓智乎？是以惟仁者宜在高位；不仁而在高位，是播其恶于众也。上无道揆也，下无法守也，朝不信道，工不信度，君子犯义，小人犯刑，国之所存者，幸也。故曰城郭不完，兵甲不多，非国之灾也。田野不辟，货财不聚，非国之害也。上无礼，下无学，贼民兴，丧无日矣！

那天夜里，苏东坡写了两首诗，足以显示他的心境：

征帆挂西风，别泪滴清颍。
留连知无益，惜此须臾景。
我生三度别，此别尤酸冷。
念子似先君，木讷刚且静。
寡辞真吉人，介石乃机警。

至今天下士,去莫如子猛。
嗟我久病狂,意行无坎井。
有如醉且坠,幸未伤辄醒。

第二首诗是:

近别不改容,远别涕沾胸。
咫尺不相见,实与千里同。
人生无离别,谁知恩爱重。

孟子像

中国画 单小勇 现代
孟子(公元前372—前289),名轲,字子舆。中国古代伟大的思想家,战国时期儒家代表人物之一。宋神宗熙宁四年(1071),由孟子的言论汇编而成的《孟子》一书首次被列入科举考试科目之中,最终也成为了儒家的经典著作。"徒善不足以为政"出自《孟子·离娄上》。

始我来宛丘，牵衣舞儿童。
便知有此恨，留我过秋风。
秋风亦已过，别恨终无穷。
问我何年归，我言岁在东。
离合既循环，忧喜迭相攻。
语此长太息，我生如飞蓬。
多忧发早白，不见六一翁。

"六一翁"指的是六一居士欧阳修。"飞蓬"一词正足以象征苏东坡的一生，因为从现在起，他就成为政治风暴中的海燕，直到他去世，都不会再在一个地方安安静静度过三年以上的时光。

次日凌晨，兄弟二人分手。苏东坡对子由的深情确是非比寻常，后来，他在写给好友李常的一首诗中说："嗟予寡兄弟，四海一子由。"杭州三年任期届满时，他请调至密州，因为当时子由正任职济南，两地都在山东，相距不远。

第十一章　诗人、名妓、高僧

杭州，在当年一如今日，是一个美妙难言的都市，谚云："上有天堂，下有苏杭。"杭州后来几乎变成了苏东坡的第二故乡。他初到杭州便写出下面的诗句：

未成小隐聊中隐，可得长闲胜暂闲。
我本无家更安往，故乡无此好湖山。

杭州像是苏东坡的第二故乡，不只是杭州的山林湖海之美，也非只是由于杭州繁华的街道，闳壮的庙宇，也是由于他和杭州人的感情融洽，由于他一生最快活的日子是在杭州度过的。杭州人有南方人的轻松愉快，有诗歌，有美女，他们喜爱苏东坡这位年轻的名诗人，喜爱他的朝气冲力，他那潇洒的神韵，他那不拘小节的胸襟。杭州的美丽赋予他灵感，杭州温柔的魅力浸润他的心神。杭州赢取了苏东坡的心，苏东坡赢取了杭州人的心。在他任杭州通判期间，也无权多为地方人建设，但是他之身为诗人，地方人已经深感满足。他一遭逮捕，地方人沿街设立香案，为他祷告上苍早日获释。他离开杭州之后，南方的秀美与温情，仍然使他梦寐难忘，他知道他还会故地重归。等十八年之后，他又回去任太守之职。他对地方建树良多，遗爱难忘，杭州人爱之不舍，以为与杭州不可分割。今天，去此伟大诗人居住于杭州，歌咏于杭州，已经一千余年，在你泛舟于西湖之上，或攀登于孤山岛或凤凰山上，或品茗于湖滨酒馆中，你会听到杭州本地的主人嘴边常挂着"苏东坡，苏东坡"。你若指出苏东坡是四川人，他会不高兴听。他心里认为苏东坡生于杭州，除去到京都之外，何尝离开过杭州！

在性情，在放浪的风情，在爱与笑等方面，苏东坡与西湖是密不可分的。西湖的诗情画意，非苏东坡的诗思不足以极其妙；苏东坡的诗思，非遇西湖的诗情画意不足尽其才。一个城市，能得诗人发现其生活上复杂的地方性，并不容易；而诗人能在寥寥四行诗句中表现此地的精粹、气象、美丽，也颇不简单。公认为表现西湖最好的诗，就是苏东坡写西湖的一首诗，苏东坡把西湖比作古代的美人西施，清晨在家不施脂粉时也好，施脂粉而盛装时也好；晴天也好，阴天也好，都会显出西湖不朽的美色来。苏东坡描写西湖的那首七言绝句是：

水光潋滟晴方好，山色空蒙雨亦奇。
欲把西湖比西子，淡妆浓抹总相宜。

这当然是个譬喻而已。西施若是描画蛾眉，不论何时，总比不画更好看。苏东坡润饰了湖滨，再以至高无上的艺术手法略予点染，使之看来不失其自然。今日苏堤横卧湖上，此一小小仙岛投入水中的影子，构成了"三潭印月"，湖边垂柳成行，足以证明苏东坡在设计风景方面的奇才。杭州的西湖与扬州的瘦西湖，都表现出中国布置风景的巧思，并且显示人为的技巧与艺术只增加了自然之美，并未破坏自然之美。艺术家首先把握住那个地方大自然的设计，并将其自然的结构与章法作一全盘的估量。他只是略加点染，以求收紧或铺开，或在此处，或在彼处，加强某一些轮廓而已。

苏东坡携带妻儿来杭州，是在神宗熙宁四年（一〇七一）十一月二十八日。公馆位于凤凰山顶，南见钱塘江，出海的大船出没于江面；北望西湖四周环山，山顶隐没于白云中，庙宇与富家别墅点缀于山坡之上；东望钱塘湾，但见惊涛拍岸。杭州为一大都市，故除去太守一人外，另设二官辅佐之。苏东坡之官邸占公馆之北面，可俯瞰西湖。就在凤凰山下，夹于西湖与钱塘湾中间，自北而南的，正是杭州城，城外环以高墙，城内有河道，河道上架以桥梁相通。苏夫人清晨起身，打开窗户，看见下面西湖平静的水面，山巅、别墅、飘浮的白云，都映入水中，不觉心旷神怡。离中午甚早，湖面上早已游艇处处。夜晚，由他们的住宅，可以听见吹箫歌唱之声。城内有些街道比别处显得更为明亮，因为有夜市数所，直到次晨两三点始行收市。尤其在女人们看来，总有些令人着迷的货品，如美味食物、绸缎、刺绣、扇子。孩子们则会看到各式各样糖果、玩具、走马灯等东西。宋朝时的糖果商贩都利用特殊广告技巧，以广招徕。有的用赌博，有的装作白胡子老汉，有的戴面具，载歌载舞。有的卖棉花糖，有的卖糖吹的各种小兽，有的做"沙糖"，类似现在的枫糖。有一本书写杭州城的生活情况，写在宋末——在苏东坡以后百年左右，在马可·波罗来中国百年之前，把当时的街道、沟渠、湖泊、食粮、娱乐，写得纤悉无遗，读之令人神往。把当时杭州城的生活描绘得比马可·波罗写得更为详尽。马可·波罗谈到王公贵人的打猎，公主贵妇在西湖边洗浴，富商的游艇往来于杭州、泉州之间，但他对糖果、糕饼、通俗

西湖图

地图　南宋

苏东坡两度在杭州为官，不仅写出了大量脍炙人口的佳作，也留下了勤政爱民的佳话传说。除苏堤以外，宝石山麓望湖楼、大麦岭题名刻石、龙井过溪亭、吴山感花岩诗碑等都是与苏轼直接相关的景物，他关于西湖的诗文著述已成为西湖历史文化中不可或缺的一部分。

的娱乐等名称，并不熟悉。吴自牧这本《梦梁录》上，像老妪般滔滔不绝地叙述那些精美的各式小食美味，真会使读者观之入迷。

苏东坡有一半相信他前生曾住在杭州。这种想法曾记在他的诗里，他同代人的笔记里也记载过。有一天他去游寿星院，一进门，便觉得所见景物十分熟悉，他告诉同游者走九十二级便到忏堂，结果证明他所言不误。他还可以把寺院后面的建筑、庭院、树木、山石，向同行人描写。我们倒无须乎相信此等前生之事，但是社会上一般人相信有鬼有前生之时，总会有很多此等亲闻亲见的故事，也像鬼故事一样，虽然不能完全证实确有其事，也不能完全证实确无其事。在苏东坡的时代，一般人都相信有前生，此等故事自然不稀奇。有一个关于张方平前生的故事。一天，张方平前去游庙，他告诉别人他记得前生曾在那个庙里当住持。他指着楼上说，他记得曾在楼上抄写经卷，那本经并没抄完。他同一个朋友到楼上一看，果然有一本佛经尚未抄完，字体和张方平的字体一样。他拿起笔来又由前生停下的地方接着往下抄写。还有一个故事，说的是苏东坡的一个好朋友的事。大诗人黄庭坚告诉人说他前生是一个女子，他一个左夹胳肢窝有狐臭。一天夜里，那是他在四川涪州任职时，他梦见一个女子对他说："我是你的前身，现在埋在某处。棺木已经腐朽，左侧有一个大蚂蚁洞。把那个蚂蚁洞给我移开。"黄庭坚照办，左夹肢窝的狐臭就好了。

苏东坡在杭州任通判，除去审问案件，并无重大任务。这种情形他颇为不喜，因为被捕者多为违犯王安石新法的良民，犯的那些法条都是他所反对的。可是那是法律，他无权更改。若一读关于他在新年除夕需要审问因贩私盐而被捕的犯人那首诗，就不难了解他在此一时期的心情。但是杭州湾附近产盐区的盐贩子，都不肯放弃他们原来的生意。当地贩卖私盐的整个情形，苏东坡在给一位阁员的书信中说得十分清楚。我们在此先不管贩卖私盐一事，还是看看东坡这位诗人对同胞的态度吧，因为他觉得他自己和那些他审问的阶下囚，并无不同。

除日当早归，官事乃见留。
执笔对之泣，哀此系中囚。
小人营糇粮，堕网不知羞。
我亦恋薄禄，因循失归休。
不须论贤愚，均是为食谋。

谁能暂纵遣，闵默愧前修。

对子由他写的才是肺腑之言：

平生所惭今不耻，坐对疲氓更鞭箠。
道逢阳虎呼与言，心知其非口诺唯。
居高志下真何益，气节消缩今无几。

在另一首诗里，他写百姓在保甲制度下所受的痛苦，描写老百姓在鞭笞之下的哭叫，甚至壮丁的妻子儿女也被关入了监狱。这些诗句累积起来，后来他被捕受审时，竟确立了他企图摧毁人民对新政的信心之罪行。

但是，他仍能随时随地自得其乐。他尽量逃向大自然，而自然美之绝佳处，在杭州随处皆是。他的诗思随时得在杭州附近饱餍风光之美。因为不但杭州城本身、西湖，而且连杭州城四周十里或十五里之内，都成了苏东坡时常出没的所在。游客自杭州西湖出发，可以往各方面走去，或沿北岸到有名的灵隐寺和天竺顶；或由南岸出发到葛岭（葛岭在西湖北，疑为虎跑泉所在之大慈山——编者注），在虎跑寺品尝名泉沏的茶，然后顺着一条蜿蜒的山间小溪归来。西湖和城郊，共有三百六十个寺院，大都在山顶上，在这等地方与山僧闲话，可以消磨一个下午的时光。若去游览这些寺院，往往需要一整天，而且返抵家中时已是暮色昏黄、万家灯火了。穿过灯火通明人群拥挤的夜市，陶然半醉到家，自己头脑里的诗句，已经半记半忘了。

睡眼忽惊矍，繁灯闹河塘。
市人拍手笑，状如失林獐。

> 始悟山野姿，异趣难自强。
> 人生安为乐，吾策殊未良。

杭州是多彩多姿的，而西湖又引人入胜。江南的天气，一年四季都引人出外游玩。在春秋两季，全杭州人都在湖滨游玩。甚至冬季下雪的日子，还有寻乐的人乘船到湖上玩赏雪景。尤其是重要的节日，比如三月初三、五月初五、中秋节、重阳节、二月十一当地神祇的生日，湖上全是游逛之人，必须前一天预先雇妥游艇。游人无须自带食物，因为一切东西，包括茶杯、茶托、汤勺、筷子，全由游艇供给。还有船夫捕鱼卖与游客放生，这样救生积德，按佛教说，这是在天堂积存财宝。同一条鱼被捕三次，又被放三次，这条鱼说不定就可从阴曹救三条人命了。

苏东坡充分参与西湖上的生活。湖上的游乐分为两种，一种是家庭同乐，一种是携妓游湖。在湖上这个地方，家庭妇女是望妓而生畏意，而妓女则望家庭妇女而有妒心。妓女们从心眼儿里盼望她们能跳出火坑，自己有家有儿女，就犹如那些家庭妇女一样。苏东坡有时和妻子儿女一起去游湖，有时与好喝酒的同僚同游。他是多才多艺，方面最广。他的一支笔运用自如，写出的诗句，巧妙华美，合规中矩，地方文人对他敬佩万分。他写出的诗句飘逸自然，使人一见难忘。与家人在一起，他唱出下面的诗句（此句出自《和蔡准郎中见邀游西湖》，并非与家人同游——编者注）：

> 船头斫鲜细缕缕，船尾炊玉香浮浮。

同官衙僚属同游时，大家欢天喜地之中，他就写出这样清新愉快的句子：

> 游舫已妆吴榜稳，舞衫初试越罗新。

他们一到湖畔，船夫便把他们围住，争揽顾客。他们总是挑一只小船，够坐四五人便好，有时人多，便需要一只可摆一张饭桌的，然后吩咐船娘预备饭菜，这种船上的船娘通常都是精于烹调的。这等住家船上都是雕刻精美，船头有笕嘴。湖上也有船贩卖食品与游客。有些船夫卖栗子、瓜子、夹馅藕、糖果、烤鸡、海鲜食品。有的船夫专门卖茶。有的船上载着艺人，按照习俗是靠近游客的船，表演歌舞、特技、投掷、射击等游戏。

在船的四周，湖水一碧如染，约有十里之遥，往远处看，白云依偎于山巅，使山峦半隐半显，白云飘忽出没，山容随之而改变；山峦供白云以家乡，使之倦游而归息。有时天阴欲雪，阴霾低垂，丘阜便隐而难见。阴霾之后，游客尚可望见楼塔闪动，东鳞西爪，远山轮廓，依稀在望。晴朗之日，水清见底，游鱼可数。苏东坡在两行七言诗里，描绘船夫的黄头巾，衬托着碧绿的山光，给人以极为鲜明的印象。他的诗句是：

映山黄帽蠐头舫，夹道青烟鹊尾炉。

登岸之后，往山中走去，在阒寂无人的树林里，可以听到鸟声此呼彼应。苏东坡本来就性喜游历，现在常常独自一人漫游于山中。在高山之顶，在人迹罕到的水源岩石上，信笔题诗。有些寺庙他常去游历，因而成了庙中和尚的至交。在苏东坡去世后，一个老和尚说出苏东坡的一个故事。他说，他年轻时在寿星院当和尚，常看见苏东坡在夏天一人赤足走上山去。他向和尚借一把躺椅，搬到附近竹林下选好的处所。他全无做官的架子，脱下袍子和小褂，在下午的时光，赤背在躺椅上睡觉。小和尚不敢走近，由远处偷看这位一代大儒，他竟尔看到别人无法看到的情形。他看见，也许他以为他看见，这位大诗人背上有七颗黑痣，排状恰似北斗七星一样。老和尚又说，那就足以证明苏东坡是天上星宿下界，在人间暂时做客而已。

苏东坡在离开杭州之后，曾写了一首诗给晁端彦，概括叙述他出外游历的习惯，那时晁端彦即将出使杭州，苏东坡写诗告诉他当注意的事。诗如下：

西湖天下景,游者无愚贤。
浅深随所得,谁能识其全。
嗟我本狂直,早为世所捐。
独专山水乐,付与宁非天。
三百六十寺,幽寻遂穷年。
所至得其妙,心知口难传。
至今清夜梦,耳目余芳鲜。
君持使者节,风采烁云烟。
清流与碧𪩘,安肯为君妍。
胡不屏骑从,暂借僧榻眠。
读我壁间诗,清凉洗烦煎。
策杖无道路,直造意所便。
应逢古渔父,苇间自延缘。
问道若有得,买鱼勿论钱。

由文学掌故上看来,苏东坡在杭州颇与宗教及女人有关,也可以说与和尚和妓女有关,而和尚与妓女关系之深则远超于吾人想象之上。在苏东坡的看法中,感官的生活与精神的生活,是一而二,二而一的,在人生的诗歌与哲学的看法上,是并行而不悖的。因为他爱诗歌,他对人生热爱之强使他不能苦修做和尚;又由于他爱哲学,他的智慧之高,使他不会沉溺而不能自拔。他之不能忘情于女人、诗歌、猪肉、酒,正如他之不能忘情于绿水青山,同时,他的慧根之深,使他不会染上浅薄尖刻的纨绔子弟的习气。

这个年轻耽于玩乐的诗人之态度,若予以最好说明,那就要看他怎么样使一个道行高洁的老僧和一个名妓见面的故事了。大通禅师是一个持法甚严、道行甚高的老僧,据说谁要到他的修道处所去见他,必须先依法斋戒。女人当然不能进他的禅堂。有一天,苏东坡和一群人去逛庙,其中有一个妓女。因为知道那位高僧的习惯,大家就停在外面。苏东坡与此老僧相交甚厚,在心中一种淘气的冲动之下,他想把那个妓女带进去破坏老和尚的清规。等他带着那个妓女进去向老方丈敬拜之时,老方丈一见此年轻人如此荒唐,显然是心中不悦。苏东坡说,倘若老方丈肯把诵经时用来打木鱼的木槌借给妓女一用,他就立刻写一首诗向老方丈谢罪。结果苏东坡作了下面的小调给那个妓女唱：

师唱谁家曲，宗风嗣阿谁。借君拍板与门槌，我也逢场作戏莫相疑。

溪女方偷眼，山僧莫皱眉，却愁弥勒下生迟，不见阿婆三五少年时。

这正是戏台上小丑的独白，甚至持法甚严的大通禅师也大笑起来。苏东坡和那个妓女走出禅房向别人夸口，说他俩学了"密宗佛课"。

把女人与和尚分开是不可能的，至少在中国文学上是如此。和尚的故事，往往是女人的故事，而女人的故事也往往是和尚的故事。在东方西方是一样的，在一般世俗人的心里，对那些独身主义者总是暗怀恶感，因为他们向天下宣称他们没有男女之欢的生活，不同于一般人。而对独身主义者暗怀的恶感，就增强了薄伽丘《十日谈》小说的流行。再者，和尚与女人之间的艳闻，比商人与女人之间的艳闻可就使人觉得精彩多了。

苏东坡做杭州通判时，有一次，他曾判决一件与和尚有关的案子。灵隐寺有一个和尚，名叫了然。他常到勾栏院寻花问柳，迷上了一个妓女，名叫秀奴。最后钱财花尽，弄得衣衫褴褛，秀奴便不再见他。一夜，他喝得醉醺醺之下，又去找秀奴，吃了闭门羹。他闯了进去，把秀奴打了一顿之后，竟把她杀死。这个和尚乃因谋杀罪而受审。在检查他时，官员见他的一只胳膊上刺有一副对联："但愿同生极乐国，免教今世苦相思。"全案调查完竣，证据呈给苏东坡。苏东坡不禁把判决词写成下面这个小调儿：

这个秃奴，修行忒煞，云山顶上空持戒。一从迷恋玉楼人，鹑衣百结浑无奈。毒手伤人，花容粉碎，空空色色今安在，臂间刺道苦相思，这回还了相思债。

和尚押赴刑场斩首示众。像以上的这两首小调儿，因为是用当日的口头话写的，大家自然口口相传，对这位天才怪诗人的闲谈趣语又加多了。

在那些名人逸事中，有一本是关于苏东坡和他那喜爱寻欢取乐的朋友佛印的故事。那时节，苏东坡对佛学还没有认真研究，在他四十岁以后，在黄州时，他才精研佛学。但杭州的几个和尚成了他最好的朋友，后来他在镇江、金陵、庐山，又交了些和尚朋友。在那些人中，至少有两个——惠勤和参寥（道潜），是诗人学者，颇为人所尊敬。由那些随笔逸闻上看，佛印并不算重要。但是佛印是以风流潇洒出名的，而且在一般通俗说部里，佛印比参寥更常为人提到是苏东坡的朋友。

佛印根本并不打算出家为僧，并且他出身富有之家。根据一个荒唐故事，他的生身之母也就是李定的母亲。显然他母亲是个放荡不羁的女人，曾出嫁三次，和三个丈夫各生过一个儿子，在当年是不可多见的。在皇帝对佛教徒赐予接见，以示对佛教抱有好感时，苏东坡就把此人推荐上去。佛印在皇帝驾前力陈对佛教的虔诚信仰。皇帝一看，此人颀长英俊，面容不俗，说他若肯出家为僧，慨允赐他一个度牒。佛印当时进退两难，只好答应出家。他在杭州时，常在一队仆从侍奉之下，乘骡出游，与出家苦修的生活相去十万八千里了。

佛印富有机智捷才。在他和苏东坡有点儿哲理味道的故事中，有一个是这样的。一天苏东坡和佛印去游一座寺院，进了前殿，他俩看见两个面貌狰狞可怕的巨大金刚像——一般认为能伏怪降魔，放在门口当然是把守大门的。

苏东坡问："这两尊佛，哪一个重要？"

佛印回答："当然是拳头大的那个。"

到了内殿，他俩看见观音像，手持一串念珠。

苏东坡问："观音自己是佛，还数手里那些念珠何用？"

佛印回答："噢，她也是像普通人一样祷告求佛呀。"

苏东坡又问："她向谁祷告？"

"向她自己祷告。"

东坡又问："这是何故？她是观音菩萨，为什么向自己祷告？"

佛印说："你知道，求人难，求人不如求己呀！"

他俩又看见佛桌上有一本祷告用的佛经。苏东坡看见有一条祷告文句：

咒咀诸毒药，所欲害身者。
念彼观音力，还着于本人。

苏东坡说："这荒唐！佛心慈悲，怎肯移害某甲之心去害某乙，若真如此，佛便不慈悲了。"

他请准改正此一祷告文句，提笔删改如下：

咒咀诸毒药，所欲害身者。
念彼观音力，两家都没事。

在苏东坡与佛印富有讥讽妙语的对话中，大都是双关语，难以译成另一国文字，不过下面有一条。

"鸟"这个字有一个意思，在中国俚语中颇为不雅。苏东坡想用此一字开佛印的玩笑。苏东坡说："古代诗人常将'僧'与'鸟'在诗中相对。举例说吧，'时闻啄木鸟，疑是扣门僧'。还有'鸟宿池边树，僧敲月下门'。我佩服古人以'僧'对'鸟'的聪明。"

佛印说："这就是我为何以'僧'的身份与汝相对而坐的理由了。"

这些逸事中总是说这位和尚斗智胜过了苏东坡这位诗人。我疑心这些故事都是佛印自己编的。

根据现在可知的记载，中国的娼妓制度，创始于春秋的管仲，他定这种办法作为士兵的康乐活动。甚至在苏东坡时代，还有官妓，当然另有私娼。但是中国却有一种特殊的传统发展出来，就是出现了一种高级的"名妓"，与普通的娼妓大为不同，她们在中国文学史上崭露头角，有些自己本人就是诗人,有些与文人的生活密切相关。她们这一阶层,与中国歌曲音乐史的发展,以及诗歌形式的变化,密不可分。中国诗歌经文人亦步亦趋、呆板生硬地模仿一段时期之后,已成了一连串的陈词滥调,这时往往是这种名妓创一种新形式,再赋予诗蓬勃的新生命,可以说音乐与诗歌是她们的特殊领域。因为演奏乐器与歌唱都受闺阁良家女子所歧视,原因是那些歌词都离不开爱与情,认为对情窦初开的少女有害,结果音乐歌舞便完全由歌伎保存流传下来。

在苏东坡时代的生活里,酒筵公务之间与歌伎相往还,是官场生活的一部分。和苏格拉底时代名女人阿斯帕西娅参加男人的宴会相比,也没有什么丢脸的。歌伎在酒席间招待,为客人斟酒,为大家唱歌。她们之中有不少颇有天赋,那些会读书写作擅长歌舞的,多为文人学者所罗致。因为当时女人不得参与男人的社交活动,男人需求女人相陪伴,只好向那些职业性的才女群中去寻求快乐。有时,那种调情挑逗却是纯真无邪,也不过是戏谑而已,倒有几分像现在的夜总会的气氛。歌伎唱的都是谈情说爱的歌曲,或轻松,或世故,或系痴情苦恋,或系假意虚情,或暗示云雨之情,或明言鱼水之欢。高等名妓也颇似现代夜总会的歌女艺人,因为芳心谁属,可以自由选择,有些竟有不寻常的成就。宋徽宗微服出宫,夜访名妓李师师家。总之,当时对妓女的看法,远较今日轻松。美国曼哈顿的诗人今日不为歌女写诗,至少不肯公然出版,可是当日杭州的诗人则为歌女公然写诗。即使是颇负众望的正人君子,为某名妓写诗相赠也是寻常事。在那个时代,不但韩琦、欧阳修曾留下有关妓女的诗,甚至端肃严谨的宰相如范仲淹、司马光诸先贤,也曾写有此类情诗。再甚至精忠爱国的民族英雄岳飞,也曾在一次宴席上写诗赠予歌伎。

只有严以律己的道学家,立身之道完全在一"敬"字,同于基督教的"敬畏上帝",只有这等人才特别反对。他们有一套更为严厉的道德规范,对淫邪特别敬而远之。道学家程颐——苏东坡的政敌,在哲宗皇帝才十二岁时,就警告皇帝提防女人淫邪的诱惑。这位年轻皇帝竟那么厌恶这种警告,到他十八岁时,只有一个女人就把他说服了,使他相信那个女人是对的,而那位道学家是错的。有一次,程颐的一个学生写了两行诗,论"梦魂出窍",在梦中去找女人,程颐大慌,喊道:"鬼话!鬼话!"大儒朱熹也是深深畏惧女人的诱惑,正人君子胡铨十年放逐,遇赦归来,写了两行诗:"君恩许归此一醉,傍有梨颊生微涡。"朱熹在感叹之下写出了一首七绝:

十年浮海一身轻，归对梨涡却有情。
世上无如人欲险，几人到此误平生。

正相反，苏东坡对性持较为诙谐的看法。在他著的《东坡志林》里，他在黄州时曾写有下列文字：

昨日太守杨君采、通判张公规邀余出游安国寺。坐中论调气养生之事。余云："皆不足道，难在去欲。"张云："苏子卿吃雪啖毡，蹈背出血，无一语少屈，可谓了生死之际矣，然不免为胡妇生子，穷居海上。而况洞房绮疏之下乎？乃知此事不易消除。"众客皆大笑。余爱其语有理，故为记之。

苏东坡一生，遇有歌伎酒筵，欣然参与，决不躲避。十之八九歌伎求诗之时，他毫不迟疑，即提笔写在披肩上或纨扇上。下面即是一例：

停杯且听琵琶语，细捻轻拢。醉脸春融。斜照江天一抹红。

苏东坡写了有关女人的抒情诗，但从来不写像他朋友黄庭坚写的那种艳诗。

宋朝的歌伎使一种诗的新形式流行起来，那就是词。苏东坡不但精通此道，而且把此前专供谈情说爱的词，变成表达胸怀感想的文学形式。他的词中最好的是《赤壁怀古》（调寄《念奴娇》），对三国英雄人物发思古之幽情。李白、杜甫早于苏东坡三百余年，使绝句和律诗成为诗体之正宗，多少杰出的诗人竞相模仿。但是律诗，每句五言或七言，中间两副对子，已经陈腐，诗人都想有所创新。但是观瀑、白鹭、柳荫等的情调早已发现用厌,唐代诗人淋漓的元气与强烈的感情也已不复存在。更可怕的是,甚至诗的辞藻都是陈旧比喻的重复,那些比喻一用就令人生厌。苏东坡在他一首咏雪诗前面的小序里说,决不用"盐"这个字指雪,"雪"这个字总是胜过"盐"。唐诗的主题已经用滥,在文字上,有些作者总喜欢蹈袭前人的诗句,也有些博学的读者,一看便知道诗中思想与辞藻的来源,因此有会心的微笑。评注家的努力只限于寻出某些生僻词语的出处,得到机会以博学自炫。结果,做诗集评注的人并不以阐述判断诗的含义为要务,而以指出某些词语之出处为已足。

从诗的衰微沉滞状态解救出来,一定有待于一种新的诗体的发展,而这种发展却有待于歌伎使之普及流行。宋词的文字清新活泼,比唐诗更近于口语,后来的元曲比宋词则又更近于口语。词只是根据乐谱填出的歌曲,所以不说"写词",而说"填词"。在词里,不像唐朝绝句律诗每行字数固定,行的长短有了变化,完全配合歌曲的需求。

在苏东坡时代,词这种诗的新形式正在盛极一时。由于苏东坡、秦少游、黄庭坚,以及宋代别的词人如晏几道、周邦彦等的创作,词这一体的诗成了宋朝诗的正宗。苏东坡在杭州时才发现了词,极其喜爱,从在杭州的第二年开始大量填词。但是词只是一种抒情诗,内容歌咏的总是"香汗""罗幕""乱发""春夜""暖玉""削肩""柳腰""纤指"等等。这种艳词与淫词从何处何时划分开,完全在于词人对素材处理的手法。情欲和纯爱在诗中之难划分,正如在现实人生中之难划分一样。无可避免的是,诗人,也像现代有歌舞助兴的餐馆的艺人一样,偏爱歌唱伤心断肠的悲痛、爱的痛苦、单恋的思念。他们歌咏的是闺中的少妇怨女,怅然怀念难得一见的情郎,默然自揽腰围,悄然与烛影相对。其实,女人的魅力全在她的娇弱、无依无靠,她的芳容憔悴,她那沉默无言的泪珠儿,她那睡昏昏的情思,她的长宵不寐,她的肝肠寸断,她的茶饭不思,她的精神不振,以及一切身心两方面的楚楚可怜——这一切,和穷苦一样,都显得有诗意美感。这些文词都与"苏媚"一词相似,而含有色欲淫荡的意思。苏东坡不但成为有宋一代的大词家,而宋词之得以脱离柔靡伤感的滥调儿,要归功于苏东坡,至少他个人是做到了。

根据记载,苏东坡没有迷恋上哪个歌伎,他只是喜爱酒筵征逐,和女人逢场作戏,十分随和而已。他并没有纳妾藏娇,倒是有两个女人与他特别亲密。才女琴操听从了他的规劝,自己赎身之后,出家为尼;朝云,后来成了他的妾，当时才十二岁。我们以后再提她。

现在有一份宋拓苏字帖，上面记有一个妓女的一首诗，叫作《天际乌云帖》，是从帖中第一句诗得名的。帖里说的是营妓周韶的故事，周韶曾赴宴席侑酒。她常和书家兼品茶名家蔡襄比赛喝茶，都曾获胜。苏东坡经过杭州，太守陈襄邀宴，周韶也在座。宴席上，周韶请求脱除妓籍，客人命她写一首绝句。周韶提笔立成，自比为笼中白鹦鹉"雪衣女"。诗曰：

陇上巢空岁月惊，忍看回首自梳翎。
开笼若放雪衣女，长念观音般若经。

席上其他诗人也写诗为念。苏东坡补言当时周韶正在居丧，着白衣。众人都受感动，周韶遂脱籍。

过这样的官场生活，自然需要做妻子的信任和理解。要做一个好妻子，主要是如何物色一个好丈夫；从反面说，要做一个好丈夫，主要就是如何物色一个好妻子。有一个好妻子，则男儿不违法犯纪，不遭横祸。苏东坡的妻子知道她嫁的是一个人人喜爱的诗人，也是个天才，她当然不会和丈夫去比文才和文学的荣誉。她早已打定主意，她所要做的就是做个妻子，一个贤妻。她现在已生了两个孩子。做一个通判的妻子，她有一个舒服的家，享有社交上的地位。她还依然年轻，二十四岁左右。丈夫才气焕发，胸襟开阔，喜爱追欢寻乐，还有——是个多么渊博的学者呀！但是佩服丈夫的人太多了——有男的，也有女的！难道她没看见公馆南边那些女人吗？还有在望湖楼和有美堂那些宴会里的。新到的太守陈襄，是个饱学之士，在他们到差之后一年来的，这位太守把对外界的应酬做得很周

第十一章 诗人、名妓、高僧

到，官妓自然全听他们召唤。另外还有周邠、鲁少卿等人，并不是丈夫的真正好朋友。歌伎们都有才艺，会唱歌曲，会弹奏乐器，她们之中还有会作诗填词的。她自己不会作诗填词，但是她懂那些文句。那些诗词她也觉得熟悉，因为她常听见丈夫低声吟唱。她若出口吟唱，那可羞死人！高贵的夫人怎么可以唱词呢？她丈夫去访那些赤足的高僧——惠勤、辩才，还有那些年高有德的长胡子的老翁，她反倒觉得心里自在点儿。

苏夫人用了好几年的工夫才摸清楚丈夫性格，那是多方面的个性，既是乐天达观、随遇而安，可是有时又激烈而固执。到现在她倒了解一方面，就是他不会受别人影响，而且你无法和他辩论。另一方面，倘若他给歌伎题诗，那又何妨？那是当然的。他对那些职业性的女艺人，决不迷恋。而且她听说他曾把一个歌伎琴操劝服去遁入空门修道为尼呢！琴操真有很高的宿慧，诗与佛学一触即通。苏东坡不应当把白居易写歌伎末路生活的诗句念给琴操听。苏夫人聪明解事，办事圆通，她不会把丈夫反倒推入歌伎的怀抱。而且，她知道丈夫这个男人是妻子管不住的，连皇帝也没用。她做得最漂亮——信任他。

她是进士的女儿，能读能写，但是并非一个"士"。她只为丈夫做眉州家乡菜，做丈夫爱喝的姜茶。他生病时，多么需人照顾啊！若丈夫是诗人，因而有些异乎寻常之处，那是应当的。丈夫知道有书要读，上千上百卷的书，做妻子的也知道要管家事，要抚养孩子，要过日子。因此，她愿忍受丈夫睡觉时有名的雷鸣般的鼾声——尤其是酩酊大醉之时。

这些先不说，与这样人同床共寝，真得承认这个床头人是够怪的。妻子在床上躺着难以入睡，听着丈夫打鼾，却不能惊醒他。在他入睡之前，他要不厌其烦地把被褥塞好。他要翻来覆去把躯干四肢安放妥帖，手拍被褥，直到把自己摆放适当又自在又舒服为止。他身上倘若有地方发僵发痒，他要轻轻扛，轻轻揉。这些完毕，这才算一切大定。他要睡了，闭上眼，细听气血的运行，要确待呼吸得缓慢均匀而后可。他自言自语道："现在我已安卧。身上即使尚有发痒之处，我不再丝毫移动，而要以毅力精神克服之。这样，再过片刻，我浑身轻松安和直到足尖。睡意已至，吾入睡矣。"

苏东坡承认，这与宗教有关系。灵魂之自在确与身体之自在有关联。人若不能控制身心，便不能控制灵魂。这以后是苏东坡一件重要的事。苏东坡在把自己睡眠的方法向两个弟子讲解之后，他又说："二君试用吾法，自当识其趣，慎无以语人也。天下之理，能戒然后能慧，盖慧性圆通，必从戒谨中人。未有天君不严而能圆通觉悟者也。"

后来，苏夫人还发现夜里和黎明时，丈夫习惯上要有更多的改变。用细梳子拢头发和沐浴是这位诗人生活中的重要大事。因为在那一个时代，若有人细心观察人的身体及其内部的功能，并注意草药及茶叶的研究，再无别人，只有苏东坡。

苏夫人头脑清爽而稳定，而诗人往往不能。丈夫往往急躁，灰心丧气，喜怒无常。苏夫人有一次在一个春天的月夜，作了一个比照说："我对春天的月亮更为喜爱。秋月使人悲，春月使人喜。"数年后，在密州，他们正过苦日子，苏东坡对新所得税至为愤怒，孩子揪着他的衣裳对他晓晓不休。

他说："孩子们真傻！"

苏夫人说："你才傻。你一天闷坐，有什么好处？好了。我给弄点儿酒喝吧。"

在一首诗里记这件事时，苏东坡觉得自己很丢脸，这时妻子洗杯子给他热酒。这当然使他很欢喜，他说他妻子比诗人刘伶的妻子贤德。因为刘伶的妻子不许丈夫喝酒。

但是在苏东坡的心灵深处有一件事，人大都不知道，苏东坡的妻子一定知道，那就是他初恋的堂妹，不幸的是我们无法知道她的名字。因为苏东坡是无事不肯对人言的人，他一定告诉过他妻子。他对堂妹的深情后来隐藏在两首诗里，读苏诗的人都略而未察。

苏东坡并没常年住在杭州，而是常到杭州的西南、西部、北部去。由神宗熙宁六年（一〇七三）十一月到次年三月，他到过附近的上海、嘉兴、常州、镇江，这些地方在宋朝时都属于浙江省。他的堂妹现在嫁给了柳仲远，住在镇江附近。他在堂妹家住了三个月，他虽然写了大量的旅游诗记述这次旅行，并且常和堂妹的公公柳瑾一同写作游历，却一次也没提到堂妹丈夫的名字，也没写过一首诗给他。他写过一首诗记堂妹家的一次家宴，还写过两首诗论书法，那是堂妹的两个儿子请他题字时写的。苏东坡对柳瑾这个诗人和书法家的成就颇为器重，对堂妹的孩子也很顾念。但是到堂妹家盘桓却对堂妹的丈夫一字不提，实在难以理解。

此行写的两首诗，暗含有对堂妹的特别关系。一首诗是他写给刁景纯的，主题是回忆皇宫内的一株花，其中有下面的句子：

厌从年少追新赏，
闲对宫花识旧香。

那时他并没坐对宫花，因为他并不是正置身于皇宫之内。他说"厌从年少"的伴侣时，他显然是描写自己；而"花"照例是女人的象征，"旧香"可能指一段旧情。

这个暗指在另一首诗里更为清楚。那是给杭州太守陈襄的。主题是说春归太迟，误了牡丹的开花时节（诗前叙言颇长）。诚然不虚，他回到杭州时，牡丹的花季已过，这是暗示少女已嫁，今已生儿育女，则极明显，并且在咏牡丹的一首诗里也没有理由用两次求爱已迟那么明显的典故。为明白这两个典故，要说明一下。在唐朝有一个少女杜秋娘，在十五岁时写了下面一首诗：

劝君莫惜金缕衣，劝君须惜少年时。
花开堪折直须折，莫待无花空折枝。

"空折枝"便表示误了求爱时期。唐朝杜牧与杜秋娘同时，也写出了下面的一首诗：

自是寻春去较迟，不须惆怅怨芳时。
狂风落尽深红色，绿叶成阴子满枝。

自从杜牧写了这首诗，"绿叶成阴子满枝"就用来表示少女成了母亲之意，更因为中文的"子"既代表"果子"，又代表"儿子"。

在苏东坡那首诗里，思想似乎并不连贯，并且特别用"金缕""成阴结子""空折枝"这些字眼儿。他的诗如下：

羞归应为负花期，已见成阴结子时。
与物寡情怜我老，遣春无恨赖君诗。
玉台不见朝酺酒，金缕犹歌空折枝。
从此年年定相见，欲师老圃问樊迟。

这首诗给陈襄，或是赋牡丹，都不相宜，仔细一看，连与诗题都漠不相关，"成阴结子"与牡丹更无关系。他也没有理由要太守陈襄"怜我老"。"从此年年定相见"是分别时的语句，这里用于归见同僚，而且苏东坡心中绝无心在陈太守邻近安居务农的打算。倘若说这首诗确是写给陈太守的，用"绿叶成阴"求爱已迟，必然是够古怪的。诚然，在唐朝这类诗里，中间两联里字的词性要同类相对，中间两联有时只做点缀之用，前后两联才真用以表达作者的情思；不过唐律之上品仍然全首有整体性的。苏东坡写的诗里用几行空洞无物的句子充数的坏诗，可少见得很。若从另一角度观之，看作是他写给堂妹的，则这首诗在主题和思想上便很完整了。第一句说此次归来实感羞愧，因自己误了花时，也可以说误了堂妹的青春时期。第二句分明说她已儿女成行。第三句求她同情，又表示自己的孤独寂寞。第四句说因有她相伴，今春过得快活。第五和第六句说明他对求婚已迟感到歉疚。第四联自不难解。苏东坡这时写了一首诗，表示愿在常州安居下来，这样离堂妹家不远。他后来的确按照计划在常州买了房子、田地，他后来就在常州去世的。

我知道敬爱苏东坡的人会不同意我的说法，怪我说苏东坡暗恋堂妹。这是否在苏东坡的品格上算个瑕疵,看法或因人而异。这事如果属实,并且传到人耳朵里,那些道学家必会谴责苏东坡。不过自古至今,堂兄妹、表兄妹却不断相恋。但苏东坡不能违背礼俗娶自己的堂妹,因为她也姓苏。

苏东坡游镇江时,在焦山一个寺院的墙上题了一首诗,西方的读者对此最感兴趣。苏东坡料必知道唐朝段成式在《酉阳杂俎》中所写《叶限》那篇短故事,述说小姑娘叶限受继母和后妹折磨,丢了鞋,后来嫁给国王的经过。但是据我所知,苏东坡是第一个记载老翁睡眠时怎么安排自己须子的人。他用一首简易的韵语说一个有长须的人,从来没想过在床上怎么安排自己的胡子。一天,有人问他睡觉时胡子放在什么地方。那天夜里他开始惦记他的胡子,他先把胡子放在被子外面,后来又放在被子里面,又放回外面,折腾了一夜没合眼。第二天早晨,他一直感觉坐立不安,心想最好的办法是把胡子剪掉。由那首诗看来,那只是通俗故事,不是苏东坡创作的。

在这里我们不妨提一下"眇者不识日"的故事,这倒是苏东坡第一个想到的,这篇寓言写在密州。爱因斯坦似乎在什么地方引用过这篇故事,来说明一般人对相对论的看法。

日 喻

生而眇者不识日,问之有目者。或告之曰:"日之状如铜盘。"扣盘而得其声。他日闻钟,以为日也。或告之曰:"日之光如烛。"扪烛而得其形。他日揣籥,以为日也。日之与钟、籥亦远矣,而眇者不知其异,以其未尝见而求之人也。道之难见也甚于日,而人之未达也,无以异于眇。达者告之,虽有巧譬善导,亦无以过于槃与烛也。自槃而之钟,自烛而之籥,转而相之,岂有既乎!故世之言道者,或即其所见而名之,或莫之见而意之,皆求道之过也。

说也奇怪,这篇寓言是苏东坡在殿试时写的。他用以讽刺当时学者盲从王安石的《三经新义》。

苏东坡这个人物个性太复杂,方面太多,了解不易。因为他精通哲理,所以不能做道学家;同样,也因为他深究儒学,故也不能为醉汉。他对人生了解得太透彻,也对生活太珍惜,自然不愿把生活完全消耗于醇酒妇人之间。他是爱自然的诗人,对人生抱有一种健康的神秘看法。这个看法永远与深刻精确地了解自然密不可分。我相信,没有人与大自然、春夏秋冬、雨雪、山峦谷壑亲密相处,并接受大自然赐予人的健康治疗的力量后,而同时对大自然还会抱有一种歪曲偏颇的看法。

在熙宁六年(一〇七三)九月九日,他拒绝去参加重阳节的宴会。他躲开了朋友,自己去泛舟为乐。按照重九的风俗,他破晓之前起身,到西湖上访孤山的两位僧人。那天晚上,他一人独坐舟中,凝视山顶有美堂窗内射出的灯光,那时他的同僚正在那里一间大厅里欢呼畅饮。他给一个同事周邠写出下面的一首七律:

霭霭君诗似岭云,从来不许醉红裙。
不知野屐穿山翠,惟见轻桡破浪纹。
颇忆呼卢袁彦道,难邀骂座灌将军。
晚风落日元无主,不惜清凉与子分。

第十二章　抗暴诗

我们最好记住，即便是在天堂般的杭州，也不是遍地荷花牡丹的。苏东坡也不能一直放声大笑纵情高歌，一直演独角丑儿戏，一直月夜泛舟湖上，因为还有一万七千囚犯，因无力还债，因贩卖私盐正待审判，有蝗灾尚待扑灭，有盐渠尚待疏浚，有饥馑尚待调查。在苏东坡这一段生活中写的数百首诗里，很难找到何者是主要的情调。他写戏谑讽刺诗、启人灵思的山水诗、荡气回肠的爱情诗，有的诗轻松愉快惹人大笑，有的诗辛酸凄苦令人落泪。可是在表面的嬉笑欢乐之下，在筵席上的戏谑打趣之下，却是一片不安、失望、忧伤，甚至恐惧的气氛。再没有别人把人民的心情反映得更充分，别的作家要表达的，现在苏东坡都用美妙的诗歌表达出来：表达得更为清楚而深刻。可是要知道，苏东坡是离京在外，内心还有以前的创伤。对现时政局演变的方向，他感到不安，感到了隐忧。这种忧伤，他灵魂感受得比别人更敏锐。看他用多么美妙的诗句表达出来：

天静伤鸿犹戢翼，月明惊鹊未安枝。

他在密州写的一首诗，是寄给乔太傅的，综括熙宁四年（一〇七一）至九年，他在杭州、后来在密州那段写作多产时期他的一般态度：

百年三万日，老病常居半。
其间互忧乐，歌笑杂悲叹。
颠倒不自知，直为神所玩。
须臾便堪笑，万事风雨散。
自从识此理，久谢少年伴。

在另一首给孔文仲的诗里，他流露出对声势煊赫的官场气派的蔑视：

我本麋鹿性，谅非伏辕姿。
…………
闻声自决骤，那复受絷维。
…………
金鞍冒翠锦，玉勒垂青丝。
旁观信美矣，自揣良厌之。
…………
人生各有志，此论我久持。
他人闻定笑，聊与吾子期。

跟着他有朗朗笑声的歌，我们也听到怒吼和叹息；在鹭鸶的鸣声之外，我们又听见监狱中的呻吟声；在水车上潺湲的水声之外，我们又听到农村老妪的悲叹声；湖滨楼头的庆祝喧哗声里，我们也听到稀疏灰发人绝望的幽怨声。

苏东坡此人，是不可以预测的。他在诗的开端，习惯上总是出之以轻松自然，随之用一两个历史上的典故，再往后，谁也不知道会有什么出现，诗人他自己更不知道。有时，他笔下写出虽不相连贯的东西，却构成了惊人的妙文；一首毫无用意的歌，记载刹那之间奇特的印象，然后忽然一变为苛酷、为讽刺、为寓有深意的讥评。他不愧为诗文大家，动起笔来，真是"如行云流水，常行于所当行，常止于所不可不止"。他的风格属于那全任自然一发不能自已的一类。在朝廷上最厌恶清议之时，他这种风格是必然会给自己招致麻烦的。

苏东坡不知道他下一行写什么，而且也并不在意。在他那天才横溢之下，他往往抓住一个题目就接连写四五首诗，而且用同样的韵。有一首诗，开始就写天欲雪的气氛，他这样开始：

天欲雪，云满湖，楼台明灭山有无。

接到他诗的朋友寄和诗回来，苏东坡又答以诗寄回去，诗的开头如下：

兽在薮，鱼在湖，一入池槛归期无。

朋友再和，他又寄第三首如下：

东望海，西望湖，山平水远细欲无。

第四首开头如下：

君不见，钱塘湖，钱王壮观今已无。

他的第二首诗惹出了麻烦，因为他的思路一直顺着鱼和兽失去了自由的方向发展下去。从此处一步就会跳到在监狱中被鞭打的囚犯，还有那些囚犯的妻子儿女也被关入监狱的事。在这些长诗里，他必须押前面字句的韵，而思想也自然要顺着那些同韵的字发展。这诗里有两个要押的韵脚，一个是"逋"，一个是"摹"。在一首诗里他说"作诗火急追亡逋"，在另外一首诗里自然写出"岁荒无术归亡逋"。在押"摹"字韵时，他写出"孤烟落日不可摹"；但在另一首诗写囚犯时,他又说"鹄则易画虎难摹"——这分明是指暴政了。

苏东坡这个人,快乐时很难说不快乐,不快乐时也难做快乐状。好多朋友和他通信,彼此作诗相酬唱。这时刘恕和李常都在九江,孙觉在湖州,在杭州北不远。这些都是反对王安石新政的一批朋友,现在都在东南各地为官。他们都对时局感到厌恶,因为当时王安石仍未失势,他们不像以前那么激烈,意见姑且放在心头。韩琦和欧阳修已死,富弼和范镇退隐林下,司马光潜心治学,张方平纵情饮酒,东坡之弟子由则明哲保身,闭口不言时事。只有苏东坡不够圆滑。在看见人民陷于水深火热之中,这时应当不应当不顾后果,坦率表示自己的感慨,这是一个问题。也许苏东坡从来没想过这个问题。所以,他一边写令人心旷神怡、可惊可喜的田园诗,同时也写乡间并不那么美丽的诗。他若不是疯狂得不顾利害,便是义愤填膺

现存的清代监狱

古建筑 清代 河南省内乡县
我国夏代把监狱称为"夏台",周代的监狱称"圜土""囹圄",已经有了管理监狱的专职官吏。春秋之际,监狱已初具规模,秦汉时期更是出现了名目繁多的监狱,身份不同的人被分别关押在不同的监狱。监狱也称南监,这是因为明清时期的监狱均位于衙门大堂的西南方向。

第十二章 抗暴诗

不能自制。他知道他的诗很快就会传到京师,但是他却毫不在乎。

苏东坡写的这些诗,渐渐累积成卷,若认真看看某些行是否足以证明他蔑视当政者的威信,倒也有趣。单独看,那些句子只是偶一置评;但合起来看,则是些动人的抗暴诗。少数几个例子,便已足够。他用平易的文字写被征调的人民挖通运河以通盐船。他以官员之身监督工人,亲眼看见黎明之时,工人闻号声而聚集开工,他用寥寥几个字便写出"人如鸭与猪,投泥相溅惊"。

在到杭州西南的富阳时,他写出天放晴时清新可喜的诗句,开始如下:

东风知我欲山行,吹断檐间积雨声。
岭上晴云披絮帽,树头初日挂铜钲。

但是他还是无法对其他情形闭目不见,他在歌咏"春入山村处处花"时,也写农民的食粮。农民正在吃竹笋,他说竹笋好吃,但是没有咸味,因为"尔来三月食无盐",原因是朝廷的专卖食盐扼杀了盐业。他若一放手写去,就无法节制,他会写出农民的儿子私用农民的贷款,停留在城内把钱挥霍净尽,回家时两手空空,只学到一口京腔而已,因为官家很精明,在放款处附近就开设了酒馆和娱乐场所。

他往北游到太湖地区,看见好友,高大长须的孙觉。他这位书画名家,在友人的名家书法集上题了一首诗。在诗里他说的也是:"嗟余与子久离群,耳冷心灰百不闻。"他写了一首极美的诗描写水车泻出的水流,他起的题目是"吴中田妇叹":

今年粳稻熟苦迟,庶见霜风来几时。
霜风来时雨如泻,把头出菌镰生衣。
眼枯泪尽雨不尽,忍见黄穗卧青泥。
茅苫一月陇上宿,天晴获稻随车归。
汗流肩赪载入市,价贱乞与如糠粞。
卖牛纳税拆屋炊,虑浅不及明年饥。
官今要钱不要米,西北万里招羌儿。
龚黄满朝人更苦,不如却作河伯妇。

他也写快乐的诗歌，给杭州钱塘江潮时的"弄潮儿"。每年八月中秋，各地人都自老远跑到钱塘江岸边观看潮水自海外奔腾而至，不停高涨，涌入狭窄的钱塘江口。在高潮来临之前，总是举行水上特技表演。现在我们还不清楚当年是如何在波涛上漂浮的。在水上表演的人名叫"打浪儿"，似乎是那些深识水性的人乘小舟出海，船上饰以红绿旗帜，出去迎接涌来的高潮。苏东坡给那些"打浪儿"编出通俗的歌曲唱。歌曲里说雪白的浪花吞没了"打浪儿"的红旗帜，浪潮遮蔽住半个越山的景色。但是，他也写出早晨酒醒后内心的感触：

众人事纷扰，志士独悄悄。
何意琵琶弦，常遭腰鼓闹。
三杯忘万虑，醒后还皎皎。
…………
忧来自不寐，起视天汉渺。
阑干玉绳低，耿耿太白晓。

在日后引起是非的一首诗里，他挖苦了当权派，把他们暗比作夜鸮。他那时正同周邠游历岭南。根据记载，后来在审问苏东坡时，岭南的一个太守草拟了一篇呈文，请求简化免役钱的征收。这位太守曾经带着呈文经过杭州到京都，现今南返，他在杭州告诉苏东坡说："我被夜鸮逐回矣。"

苏东坡问他："你的话什么意思？"那位太守说他曾携带呈文到京都，将呈文递交一个税吏，税吏命武装侍卫送他出城。苏东坡看那篇文字，发现所提的是一个很好的简化征收办法。

苏东坡又问："你说夜鸮是什么意思？"

太守回答说："这是一个很通俗的寓言。一天，一只燕子和一只蝙蝠争吵起来。燕子认为日出是一天之始,而蝙蝠则认为日落是一天之始。两鸟相持不下,它们去请教凤凰。在路上,它俩遇见一只鸟,那个鸟向它们说,'近来我们没有看见凤凰。有的鸟说它请假不在,有的说它正在睡一大觉。现在夜鸦正在代替它的职位。你们去问它也没有用'。"

苏东坡写的那首诗,是给周邠的,诗里显出消沉失望,大有退隐之意:

年来战纷华,渐觉夫子胜。
欲求五亩宅,洒扫乐清净。
....
独游吾未果,觅伴谁复听。
吾宗古遗直,穷达付前定。
....
奈何效燕蝠,屡欲争晨暝。

后来,这些诗都被当权派收集去仔细研究。内容并无煽动叛乱,没有公开批评,没有公然反对当局。但是这些诗却如蚊叮虫咬,令人觉得刺痛、烦扰、不安;这种刺激若是过多,也会扰人通宵,难以入睡。再加上苏东坡的一位好友王诜驸马把这些诗刊印出来,可就更使人烦恼。在诗是表情达意最通俗的文学形式的时代,两行巧妙的诗,比长篇大论的表章更有力量。而苏东坡当时是家喻户晓的,他的诗在文人雅集时是要歌诵的。对苏东坡的呼声不能再置之不理了。

在神宗熙宁七年(一〇七四)九月,苏东坡在杭州的任期届满。他弟弟子由那时正在山东齐州(治所在今济南)任职,苏东坡已经呈请调到山东去。他所请照准,这次他是升任密州太守,密州离青岛很近。他在密州只有两年,然后又调到徐州任太守,在徐州是从熙宁十年(一〇七七)到元丰二年(一〇七九)三月。

苏东坡在向杭州南山、北山上寺院的方丈至交告别之后,携眷起程北上。他妻子已经买了一个非常聪明的丫鬟,才十二岁,名叫朝云,她以后在苏东坡的生活里非常重要。

密州是一个很穷的地区,主要只长麻、枣、桑树,此地的生活和杭州有天渊之别。当时官员的薪俸已经减低,苏东坡在他《后杞菊赋》的序言中说:"余仕宦十有九年,家日益贫,衣食之奉,殆不如昔者。及移守胶西,意且一饱,而斋厨索然，不堪其忧。日与通守刘君廷式，循古城废圃，求杞菊食之，扪腹而笑。"

王安石已去职，现由吕惠卿当权，创行了新所得税法。免役钱的分派远非当地人民所能负担。这一时期苏东坡写的诗中曾说绕城而走，孩童死于道边葬埋尸体，热泪盈眶。几年后，他在一封信里曾提起他救了三四十个饥饿的孤儿，在自己家里抚养。

这是苏东坡最难过、最沮丧的一段时光；说也奇怪，这位大诗人在最难过的日子却写出了最好的诗歌。按照中国的标准说，到了这一时期，他的诗才达到完全成熟的地步。这时愤怒与苛酷的火气已无，只剩下安详平和与顺时知命的心境。甚至他对大自然之美的喜悦与生活中的乐事的享受，也比以前更洒脱而不执着。显然和他在杭州年轻时之富有火气大为不同了。他对陶渊明的诗越发爱好，他那首《西斋》诗和陶诗相比，简直可以乱真。在这首诗里，不但可以看到真正的宁静满足，还有与自然的浑然一体，以及对大自然本身的声音色彩显示出静谧的喜悦。原诗如下：

西斋深且明，中有六尺床。
病夫朝睡足，危坐觉日长。
昏昏既非醉，踽踽亦非狂。
褰衣竹风下，穆然濯微凉。
起行西园中，草木含幽香。
榴花开一枝，桑枣沃以光。
鸣鸠得美荫，困立忘飞翔。
黄鸟亦自喜，新音变圆吭。
杖藜观物化，亦以观我生。
万物各得时，我生日皇皇。

只有诗人达到这种与自然浑融为一时,他才能写出下面《吏隐亭》这样的诗句:

纵横忧患满人间,颇怪先生日日闲。
昨夜清风眠北牖,朝来爽气在西山。

从这种神秘观中,他获得了精神上的解脱,这种解脱正仿佛白云无心飘浮在山峰之上一般。他的《望云楼》诗如下:

阴晴朝暮几回新,已向虚空付此身。
出本无心归亦好,白云还似望云人。

说来也颇有趣,往往为了子由,苏东坡会写出最好的诗。苏东坡在由杭州到密州时,心中思念子由,他写了一首词,调寄《沁园春》:

孤馆灯青,野店鸡号,旅枕梦残。渐月华收练,晨霜耿耿,云山摛锦,朝露漙漙。世路无穷,劳生有限,似此区区长鲜欢。微吟罢,凭征鞍无语,往事千端。
当时共客长安,似二陆初来俱少年。有笔头千字,胸中万卷。致君尧舜,此事何难。用舍由时,行藏在我,袖手何妨闲处看。身长健,但优游卒岁,且斗尊前。

又在密州时,想起不能见面的弟弟,他写出了公认最好的中秋词。批评家说这首词写出之后,其他以中秋为题的词都可弃之不足惜了。这首词调寄《水调歌头》:

明月几时有?把酒问青天。不知天上宫阙,今夕是何年。我欲乘风归去,又恐琼楼玉宇,高处不胜寒。起舞弄清影,何似在人间?
转朱阁,低绮户,照无眠。不应有恨,何事长向别时圆?人有悲欢离合,月有阴晴圆缺,此事古难全。但愿人长久,千里共婵娟。

上面这首《水调歌头》是熙宁九年(一〇七六)苏东坡在密州时作的。

第十三章 黄　楼

甚至才高如苏东坡，真正的生活也是由四十岁才开始的。他现在就要进入他的徐州时期，也就是他的"黄楼"时期。苏东坡现在突然露出了他的本来面目。因为这是他人生中首次以行动为人所知，做事，兴建工程，忙于公众活动，从今以后他的生活都是具有这些特色的。过去在杭州，他始终充任辅佐官员，始终不能从事具有建设性的重要工作，在密州虽然身为太守，但是地方贫穷而偏远，也无由一展其行政才能。后来，他在被迫之下，暂时退隐，在政坛上韬光养晦。此后，一个充实、完满、练达、活跃、忠贞的苏东坡出现了，这才是我们所知道、百姓所爱戴的苏东坡，也是温和诙谐的百姓的友人兼战士的苏东坡——一个具有伟大人格的伟大人物。但是在他被捕遭受流放之前，他以徐州太守所表现的政绩，已经证明了苏东坡这个行动人物作为行政官员，也是个干练之才。

在熙宁九年（一〇七六）年底，苏东坡又调离了密州，改派至山西省西南端的河中府任职。次年正月，他路经济南入京，当时子由及其家室正在济南。子由不在，因为政局正在酝酿变化。这时，王安石、吕惠卿、曾布、邓绾已先后失势，王安石复相后，又再度罢相，无人预知下一步会出现何等局面。

子由为人沉静而果断。苏东坡过去一直不断上书论税政，论征兵法，请皇帝废止所得税。但是子由过去一直沉默，现在大概认为时机已至，可以放手一击，以求根本改变国策。王安石在十月已然最后失势，子由这时来不及等待兄长，已经携带改革政治的重要表章先行入京了。他的家眷仍住在济南，苏东坡到时，只有三个侄子站在城中雪地里迎接。那天晚上，大开盛宴，两家久别重聚，格外欢喜。济南为一大城市，比起密州，新鲜有趣，东坡停留了约一个月光景，直到熙宁十年（一〇七七）二月十日，两家才到黄河岸，离开封不远了。子由出城到离北岸三十里处迎接，兄弟二人在雪地途中亲热相处了好几天。子由告诉兄长调到河中府的任命已经取消，改任徐州太守。

他们到达京都时，遇到一件怪事。他们到了陈桥门，门吏告诉苏东坡不许他进城。这件事他弟弟子由曾经记录下来，只是始终没有令人满意的解释。我不相信这是皇帝的意思。也许是时局酝酿巨变，某些官员不愿让苏东坡见到皇帝；据我所知，皇帝也许根本不知道有这样一条命令。兄弟二人只好折回，住在好友范镇家，是在东外城。

这时，苏东坡的长子苏迈，已经十八岁，到了成家的年龄。钻研历史的学者，始终考证不出那位小姐是谁。我猜想他娶的是范镇的一个孙女。在苏东坡和范镇父子的通信里，他屡次称范家为姻亲。苏范两家到底是何等姻亲关系，尚待解释。范镇也是四川人，那时苏东坡正住在范家。随后两年，苏东坡帮助子由物色了两个佳婿，把子由的两个女儿嫁出去。一个是王适——"仙妻"传说主角王迥（字子高）的弟弟，另一个是画竹名家文与可的儿子。

儿子苏迈成婚后，苏东坡携眷东行，到徐州上任。子由也携眷到商丘任通判。他把家眷在张方平家安顿好之后，又与兄长东赴徐州，在徐州和兄长同住了三个月，才回到眷属那里。

徐州不仅是个大城市，它地控鲁南，一向为军事要冲。在过去各朝代，徐州四面皆有战事，今日仍位于津浦陇海两铁路交会之处。徐州离一个地区近在咫尺，此地区即在此后数十年内成为一个盗匪巢穴，受《水浒传》的渲染而出名。徐州位于河畔，南部高山耸立，下有深水急流，在城边流过。当地出产上等花岗岩、煤、铁，苏东坡时已开始开采。因此徐州也以产刀剑著称。苏东坡

《淇渭图》

王绂　明　中国台北故宫博物院藏

文同（字与可）特别擅长画竹子，有"墨竹大师"之称。他说自己只不过把心中的竹子画出来罢了，"胸有成竹"这个成语就是来源于他画竹的故事。此图画倒挂竹一枝，姿态秀妍，其墨竹画法显然继承了文同的画竹传统，着重表达萧散清逸的意韵。

喜爱此地的自然风光，鱼与螃蟹也种类繁多，故称之为"小住胜地"。

在八月二十一日，苏东坡到任三个月之后，洪水到了徐州。王安石以前曾设法疏浚过黄河水道，但是空花了五十万缗，工程竟归失败，负责工程的人畏罪自尽。黄河现在是在徐州以北约五十里处向东方决口，水势开始漫延，淹没了几百方里。水到徐州城边时，被城南的高山所阻，于是继续高涨，到了九月，水深达到两丈九尺。水高一度超过了徐州城内的街道。苏东坡奋不顾身，抢救城池，有几十天不回家过夜，住在城墙上的棚子里，监督加固外圈的城墙。富有之家纷纷逃难，苏东坡在城门口劝阻他们，以免引起人心惊惶。他说："我不走，你们最好也不要走。"这样把大家劝回去。此处不是细谈苏东坡建筑工程天才之所，不过也得说他是亲自参与了防堵工程的数字计算。在盘旋滚转的洪水势将越过东南外城墙时，他正在忙于加固城基和增加城高。防水工程长九千八百四十尺，十尺高，二十尺厚。完成这项工程，需要数千人之众。扑哧扑哧在泥里跋涉，他亲身到军营去见指挥官。因为禁卫军直接受皇帝命令，苏东坡恳求他们协助。指挥官欣然应允，他说："大人都亲自监工，我们自然应当尽力。"同时在徐州北方也正在准备把洪水引入以前的黄河旧水道，黄河在中国历史上曾改道多次。洪水威胁徐州城四十五天。在十月初五，黄河又回到旧水道，往东在靠近海州处入海，洪水才开始撤退。

百姓欢天喜地，感谢全城得救。但是苏东坡对临时的堤防感到不满，附以详细数字说明，修表呈奏朝廷，请求拨款，重建石头城墙，以防患于未然。空等好久之后，苏东坡修改了原定的计划，建议改用坚固的木材加固堤防，不再用石头。皇帝对他的成就特颁圣旨嘉许，在次年二月，朝廷拨予苏东坡三万贯，一千八百石米粮，七千二百个员工，在城东南建筑了一条木坝。在外围城墙上，由于苏东坡喜爱建筑，他兴工建筑了一座楼，一百尺高，名之为黄楼。后来"黄楼"一词成了苏东坡在徐州所作诗歌总集的名称，正如他在密州建筑的超然台，成了他在密州所写诗集的名称一样。

之所以如此命名黄楼，是因为对古老中国的宇宙论的信念而起。根据中国的宇宙论，宇宙中万物由金、木、水、火、土五行所构成。五行中每一行都代表一种性质，如坚硬、生长、流动、热、重等，这些性质都具有一种宇宙的意义，不但用以指物质的宇宙，也用以指生命的功能与人的个性行为，也可以用于男女的婚配。生命离不开五行的交互作用，比如相生相克。每一行皆有其颜色，正好象征那种元素的性质。说也奇怪，黄代表土，黑代表水，黄土因具有吸水力量，所以可以克服水。黄楼之命名即含有防水之意。

神宗元丰元年（一〇七八）九月初九，黄楼举行盛大落成典礼。苏东坡是由衷地欢喜。老百姓得免于水灾，建堤建楼费了半年工。黄楼属于全城的居民，分明是将来防洪的保障。落成仪式举行时，全城万人空巷，前来参加。一看黄楼耸立于东门之上，高一百尺，下面立有五十尺高的旗杆。楼的形状犹如一座宽广的佛塔。大家一起登楼，一览四周的景物。那天早晨，偏偏浓雾笼罩。他们往窗外瞭望时，只听见下面过往船只桨橹摇动碾轧作响的声音，大家觉得犹如置身于海船之上。不久，雾散日出，可以看见远处渔村错落，在巉岩嵯峨的山峰之下，有六七个庙宇罗列其间。老人觉得寒冷，苏东坡请他们先喝几杯热酒。往近处看，在南方，看见一个高台，以往用为赛马之地，今已建成一座寺院。由那座庙起，一道一里长的新堤防，顺着东城墙向北伸展。他们可以听到远处陆洪和百步洪波涛澎湃之声，与近处下面的鹅鸭之声相错杂。最后，摆设盛筵，款待来宾，有大乐队奏乐。

苏东坡写了一篇文章记此盛事，刻之于石，以垂久远。那块石碑，也经历非凡。后来苏东坡遭朝廷流放，所有带苏东坡名字的石碑都被奉命毁坏，当时徐州太守只把这块石碑投在附近的护城河里。约十年之后，老百姓已然忘记了禁令，而皇家也在搜集苏东坡的墨迹手稿，当地另一位太守把此石碑打捞上来，在夜里暗中把那碑文拓了几千份。此

黄楼

建筑　1986年

在徐州市区古黄河畔，矗立着一座双层飞檐的仿古高楼。这就是1986年修复的黄楼。历史上的黄楼是九百年前徐州知州苏轼率领徐州军民战胜洪水之后，于宋神宗元丰元年（1078）八月在徐州城东门之上建造的。因为土能克水，所以涂上黄土，取名黄楼。

事过后，那个太守突然向诸同僚宣布道："为何我竟会忘记！禁止苏东坡的碑文法令尚未取消，这个碑文还在，应当毁坏才是。"自然在石碑毁坏之后，那碑的拓本的价钱立刻高涨，那位太守名叫苗仲先，发了一笔大财。

苏东坡现在名气甚大，受人欢迎，不仅是因为治河成功，也因为他十分关心囚犯的健康和福利，这是当时为太守者所绝无仅有的。他亲身视察监狱，并指定医生为囚犯治病。当时有一条法律，凡太守鞭打犯人致死者，太守受罚，但是苏东坡指出，犯人因病致死或照顾不善而死，则无人过问。因为犯人并非别人，也是一般的老百姓，因此犯人的家属对苏东坡非常感激。

有些小事，很容易做，只要人想到去做，但是只有苏东坡肯去做。比如说，他看见很多逃兵沦落为盗匪，因为有一条荒谬的法令，凡是低级军士因公出差，官家不发给旅费，等于是逼良为盗。他自己改革这项陋规。他只要每年节省下几百缗钱，就可以够用。他严禁军中赌博饮酒。在上皇帝书中他指出当地军队"练熟技艺为诸郡之冠，陛下遣敕使按阅所具见也"。

苏东坡今名日大，以中土鸿儒之冠为远近所知。欧阳修去世之后，文坛盟主之名即降到苏东坡头上。文人儒生皆以"夫子"呼之。他以前曾遇见他那"苏门四学士"之中的两个，在淮扬与张耒相识，在杭州附近结识晁补之。另外那两个是秦观和黄庭坚，秦黄二人后来成为宋代有名的诗人、词人，而今请求列在苏东坡的门下。五短身材的李常，春天曾去拜访苏东坡，屡次谈到秦观，并拿秦观的词给东坡看。由于李常的介绍，秦观那年夏天曾去拜谒过苏东坡。秦观这位风流潇洒的词人，据野史说曾娶过苏东坡的小妹。秦观尚未应科举考试，还没有功名，但是年轻，文采风流，有不少的女友。后来秦观死时，曾有一歌伎为爱他寻了短见。他的词清新柔媚，如春日的黄鹂。秦观见苏东坡时说："生不愿封万户侯，惟愿一识苏徐州。"他把苏东坡比作"天上麒麟"，又向苏东坡说："不将俗物碍天真，北斗以南能几人？"

黄庭坚日后成了江西诗派的鼻祖，他与秦观又不相同，他沉默寡言，有学者风，他没去拜访苏东坡，但是写了两首诗，以万分谦逊的语气毛遂自荐，将苏东坡比之为高崖的青松，自己则比为深谷里的小草，希望将来能和青松比高。苏东坡以前曾看过黄庭坚的诗，他说黄庭坚的诗内容充实而深厚，诗思高旷，"数百年来未之见也"。他回黄庭坚的信说："今者辱书词累幅，执礼恭甚，如见所畏者，何哉？轼方以此求交于足下，而惧其不可得。"苏门四学士中，庭坚年最长，在当时人常以苏黄并称。苏东坡去世后，黄山谷遂成为当代最伟大的诗人，人们也是把他和苏东坡相提并论的。但是黄庭坚终身以苏门弟子自居。黄庭坚后来还是由苏东坡最亲近的朋友引荐的，因为黄庭坚是李常的外甥，孙觉的女婿。

九月间，另一个人后来在宫廷上审问苏东坡的案件时，也深受牵连，他现在来看苏东坡。他就是王巩，为人又是另一型。他是宰相之孙，出游之时，携一整车家酿美酒相随，因为他不肯饮酒肆所沽之酒。他随身有三个爱妾：英英、盼盼、卿卿，一齐来到徐州。苏东坡对他的爱妾开玩笑，在他那《百步洪》前的序言中，描写王巩携带梨涡美女下险滩，自己则身披羽氅立身黄楼高处，俯眺她们漂浮水面，自己望之若神仙，或如李太白再临人世。

这时，有第四个重要人物在苏东坡生活中出现，就是诗僧参寥，大概是由秦观介绍的。奇怪的是，苏东坡在杭州的三年内，参寥住在附近一个城市，居然苏东坡从未听说过他。参寥为一大诗人，道德崇高，不慕虚名。他只是在遥远之处观察苏东坡而心怀羡慕。由现在起，参寥便成为苏东坡一生的密友了。

在那年的中秋节，我们也许可以把苏东坡看得更近，更清楚一些。八月十二，他得了一个孙子。中秋之夜，他微感不适，稍感寂寞。过了六天，他接到子由写的中秋诗，他也写了一首诗，叙述如何度的中秋节：

明月未出群山高，瑞光万丈生白毫。
一杯未尽银阙涌，乱云脱坏如崩涛。
谁为天公洗眸子，应费明河千斛水。
遂令冷看世间人，照我湛然心不起。
西南火星如弹丸，角尾奕奕苍龙蟠。

今宵注眼看不见，更许萤火争清寒。
何人舣舟临古汴，千灯夜作鱼龙变。
曲折无心逐浪花，低昂赴节随歌板。
青荧灭没转山前，浪飐风回岂复坚。
明月易低人易散，归来呼酒更重看。
堂前月色愈清好，咽咽寒螀鸣露草。
卷帘推户寂无人，窗下咿哑惟楚老。
南都从事莫羞贫，对月题诗有几人。
明朝人事随日出，恍然一梦瑶台客。

　　那时，苏东坡为整个学术界所爱戴，所尊敬，所景仰。那年九月底，在黄楼有一个盛大的集会。苏东坡坦然谈笑，轻松愉快，极为众人所喜爱。只因为他深孚众望，他之被捕与审判才轰动一时。

第十四章　逮捕与审判

苏东坡，我们用他自己的话说，他过去的生活态度，一向是疾恶如仇，遇有邪恶，则"如蝇在食，吐之乃已"。不过到目前为止，还幸而安然无事。可是在他吐到第一百次时，他就被人抓住了，在神宗元丰二年（一○七九）三月，他调任江苏太湖滨的湖州。在他到任后的谢恩奏章上，他说了几句朝廷当权派觉得有点儿过分的话。只要他单歌咏人民的疾苦贫穷、捐税、征兵，那派小人还能装聋作哑，置之不顾。现在他直接指明那些小人，其中有在王安石势力下蹿升起来的李定和舒亶。朝政是在无以名之的第三流人才的掌握中，这类人唯利是图、随风转舵，既无所谓东，也无所谓西。苏东坡过去曾不断给皇帝上表，每次皇帝看了他的表章，就向侍臣赞美苏东坡。现在我们想起来，这些小人以前曾经阻挡苏东坡进京城。万一苏东坡蒙召当权，可就真有危险，因为新政的领导人物那时不是已经失势，便是已然退隐。

苏东坡到任谢恩表只是例行公事，譬如略叙为臣者过去无政绩可言，再叙皇恩浩荡，以此美缺相赐。但是苏东坡说："伏念臣性资顽鄙……知其愚不适时，难以追陪新进；察其老不生事，或能牧养小民。""新进"一词，在王安石口中是指突然升迁的无能后辈。在过去为新政的朋党之争里，这一名词是固定代表那种含义的。李定和舒亶心想苏东坡为什么会自信能逃得出他们的手心呢？并且他说在他那个年纪，担任地方官是因为他不可能再惹是生非。他是不是暗示那些在朝为官的必然会惹是生非呢？古之文人学者，因为没有民权的保障，在措辞造句上，便发明出一种极其微妙难以捉摸的表现法，而阅读的学者也养成一种习惯，乐于于字里行间寻求含义。在中国古代，朝廷的公报是固定按期出版的，可以说是中国最早的报纸。苏东坡所写的文字，照例惹人注意，这次谢恩表，使那些"新进"成了读者心目中的笑柄。

在神宗元丰二年（一〇七九）六月，一个御史把苏东坡谢恩表中的四句挑出来，说他蔑视朝廷而开始弹劾他。数日之后，舒亶，当时尚在御史台，找了几首苏东坡的诗，内容关于农人青苗贷款，农人三个月无盐吃，还有燕子与蝙蝠争论的寓言。他说写的那种诗，显示苏东坡不但考虑欠周，也是不忠于君。舒亶随同弹劾表章，附呈上苏东坡印出的诗集。李定，现今升为御史中丞，也随后跟上一表，陈述有四个理由，苏东坡必须因其无礼于朝廷而被斩首。一共有四份弹劾苏东坡的表章。这件案子交与了御史台。李定，当年因隐瞒母丧，被司马光骂作禽兽不如，现在担任此案"检察官"。他挑选了一个极其能干的官吏到湖州去，免去苏东坡的官职，再押解入京受审。御史请求，一路之上苏东坡必须关入监狱过夜，皇帝不许。神宗皇帝从无意杀害苏东坡，不过这个案子既然依法控告，他也愿予以充分调查一番。

苏东坡的一个好友王诜（是他印了苏东坡的诗集），听到这个消息，赶紧派人去给南京（今河南商丘）的苏子由送信，子由立刻派人去告诉苏东坡。这可以说是使者之间的大竞赛。朝廷使者偕同他的儿子和两个御史台的兵丁火速出发，但是他儿子在镇江忽然生病，于是耽误半天的行程，结果苏子由派的使者先到。

这个消息到达时，苏东坡是何等心情，我们必须要知道。他到达湖州不久，也很喜欢这个新职位。他常和长子去山林间漫游，同游的还有子由的女婿、女婿的弟弟。在苏东坡记游飞英寺的诗里，他说自己"莫作使君看，外似中已非"。他最好的朋友画竹名家文与可已在二月去世，他一直哭了三天。在朝廷的差官正趱程前去逮捕他时，他正再度浏览他搜集的名画，那是七月七日,正拿出来到院子去晾。他的眼光正好看到文与可送给他的一幅绝妙的竹子,不觉流下泪来。那天他写的那一段笔记特别表现他的奇思幻想,记述他与文与可的友情。

与可画竹,初不自贵重,四方之人持缣素而请者,足相蹑于其门。与可厌之,投诸地而骂曰:"吾将以为袜材。"士大夫传之,以为口实。及与可自洋州(今陕西洋县)还,而余为徐州。与可以书遗余曰:"近语士大夫,吾墨竹一派,近在彭城,可往求之。袜材当萃于子矣。"书尾复写一诗,其略曰:"拟将一段鹅溪绢,扫取寒梢万尺长。"予谓与可,竹长万尺,当用绢二百五十匹,知公倦于笔砚,愿得此绢而已。与可无以答,则曰:"吾言妄矣,世岂有万尺竹也哉!"余因而实之,答其诗曰:"世间亦有千寻竹,月落庭空影许长。"与可笑曰:"苏子辩则辩矣,然二百五十匹,吾将买田而归老焉。"因以所画筼筜谷偃竹遗予,曰:"此竹数尺耳,而有万尺之势。"

颜真卿《湖州帖》(宋仿本)

书法 宋朝 北京故宫博物院藏 唐代著名书法家颜真卿也在湖州当过数年刺史。他的书法对后世书法艺术的发展产生了深远影响,苏东坡曾评价过:"诗至于杜子美,文至于韩退之,书至于颜鲁公,画至于吴道子,而古今之变,天下之能事毕矣。"

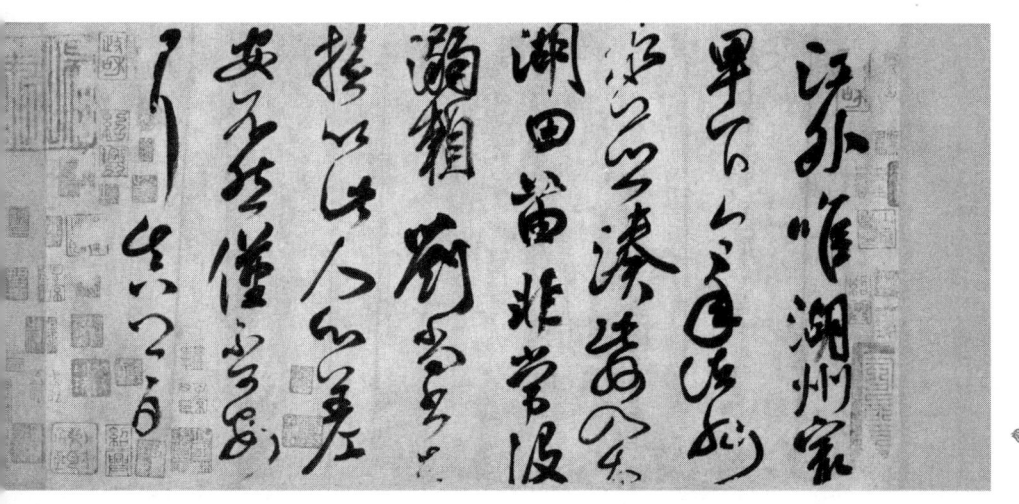

根据孔平仲的记载——孔平仲是苏东坡的朋友，他是听湖州祖通判所说，苏东坡遭逮捕时，那位通判正好在场——苏东坡已经先得到子由给他的消息。他可不知道控告的罪名之轻重。使臣一到，苏东坡就正式请假，由祖通判代行太守职务。

官差到时，正式身穿官袍，足登高靴，站在庭院中，手执笏板，御史台的两个士兵分立两旁，身穿白衣，头缠黑巾，眼睛里凶光闪动。太守官衙的人慌作一团，不知会有何事发生。苏东坡不敢出来，与通判商量，通判说躲避朝廷使者也无济于事，最好还是依礼迎接他。东坡与通判商量应当怎样出来，因为苏东坡心想自己既然被控，就不应当穿着官衣出来。祖通判认为他还没正式被控，应当以符合正式官阶的形象出现。于是东坡穿上官衣官靴，手执笏板，立于庭中，面向官差而立。祖通判与官衙人员则头戴小帽，排立于苏东坡身后。两个士兵手执御史台的公文，紧握一个包裹，似乎其中藏有刀剑。官差面目狰狞，默不作声，气氛紧张万分。苏东坡首先说话：

"臣知多方开罪朝廷，必属死罪无疑。死不足惜，但请容臣归与家人一别。"

皇差皇甫遵淡然道："并不如此严重。"

这时，通判迈一步向前道："相信必有公文。"

皇甫遵问："他是何人？"通判回禀自己的身份。士兵乃正式递交公文予通判。打开一看，原来只是一份普通公文，免去苏东坡的太守官位传唤进京而已。皇差要苏东坡立即起程。

官差允许苏东坡出发前归看家人。根据苏东坡在笔记上记载，他到家时全家正在大哭。苏东坡向他们笑着说出下面一个故事，安慰他们：

在宋真宗时代，皇帝要在林泉之间访求真正大儒。有人推荐杨朴出来。

杨朴实在不愿意，但是仍然在护卫之下起程前往京师，晋见皇帝。

皇帝问道："我听说你会作诗？"

杨朴回答道："臣不会。"他想掩饰自己的才学，他是抵死不愿做官的。

皇帝又说："朋友们送你时，赠给你几首诗没有？"

杨朴回答道："没有。只有拙荆作了一首。"

皇帝又问："是什么诗，可以告诉我吗？"

于是杨朴把临行时太太作的诗念出来：

更休落魄贪杯酒，亦莫猖狂爱咏诗。

今日捉将官里去，这回断送老头皮。

苏夫人听见这首诗，不由得破涕为笑。这故事曾记在苏东坡的笔记里，但不知是不是他当时现编的。

家中决定由长子迈陪同前往。王适，他一向充任苏家的塾师，现在同他弟弟留在家中，后来才偕同苏东坡全家入京。太守官衙的人全吓得不知如何是好，个个躲躲藏藏。但是老百姓都出来看太守起程。根据县志记载，老百姓都泪下如雨。官差与士兵的态度与办事的要求都蛮横无礼，后来苏东坡在《上哲宗皇帝书》中，说他们逮捕太守犹如捕盗。官衙中只有王氏兄弟和陈师锡设酒筵饯别。

有人说途中苏东坡曾想自杀。根据他自己给皇帝上的奏章说，在扬州渡江时，他想跳入江中。但按孔平仲的记载，开船之后不久，船停在太湖上修理船桨时，他想跳水自杀。那天夜里，月色皎洁，湖上风高浪大。苏东坡不知道他要判什么罪，并且怕他的案子会牵连好多朋友。他想把眼一闭跳入水中，反倒省事。等再一想，倘若如此，必给弟弟招致麻烦。在给文彦博的信里，叙述家里烧了他大部分与友人的通信和手稿。家里人到了安徽宿县，御史台又派人搜查他们的行李，找他的诗、书信和别的文件。有些兵把船包围起来时，女人和孩子们怕得很，那些兵把他们的东西胡乱扔，就如一般兵士执行勤务时一样。兵丁走后，女人们气冲冲地说："这都是写书招惹的。他乱写东西有什么好处？把人都吓死了。"然后焚烧他的手稿，后来东坡发现残存者不过三分之一而已。

苏东坡是七月二十八日由官家逮捕，八月十八日送进御史台的皇家监狱。审问时间很长，前后

第十四章 逮捕与审判

四十几天。在监里，那个狱卒心肠非常好，大概知道他是谁，对他十分恭敬，每天晚上给他热水洗脚，直到现在，每晚上洗热水脚还是四川人的习惯。

苏东坡在监狱中，发生了一件有趣的事，结果审问时反倒对他大有益处。他儿子每天到监狱去看他，为父亲送饭当然是儿子分内的事。苏东坡和儿子暗中约好，就是儿子只许送蔬菜和肉食，倘若听到坏消息，他才送鱼去。有几天，苏迈要离开京城到别处去借钱，他把送饭这件事交给朋友办，但是忘了告诉朋友那个暗号。那朋友送去熏鱼，苏东坡大惊。他心想事情已然恶化，大概凶多吉少了。他和狱卒商量，给弟弟写了两首诀别诗，措辞极为悲惨，说他一家十口全赖弟弟照顾，自己的孤魂野鬼独卧荒山听雨泣风号，他表示愿世世为手足。在诗里他又细心表示以前皇恩浩荡，蒙受已多，无法感激图报，实在惭愧。又说这次别无可怨，只是自己之过。子由接到，感动万分，竟伏案而泣，狱卒随后把此诗携走。到后来苏东坡开释时，狱卒才将此诗退回，说他弟弟不肯收。我相信子由根本知道这条计策，故意把诗交还狱卒。因为有这两首诗在狱卒手中，会有很大用处。因为狱卒按规矩必须把犯人写的片纸只字呈交监狱最高当局查阅。这个故事里说，苏东坡坚信这些诗会传到皇帝手中。结果正如他所预料，皇帝看了，十分感动。这就是何以苏东坡的案子虽有御史强大的压力，最后却判得很轻的缘故。

幸亏诗人陆游曾编有一本史书，其中包括所有审问中苏东坡的亲笔文件。现在我们还有一本书叫《乌台诗案》，"乌台"是御史台监狱的名称。此书包括四件弹劾本章、全部审问记录，苏东坡的口供、证物和最后的判词。陆游勤于写日记，对苏东坡留在身后的手稿和拓片特别爱好，这些遗物是苏东坡死后六七十年他才见到的。他曾说出这本书的经过。北宋在靖康元年（一一二六）灭亡时（北宋灭于靖康二年，即一一二七年——编者注），朝廷官员都向杭州逃难，尽量携带珍贵的文件。在扬州，一个名叫张全真的政府官员看到这一份手稿，从朝廷档案里抽出来。后来，张全真死后，一位姓张的宰相，受张全真的后人请求为先人作一篇墓志铭。这位宰相要其以那份手稿为代价。那家后人只答应交出一半，另一半作为传家之宝。陆游记载说，他看见的半部手稿都是苏东坡手写的，还有改正之处，都由苏东坡签名，再盖上御史台的官印。我们不敢确言今日流传下来的这本书是完全根据陆游所见的那本手稿所作，不过内容却记载了朝廷公报的细节，包括苏东坡对自己那些诗句的解释。

我认为对此案件的判断，完全要看我们对苏东坡的批评朝政如何解释。张方平和范镇正设法营救苏东坡，总括起来，张方平认为坦诚的批评与恶意的中伤显然有别。我们今天不能不认为那些诗是坦诚的批评，而御史们则认为是对朝廷和皇帝恶意的中伤。张方平指出，《诗经》是由孔子删订的，但是其中有很多对当时当政者的讽刺，而且邦有道，则坦诚的批评完全合法。在另一方面，倘若我们能以君子之心度小人之腹，相信那些御史是由义愤而发，是深恨亲爱的君王受辱而弹劾，这也是一种看法。

舒亶在表章中说："臣伏见知湖州苏轼近谢上表，有讥切时事之言。流俗翕然，争相传诵，忠义之士，无不愤惋。且陛下自新美法度以来，异论之人，固不为少……至于包藏祸心，怨望其上，讪讟谩骂，而无复人臣之节者，未有如轼也……应口所言，无一不以讥谤为主。……陛下躬履道德，立政造士，以幸天下后世，可谓尧舜之用心矣。轼在此时，以苟得之虚名、无用之曲学，官为省郎，职在文馆……臣独不知陛下何负于天下与轼辈，而轼敢为悖慢，无所畏忌，以至如是。且人道之所自立者、以有义，而无逃于天地之间者，义莫如君臣。轼之所为，忍出于此，其能知有君臣之义乎？夫为人臣者苟能充无义之心，往以为利，则其恶无所不至矣……虽万死不足以谢圣时，岂特在不收不宥而已。伏望陛下……付轼有司，论如大不恭，以戒天下之为人臣子者。不胜忠愤恳切之至。"

另一御史的弹劾表里，完全是强词夺理的指责。苏东坡在到湖州上任途中，曾为张氏园写了一篇记。在此一篇文章里，苏东坡说："古之君子不必仕，不必不仕。必仕则忘其身，必不仕则忘其君。"这是孟子对孔夫子参政态度的概要结语。那位御史在他忠君报国的热情之下，极力想劝服皇帝相信苏轼正倡邪说异端,实在大逆不道,他说:"天下之人,仕与不仕,不敢忘其君。而独苏轼有不仕则忘其君之意,是废为臣之道尔。"

李定举了四项理由说明为什么应当处苏东坡死刑。在奏章前面序言中,他说:"苏轼初无学术,滥得时名,偶中异科,遂叨儒馆。"他又接着说苏东坡急于获得高位,在心中不满之下,乃讥讪权要。其当杀理由之一是,皇帝对他宽容已久,冀其改过自新,但是苏东坡拒不从命。另一个当杀的理由是,虽然苏东坡所写之诗荒谬浅薄,但对全国影响甚大。"臣叨预执法,职在纠奸,罪有不容,岂敢苟止?伏望陛下断自天衷,特行典宪,非特沮乖慝之气,抑亦奋忠良之心,好恶既明,风俗自革"。

审问在八月二十日开始,被告自称年四十四岁(按西方计算法为四十二岁),然后叙述世系、籍贯、科举考中的年月,再叙历任的官职。又把由他推荐为官的列出姓名,因为大臣为国家举荐人才充任公职之贤与不贤,与其本人之贤德大有关系,自然甚属重要。据说,他自为官始,曾有两次记过记录。一次是他任职凤翔为判官时,因与上官不和而未出席秋季官方仪典,被罚红铜八斤。另一次是在杭州任内,因小吏挪用公款,他未报呈,也被罚红铜八斤。"此外,别无不良记录。"

最初,苏东坡承认他游杭州附近村庄时所作的那几首诗,对农民食无盐、青苗贷款之弊端,曾出怨言,以及弹劾表章中之其他若干情节。他想不起曾写过其他与时政有关的诗文。有好几天内,他否认给朋友写过讽刺诗,一直声称无罪。至于何者应视为毁谤朝廷,何者不应视为毁谤朝廷,颇难断言。还有,何者构成"毁谤",亦复如此。但是在八月三十日,他决定服罪。他承认曾写讽刺诗讥刺当政,且与朋友以此等诗互相投寄。不过他"并未隐瞒",至于内容如何,解释容有不同而已。在审讯期间,他奉命在下列一道供词上签字:"入馆多年,未甚进擢,兼朝廷用人多是少年,所见与轼不同,以此撰作诗赋文字讥讽。意图众人传看,以轼所言为当。"苏东坡的朋友当中,有三十九人受到牵连,有一百多首诗在审问时呈阅,每一首都由作者自行解释。因为苏轼措辞精练,用典甚多,幸而有此审问记录,我们得见作者自己对好多文句的阐述分析。只有读者完全了解那些典故,才能把握文内的含义。我读诗一向对那类诗避而不观,因为那些隐喻、史实都需要单独解释,读来甚感吃力,作者自己卖弄学问,为读者加重负担,殊为无谓。其实这样炫耀也并不困难,因为数百年来,苏诗的评注家一直忙着在历史和唐诗里发掘苏诗用典的出处。

对苏东坡的指控，有的十分牵强。最有趣的指控中，有一条是写两株老柏的七律。诗里说柏树"根到九泉无曲处，世间唯有蛰龙知"。这两句诗被认为是对皇帝大不敬，因为龙是皇帝的象征，而今皇帝正在位，作者应当说有龙在天，不应当说在九泉地下。另外还有一首牡丹诗，在诗内作者叹造物之巧，能创造出牡丹种类如此之繁多。御史解释此诗为讽刺新当政者能制定如此多之种种捐税。《后杞菊赋》的序言里曾提到吃杞菊的苦种子，御史认为作者是在直接讽刺全境百姓的贫穷，尤其是指朝廷官吏薪俸的微薄。"生而眇者不识日"是讽刺科举考生的浅陋无知，讽刺考生不通儒学，只知道王安石在《三经新义》里对经书的注释。

苏东坡在对方大部分指控上，都坦白承认在诗中批评新政，自然有愤怒之感、失望之声，足以表明自己对当道的苛酷批评，罪有应得。

在给朋友驸马王诜（本诗实为写给李杞的，而非王诜，此处原文有误。——编者注）的若干首诗里，有一行诗是"坐使鞭棰环呻呼"。又说，"岁荒无术归亡逋"。他也提到"虎难摹"，是为政贪婪的象征。在给朋友李常的诗里，他确是说在密州"洒涕循城拾弃孩"。那些男尸、女尸、婴尸都是饿死于路也，当时确是"为郡鲜欢"。关于他给朋友孙觉的诗里，有一行说二人相约不谈政治，是真在一次宴席上约定，谁谈政治，罚酒一杯。在给曾巩的一首诗里（曾巩官位不高，但是一代古文大家），他说厌恶那些"聒耳如蜩蝉"的小政客。在他给张方平的诗里，他把朝廷比为"荒林蜩蚻乱"和"废沼蛙蝈淫"，又说自己"遂欲掩两耳"。在给范镇的诗里，他直言"小人"，我们也知道在给周邠的诗里，他把当权者暗比作夜鸮。在写杭州观潮时，他说东海若知明主意,"应教斥卤变桑田"。

在他一个好友刘恕罢官出京时,他写了两首诗给他,把那诗仔细看一下,也颇有趣,并且可以了解官吏的愤怒,也可略知苏诗字里行间的含义。若按字面译成英文而不加注释,便毫无意义可言。其中一首说:

敢向清时怨不容,直嗟吾道与君东。
坐谈足使淮南惧,归去方知冀北空。
独鹤不须惊夜旦,群乌未可辨雌雄。
庐山自古不到处,得与幽人子细穷。

苏东坡承认他很佩服这位朋友,所以用孔子的不怨不容这种说法把他比作孔子。第二句指东汉大经学家派弟子东行的典故。第三句指西汉汲黯以智勇在朝敉平淮南王之乱于无形。第四句指良马出于冀北,又进而指韩愈《马说》中的伯乐过冀北之野,而冀北骏马遂空一事,亦指满朝已无真才贤士。第五句指鹤立鸡群,亦即贤人与小人之比,隐含之意即在朝之庸庸碌碌者,皆鸡鸭之辈,于是午夜长鸣非鹤莫属。第六句更易令人生怒,因为《诗经》上有"具曰予圣,谁知乌之雌雄",等于说朝廷上只有一群乌鸦,好坏难辨。

他给那位朋友的第二首讽刺诗如下:

仁义大捷径,诗书一旅亭。
相夸绶若若,犹诵麦青青。
腐鼠何劳吓,高鸿本自冥。
颠狂不用唤,酒尽渐须醒。

这首诗的前三句指的是虚伪的读书人侈谈仁义,实则以此为求取功名富贵的阶梯,并对官场荣耀表示鄙夷之意。"麦青青"一典,按苏东坡的意思,是由《庄子》论追求利禄官爵的人而来,那些人一生迷恋官爵,埋葬时口中含有珍珠,但是他们的坟墓早晚会被夷为青青的麦田。第五句包含另一个《庄子》上的典故。国王愿以高位请庄子去做官,庄子谢绝,并且告诉国王的使者一个故事:有一个专吃腐肉的乌鸦,找到了一个腐烂的老鼠,正在一棵树上大享其美味,这时一只仙鹤赶巧从旁飞过,乌鸦以为仙鹤来抢它的美味,就发出尖叫的声音想把仙鹤吓走，但是仙鹤高飞到白云中去了。这个故事的含义就是苏东坡对小人的争权争位不屑一顾。

我有一种想法，我觉得苏东坡会以因写诗而被捕、受审为有趣，他一定以在法庭上讲解文学上的典故为乐事。

当时大家深信苏东坡对朝廷至为不敬，他曾把当政者比为鸣蛙，比为鸣蝉，比为夜鸮，比为吃腐鼠的乌鸦，比为禽场中的鸡鸭。最使人不能忍受的是骂他们为"沐猴而冠"，不是人而装人。总之，苏东坡是看不起舒亶、李定那等人，那么舒亶、李定为什么要对苏东坡有好感呢？

审问终结，大概是十月初，证据被呈给皇帝。牵连的人很多，尤其是驸马王诜，在审问时牵扯到他，因为他曾和苏东坡交换过各种礼物赠品。皇帝下令凡与苏东坡交换过诗文的人，都得把手中的诗文呈上备查。

仁宗的皇后，她一向支持苏东坡，这时染病而死。她死前曾对皇帝说："我记得苏东坡弟兄二人中进士时，先帝很高兴，曾对家人说，他那天为子孙物色到两个宰相之才。现在我听说苏东坡因为写诗正受审问。这都是小人跟他作对。他们没法子在他的政绩上找毛病，现在想由他的诗入他于罪。这样控告他不也太无谓了吗？我是不中用了，你可别冤屈好人，老天爷是不容的。"这些话实际上等于遗言。

在十月三十日，御史们将案子作了个提要，送呈给皇帝御览。由于太皇太后之丧，案子拖延了些日子。苏东坡在狱中等待案子的结果和自己的命运吉凶之际，发生了一件神秘的事情。

数年之后，苏东坡告诉朋友说："审问完毕之后，一天晚上，暮鼓已然敲过，我正要睡觉，忽然看见一个人走进我的屋子。一句话也没说，他往地上扔下一个小箱子做枕头，躺在地上就睡了。我以为他是个囚犯，不去管他，我自己躺下也睡了。大概四更时分，我觉得有人推我的头，那个人向我说'恭喜！恭喜！'我翻过身子问他什么意思。他说'安心睡，别发愁'。说完，带着小箱子又神秘地走了。

"事情是这样，我刚受弹劾时，舒亶和另外几个人，想尽方法劝皇帝杀我，可是皇帝根本无杀我之意，所以暗中派宫中一个太监到监狱里去观察我。那个人到了我的屋子之后，我就睡着了，而且鼻息如雷。他回去立即回奏皇帝说我睡得很沉，很安静。皇帝就对侍臣说：'我知道苏东坡于心无愧！'这就是后来我被宽恕贬谪到黄州的缘故。"

遇有国丧，国家总要大赦，所以依照法律和风俗，苏东坡是应当获赦的。那些御史本打算把反对派乘此机会一网打尽，如今倘若一大赦，他们的心血岂不完全白费！李定和舒亶十分忧闷。这时，李定奏上一本，对可能合乎赦罪的那些犯人，力请一律不得赦免。舒亶并进而奏请将司马光、范镇、张方平、李常、孙觉和苏东坡另外的五个朋友，一律处死。

副相王珪在诸御史的逼促之下，一天突然向皇帝说："苏轼内心有谋反之意。"

皇帝大感意外，回答说："他容有其他过错，也绝无谋反之意，你为何这么说？"

王珪于是提起苏东坡的柏树诗里说龙在九泉一事，那含义是将来某人命定要成天子，要自暗中出现，此人出身寒微。但是皇帝只说："你不能这样看诗。他吟哦的是柏树，与我何干？"

王珪于是沉默无言。章惇，当时还是苏东坡的朋友，为苏东坡向皇帝辩解说，龙不仅是天子的象征，也可以指大臣，于是从文学上引出例句，用以支持自己的理论。

苏东坡的朋友呈上的证物都被审查完毕，皇帝指定自己的近人重行查阅。根据御史的案子提要，此种毁谤朝廷要判流放，或是两年劳役，像苏东坡这样的案子，比较严重，应当是削官两级。自法律上看，理当如此。因案情重大，尚待皇帝亲自决定。

在十二月二十九日，使舒亶、李定大失所望，宫廷官员发出了圣谕，把苏东坡贬往黄州，官位降低，充团练副使，但不准擅离该地区，并无权签署公文。

在受到牵连的人之中，三个人受的处罚较重。驸马王诜因泄露机密与苏东坡，并时常与他交换礼物，并且身为皇亲，竟不能将此等毁谤朝廷的诗文早日交出，削除一切官爵。第二个是王巩，他并没从苏东坡手中得到什么毁谤诗，他显然是无辜受累，也许是为了私人仇恨的缘故，御史们要处置他。随后几年，苏东坡不断提起王巩因他受累。我们知道王巩的奢侈生活习惯，这次被发配到遥远的西南去，日子是够他消受的。

第三个是子由。他曾奏请朝廷赦免兄长，自己愿纳还一切官位为兄长赎罪。在证据上看，子由并不曾被控收到什么严重的毁谤诗，但是因为家庭关系，他遭受降职的处分，调到筠州（今高安）——离兄长被拘留的黄州约有一百六十里，任筠州酒监。

其他人，张方平与其他大官都是罚红铜三十斤，司马光、范镇和苏东坡的十八个别的朋友，都各罚红铜二十斤。

在旧年除夕，苏东坡被释出狱，在监中共度过四个月又十二天。出了东城街北面的监狱大门，他停了一会儿，用鼻子嗅了嗅空气，感觉到微风吹到脸上的快乐，在喜鹊叽喳啼叫声中，看见行人在街上骑马而过。

他真是积习难改，当天他又写了两首诗。诗里说："却对酒杯浑似梦，试拈诗笔已如神。"另一首诗是：

平生文字为吾累，此去声名不厌低。
塞上纵归他日马，城东不斗少年鸡。

他又诗如泉涌了。即在这两首诗里，至少有两句，若由那些御史仔细检查起来，他又犯了对帝王大不敬之罪。塞翁失马还罢了，因为以失马表示并非恶运，重新寻获也并非即是好运。换言之，人总不知道何者为好运，何者为恶运的。但是"少年鸡"则指的是贾昌。贾昌老年时,告诉人他在少年时曾因斗鸡而获得唐天子的宠爱,而任宫廷的弄臣和伶人,这一点仍可引申而指朝廷当政那批小人,是宫廷中的弄臣和优伶,又是诽谤。另有一句里他自称"窃禄",意为自己无才为官。但是"窃禄"一词却是从三国时一位大儒给曹操的一封信中摘下来的,而曹操被普遍认为是一大奸臣、一霸主。写完这首诗,苏东坡掷笔笑道:"我真是不可救药!"

老 练

宋神宗元丰三年至哲宗元祐八年

（一〇八〇——一〇九三）

第十五章·东坡居士

第十六章·赤壁赋

第十七章·瑜伽与炼丹

第十八章·浪迹天涯

第十九章·太后恩宠

第二十章·国画

第二十一章·谦退之道

第二十二章·工程与赈灾

第二十三章·百姓之友

第十五章　东坡居士

苏东坡由现在起，于情势所迫，要一变而为农夫，由气质和自然的爱好所促使，要变成一个隐士。社会，文化，学问，读历史的教训，外在的本分责任，只能隐藏人的本来面目。若把一个人由时间和传统所赋予他的那些虚饰剥除净尽，此人的本相便呈现于你之前了。苏东坡若回到民众之间，那他就犹如在水中的海豹。在陆地上拖着鳍和尾巴走的海豹，只能算是半个海豹。苏东坡最可爱，是在他身为独立自由的农人自谋生活的时候。中国人由心里就赞美头戴斗笠，手扶犁耙，立在山边田间的农人——倘若他也能作好诗，击牛角而吟咏。他偶尔喝醉，甚至常常喝醉而月夜登城徘徊。这时他成了自然中伟大的顽童——也许造物主根本就希望人是这副面貌吧。

在元丰三年（一〇八〇）正月初一，苏东坡已和长子迈离开京都，起程前往幽居之地黄州，迈当时已经二十一岁。苏东坡是走最近的陆路赶往的，他把家眷留下由弟弟子由照顾，随后再去。贫穷的子由要带着自己的一大家人——七女、三男、两个女婿，再加上哥哥的眷属，前往新任所高安，在九江南部数百里之遥。酒监的职位并不像我们想象的那么好，只相当于官营的一个酒馆的经理而已。坐船走了几个月，子由到了九江，把家眷留在那儿等候他，自己带着哥哥的家眷和朝云，还有两个孩子，顺长江上行往东坡的处所去。东坡是二月初一到的黄州，家眷是五月二十九到的。

　　黄州是长江边上一个穷苦的小镇，在汉口下面约六十里地。在等待家眷之时，苏东坡暂时住在定惠院。这个小寺院坐落在林木茂密的山坡上，离江边还有一段路。他和僧人一同吃饭，午饭与晚饭后，总是在一棵山楂树下散步，关于这种情形，他写了些极其可爱的诗。不久，身边便有了不少的朋友。徐太守热诚相待，常以酒宴相邀。长江对面，武昌（不是今日的武昌）的朱太守也常送酒食

苏东坡黄冈石像

雕像　现代

元丰二年（1079），苏轼因为作诗讽刺新法，以"文字毁谤君相"的罪名被捕下狱，史称"乌台诗案"。出狱以后，苏轼被降职为黄州团练副使。这个职位相当低微，于是公余苏轼便带领家人开垦了城东的一块坡地，以帮补生计。"东坡居士"的别号便是他在这时起的。

第十五章　东坡居士

给他。在雨天，东坡睡到很迟才起床，快近黄昏时，散步很久，在起伏不平的东山麓漫游，在庙宇、私人庭园、树荫掩蔽的溪流等处，探胜寻幽。在别的日子，有时朋友来访，则一同到长江两岸的山里游玩。那一带是丘陵起伏、林木茂盛之区，乡野风光如画。南岸有礬山，耸立于湖溪交错的平原上。

苏东坡幸而死里逃生，是个惊心动魄的经验，他开始深思人生的意义。在六月他写的别弟诗里，他说他的生命犹如爬在旋转中的磨盘上的蝼蚁，又如旋风中的羽毛。他开始沉思自己的个性，而考虑如何才能得到心情的真正安宁。他转向了宗教。在他写的《安国寺记》里他说：

二月至黄。舍馆粗定，衣食稍给，闭门却扫，收召魂魄。退伏思念，求所以自新之方。反观从来举意动作，皆不中道，非独今之所以得罪者也。欲新其一，恐失其二。触类而求之，有不可胜悔者。于是喟然叹曰："道不足以御气，性不足以胜习。不锄其本，而耘其末，今虽改之，后必复作。盍归诚佛僧，求一洗之？"得城南精舍，曰安国寺，有茂林修竹，陂池亭榭。间一二日辄往，焚香默坐，深自省察，则物我相忘，身心皆空，求罪垢所从生而不可得。一念清净，染污自落，表里翛然，无所附丽。私窃乐之。

与他宗教思想相反的一股力量，就是深藏于他内心的儒家思想。他的儒家思想，似乎又把他拖往了另一个方向。诚然，人可以在宗教之中寻取到安静，但是，倘若佛教思想正确，而人生只是一种幻觉，人应当完全把社会弃置不顾，这样人类就非灭绝不可，那一切都空空如也才好呢！所以，在佛教要达到精神的空虚和无我的精神存在，就要完全摆脱个人的牵挂，而儒家是拥抱现实的思想，要对人类尽其职责义务，于是两种思想之间便有冲突。所谓解脱一事，只不过是在获得了精神上的和谐之后，使基层的人性附属于高层的人性，听其支配而已。一个人若能凭理性上的克己功夫获得此种精神上的和谐，他就不须完全离开社会才能获得解脱了。

比方说，在社会上有对抗邪恶一事。理学家朱熹批评苏东坡出狱后写的两首诗，说其中没有克己与自新之意。那两首诗，如前所见，似乎还是以前老苏东坡的本色未改。问题是，他是否有意改过向善？他是否有意要三缄其口，国事有错误也绝不批评吗？对不太亲密的朋友，他是一个回答法；对最好的朋友，他是另一个回答法。

在苏东坡写给朋友的两封信里，他吐露了肺腑之言。一封是给至交李常的。因为李常曾写诗去安慰他，但是李常的诗太感伤，苏东坡不以为然，写信回答他。信上说："仆本以铁心石肠待公，何乃尔耶？吾侪虽老且穷，而道理贯心肝，忠义填骨髓，直须谈笑于死生之际，若见仆困穷便相于邑，则与不学道者大不相远矣。……虽怀坎壈于时，遇事有可尊主泽民者，便忘躯为之，祸福得丧，付与造物。非兄，仆岂发此！看讫，便火之。不知者以为诟病也。"

在控告苏东坡案中，王巩获罪甚重，现在被流放在偏远的西南。苏东坡给他写过几封信。先表示己事使王巩受牵连，而受此苦难，至为难过，但接到王巩的信，知道王巩能于哲学中自求解脱，他回信中说："知定国为可人，而不肖他日犹得以衰颜白发厕宾客之末也……"接着说起道家长生之术，他自己正在修行。"近颇知养生，亦自觉薄有所得。见者皆言道貌与往日殊别。更相阔数年，索我阆风之上矣。兼画得寒林墨竹，已入神品。行草尤工，只是诗笔殊退也，不知何故。……所寄临江军书，久已收得。二书反复议论及处忧患者甚详，既以解忧，又以洗我昏蒙，所得不少也。然所谓'非苟知之亦允蹈之'者，愿公尝诵此语也。杜子美在困穷之中，一饮一食，未尝忘君，诗人以来，一人而已。"

但是对老朋友章惇，他的说法又不同。章惇现今官居参政谏议执事（副宰相），曾经写信劝东坡改过自新。对这位朋友，东坡写了一封非常贴切的回信，悔过之意，溢于言表。写得再得体不过，简直可以呈给天子龙目御览了。其文如下："平时惟子厚与子由极口见戒，反复甚苦。而轼强狠自用，不以为然。及在囹圄中，追悔无路，谓必死矣。不意圣主宽大,复遣视息人间。若不改者,轼真非人也。……轼昔年粗亦受知于圣主,使少循理安分,岂有今日。追思所犯,真无义理,与病狂之人蹈河入海者无异。方其病作,不自觉知,亦穷命所迫,似有物使。及至狂定之日,但有惭耳。而公乃疑其再犯,岂有此理哉?……"随后又叙述当时生活状况:"黄州僻陋多雨,气象昏昏也。鱼稻薪炭颇贱,甚与穷者相宜。然轼平生未尝作活计,子厚所知之。俸入所得,随手辄尽。而子由有七女,债负山积,贱累皆在渠处,未知何日到此。见寓僧舍,布衣蔬食,随僧一餐,差为简便。以此畏其到也。穷达得丧,粗了其理,但禄廪相绝,恐年载间,遂有饥寒之忧,不能不少念。然俗所谓水到渠成,至时亦必自有处置,安能预为之愁煎乎?初到,一见太守,自余杜门不出。闲居未免看书,惟佛经以遣日,不复近笔砚矣。"

家眷到达之后,苏东坡的生活似乎安定下来,不过等他的钱用完之后,日子要如何过,他还没想到。他的两个小儿子迨和过,一个十二岁,一个十岁。由于太守的礼遇,他们还能住在临皋亭,此地后来因苏东坡而得名。此处本是驿亭,官员走水路时,经此可以在此小住。苏东坡给一个朋友写道:"寓居,去江无十步,风涛烟雨,晓夕百变。江南诸山在几席,此幸未始有也。"此地是够美,但是其风景之美,主要还是来自诗人的想象。他对那栋夏天对着大太阳的简陋小房子,情有独钟,别的旅客一旦真看见,就会废然失望的。后来,又在那栋房子一边加了一间书斋给他用,他便吹嘘说,他午睡初醒,忘其置身何处,窗帘拉起,于坐榻之上,可望见水上风帆,远望则水空相接,一片苍茫。

临皋亭并不见得是可夸耀的,风光之美一半在其地方,另一半则在观赏风景之人。苏东坡是诗人,能见到、感到别人即便在天堂也见不到感不到的美。他在札记里写道:"东坡居士酒醉饭饱,倚于几上,白云左绕,清江右洄,重门洞开,林峦坌入。当是时,若有思而无所思,以受万物之备。惭愧,惭愧。"一封写给范镇儿子的信,语调则近诙谐,他说:"临皋亭下不数十步,便是大江,其半是峨眉雪水。吾饮食沐浴皆取焉,何必归乡哉?江山风月,本无常主,闲者便是主人。问范子丰新第园池,与此孰胜?所不如者,上无两税及助役钱耳。"

不过苏东坡确是生活困难,他花钱有一个特别预算方法,这是他在给秦少游的信里说的:"公择近过此,相聚数日,说太虚不离口。莘老未尝得书,知未暇通问。……初到黄,廪入既绝,人口不少,私甚忧之。但痛自节俭,日用不得过百五十(等于美金一角五分)。每月朔便取四千五百钱,断为三十块,挂屋梁上。平旦用画叉挑取一块儿，即藏去叉。仍以大竹筒别贮用不尽者，以待宾客。此贾耘老（贾收）法也。度囊中尚可支一岁有余。至时，别作经画，水到渠成，不须预虑。以此，胸中都无一事。"

由临皋亭苏东坡可以望长江对岸武昌的山色之美。他有时着芒鞋竹杖而出，雇一小舟，与渔樵为伍，消磨一日的时光。他往往被醉汉东推西搡或粗语相骂，"自喜渐不为人识"。有时过江去看同乡好友王齐愈。每逢风狂雨暴，不能过江回家，便在王家住上数日。有时自己独乘一小舟，一直到樊口的潘丙酒店，他发现那儿的村酒并不坏。那个地区产橘子、柿子，芋头长到尺来长。因为江上运费低廉，一斗米才卖二十文。羊肉尝起来，味美如同北方的牛肉。鹿肉甚贱，鱼蟹几乎不论钱买。歧亭监酒藏书甚多，以将书借人阅读为乐事。太守家有上好厨师，常邀东坡到家宴饮。

在元丰四年（一○八一），苏东坡真正务农了。他开始在东坡一片田地里工作，自称"东坡居士"。他过去原想弃官为农，没料到在这种情形之下被迫而成了农夫。他那《东坡八首》前面的小序中说："余至黄二年，日以困匮。故人马正卿哀予乏食，为于郡中请故营地数十亩，使得躬耕其中。地既久荒，为茨棘瓦砾之场，而岁又大旱，垦辟之劳，筋力殆尽。释耒而叹，乃作是诗，自愍其勤。庶几来岁之入，以忘其劳焉。"

东坡农场实际上占地约十亩，在黄州城东约三分之一里，坐落在山坡上。房子在顶上，共三间，俯见茅亭，亭下就是有名的雪堂。雪堂前面有房五间，是到黄州后次年的二月在雪中竣工的。墙是由诗人自己画的，画的是雪中寒林和水上渔翁。后来他就在此地宴请宾客。宋朝大山水画家米芾，那时才二十二岁（作者笔误，实为三十二岁——编者注），就是到雪堂认识的苏东坡，并与苏东坡论画。宋朝诗人陆游是在孝宗乾道六年（一一七〇）十月（据陆游《入蜀记》为八月——编者注）到的雪堂，是苏东坡去世后约七十年。他曾记述雪堂正中间挂着一张苏东坡像，像上所画东坡身着紫袍，头戴黑帽，手持藤杖，倚石而坐。

雪堂的台阶下，有一小桥，横跨一小沟而过，若非下雨，沟内常干涸。雪堂之东，有高柳树一株，为他当年所手植，再往东，有一小水井，中有冷泉，颇清冽，并无其他可取之处，只是诗人当年取水处而已。往东的低处，有稻田、麦田、一带桑林菜圃，为一片长地，另有一片大果园。他在他处种有茶树，是在邻近友人处移来的。

在农舍后面是远景亭，位于一小丘之上，下面乡野景色，一览无余。他的西邻姓古，有一片巨竹林园，竹茎周长约七寸，枝叶茂密，人行其中，不见天日。苏东坡就在此浓荫之中，消磨长夏，并寻找干而平滑的竹篦，供太太做鞋衬里之用。

苏东坡如今是真正耕作的农夫，并不是地主。在和友人孔平仲的一首诗里，他说：

去年东坡拾瓦砾，自种黄桑三百尺。
今年刈草盖雪堂，日炙风吹面如墨。

有一段日子，久旱不雨，后来下了雨，苏东坡和农人完全一样快活而满足，他写诗道：

沛然例赐三尺雨，造物无心恍难测。
…………
老夫作罢得甘寝，卧听墙东人响屐。
…………
腐儒粗粝支百年，力耕不受众目怜。
…………
会当作塘径千步，横断西北遮山泉。
四邻相率助举杵，人人知我囊无钱。

建筑可以说是苏东坡的本性，他是决心要为自己建筑一个舒适的家。他的精力全用在筑水坝，建鱼池，从邻居处移树苗，从老家四川托人找菜种上。在孩子跑来告诉他好消息，说他们打的井出了水，或是他种的地上冒出针尖般小的绿苗时，他会欢喜得像孩子般跳起来。他看着稻茎立得挺直，在微风中摇曳，或是望着沾满露滴的茎在月光之下闪动，如串串的明珠，他感到得意而满足。他过去是用官家的俸禄养家糊口；现在他才真正知道五谷的香味。在较高处他种麦子。一个好心肠的农人来指教他说，麦苗初生之后，不能任其生长，若打算丰收，必须让初生的麦苗由牛羊吃去，等冬尽春来时，再生出的麦苗才能茂盛。等他小麦丰收，他对那个农夫的指教无限感激。

苏东坡的邻人和朋友是潘酒监、郭药师、庞大夫、农夫古某；还有一个说话大嗓门儿跋扈霸道的婆娘，常和丈夫吵嘴，夜里像猪一般啼叫。黄州太守徐大受、武昌太守朱寿昌，也是对苏东坡佩服得五体投地的人。再一个是马梦得（字正卿），始终陪伴着苏东坡，而且非常忠实可靠，过去已经追随苏东坡二十年，非常信任他、崇拜他，现在该陪着受罪过穷苦日子了。苏东坡曾说，他的朋友跟随他而想发财致富，那如同龟背上采毛织毯子。他在诗里叹息："可怜马生痴，至今夸我贤。"四川眉州东坡的一位同乡，一个清贫的书生，名叫巢谷，特意来做东坡孩子的塾师。东坡的内兄在东坡来到黄州的第一年，曾来此和他们住了一段日子，后几年，子由的几个女婿曾轮流来此探望。苏东坡又给弟弟物色到一个女婿。根据子由的诗，对方从来没见过他就答应了婚事。那时苏东坡又吸引了一些古怪的人物,其中两个是道士,不但深信道教,而且是闲云野鹤般四海邀游的。因为苏东坡对长生的奥秘甚感兴趣,子由特别介绍其中一个去见苏东坡,此人据说已经一百二十七岁,后来这位道长就成了苏家的常客。第三年,诗僧参寥去看东坡,在苏家住了一年光景。但是东坡最好的朋友是陈慥,当年苏东坡少壮时曾和他父亲意见不合,终致交恶。陈慥住家离岐亭不远。东坡去看过他几次,陈慥在四年内去看过苏东坡七次。由于一个文学掌故,陈慥在中国文学史上以惧内而名垂千古了。今天中文里有"季常之癖"这个典故,季常是陈慥的号。陈季常这个朋友,苏东坡是可以随便和他开玩笑的。苏东坡在一首诗里,开陈季常的玩笑说:"龙丘居士亦可怜,谈空说有夜不眠。忽闻河东狮子吼,拄杖落手心茫然。"因为这首诗,在文言里用"河东狮吼"就表示惧内,而陈季常是怕老婆的丈夫,这个名字也就千古流传了。不过这首诗解释起来还有漏洞。据我们所知,陈季常的家庭生活很舒服自在,而且浪漫。再者"狮子吼"在佛经中指如来正声。我想可能的理由是陈季常的太太一定嗓门儿很高,苏东坡只是拿朋友开个玩笑而已。直到今天,"狮子吼"还是指絮絮不休的妻子。倘若苏东坡说是"母狮吼",就恰当多了。

苏东坡家庭很幸福,在他的一首诗里,他说妻子很贤德。这句话的意思是他妻子并不像他好多朋友的妻子,或是过去历史上好多名学者的妻子那样专横。虽然长子迈这时也能写诗,但几个儿子并没有什么才华。晋朝大诗人陶潜也以忧伤认命的心情写过一首《责子》诗,说儿子好坏全是天命,自己何必多管,他说:"天运苟如此,且进杯中物。"苏东坡说:"子还可责同元亮,妻却差贤胜敬通。"敬通为东汉学者。苏东坡这句诗自己加的注脚里说:"仆文章虽不逮冯衍,而慷慨大节乃不愧此翁。衍逢世祖英睿好士,而独不遇,流离摈逐,与仆相似,而衍妻妒悍甚。仆少此一事,故有'胜敬通'之句。"

大约在此时,东坡收朝云为妾。我们记得,苏东坡的妻子在杭州买朝云时,她才十二岁。按照宋朝时的说法,我们可以说她是苏太太的妾。妻子的丫鬟可以升而为丈夫的妾,在古代中国是极平常的事。如此一个妾,无论在哪方面,都不失为太太的助手。因为妻子要伺候丈夫,比如准备洗澡水,妾就比一个普通丫鬟方便得多,不必在丈夫面前有所回避了。朝云现在已经长大,天资极佳,佩服苏东坡的人都很赞赏她。在苏家把她买进门时,有些人作诗给她就犹如她已经是个富有才艺的杭州歌伎一般。但仔细研究,则知实际并不如此。由苏东坡自己写的文字上看,朝云是来到苏家才开始学读与写的。佩服苏东坡的人都对朝云有好感，朝云是当之无愧的，因为苏东坡晚年流放在外，始终随侍左右的便是朝云。

在元丰六年（一〇八三），朝云生了一个儿子，起名叫遁儿。在生下三天举行洗礼时，苏东坡写诗一首，用以自嘲：

人皆养子望聪明，我被聪明误一生。
唯愿孩儿愚且鲁，无灾无难到公卿。

苏东坡自己善于做菜，也乐意自己做菜吃，他太太一定颇为高兴。根据记载，苏东坡认为在黄州猪肉极贱，可惜"富者不肯吃，贫者不解煮"，他颇引为憾事。他告诉人个炖猪肉的方法，极为简单。就是用很少的水煮开之后，用文火炖上数小时，当然要放酱油。他做鱼的方法，是今日中国人所熟知的。他先选一条鲤鱼，用冷水洗，擦上点儿盐，里面塞上白菜心。然后放在煎锅里，放几根小葱白，不用翻动，一直煎，半熟时，放几片生姜，再浇上一点儿咸萝卜汁和一点儿酒。快要好时，放上几片橘子皮，趁热端到桌上吃。

他又发明了一种青菜羹，就叫作东坡羹。这根本是穷人吃的，他推荐给和尚吃。方法就是用两层锅，米饭在菜汤上蒸，同时饭菜全熟。下面的汤里有白菜、萝卜、油菜根、荠菜，下锅之前要仔细洗好，放点儿姜。在中国古时，汤里照例要放进些生米。在青菜已经煮得没有生味道之后，蒸的米饭就放入另一个漏锅里，但要留心莫使汤碰到米饭，这样蒸汽才能进得均匀。

在这种农村气氛里，他觉得自己的生活越来越像田园诗人陶潜的生活，他对陶潜极其佩服。陶潜也是因为任彭泽县令时，郡遣督邮至，县吏告诉他应当穿官衣束带相见，陶潜不肯对上方派来的税吏弯腰行礼，即解印绶去职，归隐农桑。苏东坡写过一首诗，说陶潜一定是他的前身。这种说法若出自一个小诗人之口，未免狂妄自大，若苏东坡说出来，只觉得妥当自然。他越读陶诗，越觉得陶诗正好表现自己的情思和生活。

有些乐事，只有田园诗人才能享受。在弃官归隐时，陶潜写了一篇《归去来兮辞》，只可惜不能歌唱。苏东坡出于每天在田亩耕作的感想，把《归去来兮辞》的句子重组，照民歌唱出，教给农夫唱，他自己也暂时放下犁耙，手拿一根小棍，在牛角上打拍子，和农夫一起唱。

苏东坡很容易接受哲学达观思想的安慰。在雪堂的墙上门上，他写了三十二个字给自己昼夜观看，也向人提出四种警告：

出舆入辇，蹶痿之机。
洞房清宫，寒热之媒。
皓齿蛾眉，伐性之斧。
甘脆肥浓，腐肠之药。

失去人间美好的东西之人，才有福气！苏东坡能够到处快乐满足，就是因为他持这种幽默的看法。后来他被贬谪到中国本土之外的琼崖海岛，当地无医无药，他告诉朋友说："每念京师无数人丧生于医师之手，予颇自庆幸。"

苏东坡觉得他劳而有获，心中欢喜，他写出："某见在东坡，作陂种稻，劳苦之中，亦自有乐事。有屋五间，果菜十数畦，桑百余本。身耕妻蚕，聊以卒岁也。"

苏东坡现在衣食足堪自给，心满意足。他今日之使我们感到亲切自然之处，是那一片仁爱心。当年在他所住地区溺死初生婴儿的野蛮风俗，最使他痛心。他给武昌太守写过一封信，太有价值，并不是因为文辞好，而是内容好。英国十八世纪作家斯威夫特曾向贵族推荐婴儿肉为美味，并说此举为大举杀害婴儿的有力计策，即便是当讽刺话来说，我常常纳闷儿他何以竟说得出口？斯威夫特是当笑话说的，但是这种恶劣玩笑，是苏东坡所不能领略的。苏东坡从本地一个读书人口中刚一听到这杀婴恶俗，便立刻提笔给本地太守写了一封信，请朋友带信亲身去见太守。这是那封信：

与朱鄂州书

轼启：

……昨日武昌寄居王殿直天麟见过，偶说一事，闻之酸辛，为食不下。念非吾康叔之贤，莫足告语，故专遣此人。俗人区区，了眼前事，救过不暇，岂有余力及此度外事乎？

天麟言：岳鄂间田野小人，例只养二男一女，过此辄杀之，尤讳养女，以故民间少女，多鳏夫。初生，辄以冷水浸杀，其父母亦不忍，率常闭目背面，以手按之水盆中，咿嘤良久乃死。有神山乡百姓石揆者，连杀两子。去岁夏中，其妻一产四子。楚毒不可堪忍，母子皆毙。报应如此，而愚人不知创艾。天麟每闻其侧近有此，辄驰救之，量与衣服饮食，全活者非一。既旬日，有无子息人欲乞其子者，辄亦不肯。以此知其父子之爱，天性故在，特牵于习俗耳。

闻鄂人有秦光亨者，今已及第，为安州司法。方其在母也，其舅陈遵，梦一小儿挽其衣，若有所诉。比两夕，辄见之，其状甚急。遵独念其姊有娠将产，而意不乐多子，岂其应是乎？驰往省之，则儿已在水盆中矣，救之得免。鄂人户知之。

准律，故杀子孙，徒二年。此长吏所得按举。愿公明以告诸邑令佐，使召诸保正，告以法律，谕以祸福，约以必行，使归转以相语。仍录条粉壁晓示，且立赏召人告官，赏钱以犯人及邻保家财充，若客户则及其地主。妇人怀孕，经涉岁月，邻保地主，无不知者。若后杀之，其势足相举觉，容而不告，使出赏固宜。若依律行遣数人，此风便革。

公更使令佐各以至意诱谕地主豪户，若实贫甚不能举子者，薄有以赒之。人非木石，亦必乐从。

但得初生数日不杀，后虽劝之使杀，亦不肯矣。自今以往，缘公而得活者，岂可胜计哉！

佛言杀生之罪，以杀胎卵为最重。六畜犹尔，而况于人。俗谓小儿病为无辜，此真可谓无辜矣。悼耄杀人犹不死，况无罪而杀之乎？公能生之于万死中，其阴德十倍于雪活壮夫也。……

轼向在密州，遇饥年，民多弃子。因盘量劝诱米，得出剩数百石别储之，专以收养弃儿，月给六斗。比期年，养者与儿，皆有父母之爱，遂不失所，所活亦数千人。此等事，在公如反手耳。恃深契，故不自外。不罪！不罪！此外，惟为民自重。不宣。轼再顿首。

苏东坡自己成立了一个救儿会，请心肠慈悲、为人正直的邻居读书人古某担任会长。救儿会向富人募捐，请每年捐助十缗，多捐随意，用此钱买米、买布、买棉被。古某掌管此钱，安国寺一个和尚当会计，主管账目。这些人到各乡村调查贫苦的孕妇，她们若应允养育婴儿，则赠予金钱、食物、衣裳。苏东坡说，如果一年能救一百个婴儿，该是心头一大喜事。他自行每年捐出十缗钱。他行的才是最上乘的佛教教义。

我总以为，不管何处，只要人道精神在，宗教即可再兴；人道精神一死，宗教也随之腐烂了。

第十六章　赤壁赋

苏东坡现在过的是神仙般的生活。黄州也许是湫隘肮脏的小镇，但是无限的闲暇、美好的风景、诗人敏感的想象、对月夜的倾心、对美酒的迷恋——这些合而为一，便强而有力，足以使诗人的日子美满舒服了。庄稼已然种上，无金钱财务的烦心，他开始享受每一个日子给他的快乐。他有一群朋友，像他一样，可以把时间自由运用，而且还在一方面像他——身上金钱不多，身边空闲不少。在那些人之中，有一个奇特无比的李岩，若不是苏东坡笔下记载他的睡量之大，后代便对他茫然无知了。午饭之后，朋友正下围棋之时，李岩便到躺椅上一躺，立刻睡着。下了几盘之后，李岩翻个身说："我刚睡了一回合，你们战了几回合了？"苏东坡在他的札记里说：李岩在四脚棋盘上用一个黑子独自作战。"着时自有输赢，着了并无一物。"此等生活真是睡梦丰足，苏东坡觉得欧阳修的这首七绝描写得最好：

夜凉吹笛千山月，路暗迷人百种花。
棋罢不知人换世，酒阑无奈客思家。

苏东坡在农舍雪堂和城中临皋亭两处住，每天两处往返，那不过是不到三分之一里的一段脏泥路，却大概变成了文学史上最出名的一条路。在过了城镇中那一段小坡之后，就到了黄泥坂，一直通到起伏的丘陵。那个地方向四周一望，似乎全是黄色，只有树木苍翠、竹林碧绿而已。苏东坡曾在徐州建有黄楼。现今住在黄州，日日横过黄泥坂，而后到达黄冈的东坡。他已经脱去了文人的长袍，摘去了文人的方巾，改穿农人的短褂子，好使人不能辨识他士大夫的身份。他每天来往走这段路。在耕作之暇，他到城里去，喝得小有酒意，在草地上躺下便睡，直到暮色沉沉时好心肠的农人把他叫醒。有一天，他喝醉之后，写出了一首流浪汉狂想曲，名为《黄泥坂词》。其结尾部分如下：

朝嬉黄泥之白云兮，暮宿雪堂之青烟。喜鱼鸟之莫余惊兮，幸樵苏之我嫚。

初被酒以行歌兮，忽放杖而醉偃。草为茵而块为枕兮，穆华堂之清晏。纷坠露之湿衣兮，升素月之团团。感父老之呼觉兮，恐牛羊之予践。

于是蹶然而起，起而歌曰：月明兮星稀，迎余往兮饯余归。岁既晏兮草木腓。归来归来兮，黄泥不可以久嬉。

但是他和酒友的夜游却引起了有趣的谣言，不但在当地，连宫廷都知道了。也幸喜饮酒夜游，这种生活才使他写出了不朽的杰作，有诗，也有散文。他那篇牛肉与酒的小文，记的就是一件异乎寻常的荒唐夜游行径。

今日与数客饮酒，而纯臣适至。秋热未已而酒白色，此何等酒也？入腹无赃，任见大王。既与纯臣饮，无以侑酒。西邻耕牛适病足，乃以为炙。饮既醉，遂从东坡之东直出，至春草亭而归，时已三鼓矣。

当时有一个人说春草亭位于城外，由此篇文字足以证明苏东坡喝私酒，杀耕牛，在城门已关闭之后，乃醉醺醺地爬过城墙而回。"难道纯臣也是个荒唐鬼？"

又一次夜游，他可把太守吓坏了。他在江上一条小舟中喝酒，夜晚的天空极美，他一时兴起，唱词一首道：

夜饮东坡醒复醉，归来仿佛三更。家童鼻息已雷鸣，敲门都不应，倚杖听江声。

长恨此身非我有，何时忘却营营。夜阑风静縠纹平。小舟从此逝，江海寄余生。

第二天，谣传苏东坡曾到过江边，写了这首告别词，已经顺流而下逃走了。这谣言传到太守耳朵里，他大惊，因为他有职责监视苏东坡不得越出他的辖境。他立刻出去，结果发现苏东坡尚卧床未起，鼾声如雷，仍在酣睡。这谣言也传到了京都，甚至传到皇帝的耳朵里。

次年，产生了一个更严重的谣言。苏东坡过去胳膊上就患有风湿，后来右眼也受了影响，有几个月他闭门不出，谁也没见到他。那时，散文大家曾巩在另一省死亡，这时，又一个谣言传开，说苏东坡也在同一天去世，二人一同玉楼赴召，同返天庭了。皇帝听说，向一位大臣询问，那大臣是苏东坡的亲戚。他回奏说也曾听到此一消息，但不知是否可靠。那时皇帝正要吃午饭，却无胃口吃，叹了口气说："难得再有此等人才。"于是离桌而去。这消息也传到范镇耳朵里，他哭得很伤心，吩咐家人去送丧礼。随后一想，应当派人到黄州打听清楚才好。一打听才发现传闻失实，都起于苏东坡数月闭门不出的缘故。苏东坡给范镇的回信里说："平生所得毁誉，殆皆此类也。"

苏东坡这种解脱自由的生活，引起他精神上的变化，这种变化遂表现在他的写作上。他讽刺的苛酷,笔锋的尖锐,以及紧张与愤怒,全已消失,代之而出现的,则是一种光辉温暖、亲切宽和的诙谐,醇甜而成熟,透彻而深入。倘若哲学有何用处,就是能使人自我嘲笑。在动物之中,据我所知,只有人猿能笑,不过即使我们承认此一说法,但我信而不疑的是,只有人能嘲笑自己。我不知道我们能否称此种笑为神性的笑。倘若希腊奥林匹斯圣山的神也犯人所犯的错误,也有人具有的弱点,他们一定常常自我嘲笑吧。但是基督教的神与天使,则绝不会如此,因为他们太完美了。我想,若把自我嘲笑这种能力称之为沦落的人类唯一自救的美德,该不是溢美之词吧。

在苏东坡完全松弛下来而精神安然自在之时,他所写的随笔杂记,就具有此种醇甜的诙谐美。他开始在他的随笔里写很多漫谈偶记,既无道德目的,又乏使命作用,但却成了最为人喜爱的作品。他写了一篇文字,说自己的贫穷,又说到他门人的贫穷。他说:"马梦得与仆同岁月生,少仆八日。是岁生者无富贵人,而仆与梦得为穷之冠。即吾二人而观之,当推梦得为首。"另有一篇随笔,是两个乞丐的故事:

有二措大相与言志。一云:"我平生不足惟饭与睡尔。他日得志,当饱吃饭,饭了便睡,睡了又吃。"一云:"我则异于是。当吃了又吃,何暇复睡耶?"

不管在什么情况之下,幸福都是一种秘密。但是凭苏东坡的作品而研究其内在的本性,借此以窥探他那幸福的秘密,便不是难事了。苏东坡这位天纵大才,所给予这个世界者多,而所取自这个世界者少,他不管身在何处,总是把稍纵即逝的诗的感受,赋予不朽的艺术形式,而使之长留人间。在这方面,他丰裕了我们每个人的生活。他现在所过的流浪汉式的生活,我们很难将其看作一种惩处,或是官方的监禁。他享受这种生活时,他给天下写出了四篇他笔下最精的作品:一首词《念奴娇·赤壁怀古》,又名《酹江月》,也以《大江东去》著称;两篇月夜泛舟的前、后《赤壁赋》;一篇《记承天寺夜游》。单以能写出这些绝世妙文,仇家因羡生妒,把他关入监狱也不无道理。赤壁夜游是用赋体写的,也可以说是描写性的散文诗,有固定的节奏与较为宽泛的音韵。苏东坡完全是运用语调和气氛。这两篇赋之出名不无缘故,绝非别人的文章可比,因为只用寥寥数百字,就把人在宇宙中之渺小的感觉道出,同时把人在这个红尘生活里可享受的大自然丰厚的赐予表明。在这两篇赋里，即便不押韵，即便只凭文字巧妙的运用，诗人已经确立了一种情调，不管以前已然读过十遍百遍，对读者还会产生催眠的作用。人生在宇宙中之渺小，表现得正像中国的山水画。在山水画里，山水的细微处不易看出，因为已消失在水天的空白中，这时两个微小的人物，坐在月光下闪亮的江流上的小舟里。由那一刹那起，读者就失落在那种气氛中了。

苏东坡正和同乡道人杨世昌享受夜景，那是七月十六仲夏之夜。清风在江面上缓缓吹来，水面平静无波。东坡与朋友慢慢喝酒吟诗。不久，明月一轮出现于东山之上，徘徊于北斗星与牵牛星之间。白雾笼罩江面，水光与雾气相接。二人坐在小舟中，漂浮于白茫茫的江面之上，只觉得人如天上坐，船在雾中行，任其漂流，随意所致。二人开始歌唱，手拍船舷为节拍。唱出了：

桂棹兮兰桨，击空明兮溯流光。
渺渺兮予怀，望美人兮天一方。

东坡的朋友善吹箫，开始吹起来，东坡哼着歌唱，箫声奇悲，如怨如慕，如泣如诉，余音袅袅，细若游丝，最后消失于空气之中。另一条船上的寡妇竟闻之而泣，水中的鱼也为之感动。

苏东坡也为箫声所动，问朋友何以箫声如此之悲。朋友告诉他："你还记得在赤壁发生的往事吧？"一千年以前，一场水战在此爆发，决定了三国蜀魏吴的命运。难道苏东坡不能想象曹操的战船，真是帆樯如林，自江陵顺流而下吗？曹操也是个诗人。难道东坡不记得曹操作的"月明星稀，乌鹊南飞"的诗句吗？朋友又向东坡说："这些英雄，而今安在？今天晚上，你我无拘束，驾一叶之扁舟，一杯在手，享此一时之乐。我们不啻宇宙中的一蚊蝇，沧海中的一沙砾。人生在瞬息之间，即化为虚幻，还不如江流之无尽，时光之无穷。我真愿挟飞仙而遨游于太虚之中，飞到月宫而长生不返。我知道这些只是梦想，从无实现之望，所以不觉箫声吹来，便如此之悲了。"

苏东坡安慰朋友说："你看水和月！水不断流去，可是水依然在此；月亮或圆或缺，但是月亮依然如故。你若看宇宙之中发生的变化，没有经久不变的，何曾有刹那间的停留？可是你若从宇宙中不变化的方面看，万物和我们人都是长久不朽的。你又何必羡慕这江水呢？再者，宇宙之中，物各有主，把不属于我们的据为己有，又有何用？只有江上之清风、山间之明月，是供人人享受的。凭我们的生命和血肉之躯，耳听到而成声，目看到而成色——这些无限的宝贝，取之不尽，用之不竭，造物无私，一切供人享受，分文不费，分文不取。"

听了这一番话，朋友也欣然欢笑。二人洗净杯盘，继续吃喝。后来，不待收拾桌子，便躺下睡去，不知东方已经露出了曙光。

三个月以后，苏东坡又写了一篇《后赤壁赋》。还是月明之夜，苏东坡和两个朋友自雪堂漫步走向临皋亭。路上经过黄泥坂。地有白霜，树无青叶。人影在地，明月在天。几个朋友十分快乐，开始吟唱，一人一节。不久，一个人说："月白风清，如何度此良夜，方为不虚？我们好友相聚，竟没有酒菜，岂非美中不足？"其中一人说："今天傍晚，我捕到几条鱼，巨口细鳞，好像松江的鲈鱼，可是哪儿去弄酒呢？"苏东坡决定回去央求妻子给他们点儿酒，做酒总是妻子见长的事。他们真是喜出望外，因为苏东坡的妻子说家里有几坛子酒，收藏已久，就是为了随时喝好方便。几个朋友于是携着酒和鱼，又到赤壁之下泛舟夜游去了。江水落了很多，好多巨大的岩石都在水面露出，而赤壁尤

其显得在水面之上岸然高耸。不过几个月的工夫，风光已大为不同，几乎不能辨认了。在夜色美妙的魅力下，苏东坡要朋友和他一同攀登到赤壁之上，但是朋友不肯，苏东坡一个人爬上去。他把衣裳塞起来，在灌丛荆棘之中，寻路上去，一直爬到最高处，他知道那里住着两只苍鹰。他立在巨大的岩石上，向夜空大声吼啸，四周小谷有声相应答，他一时都忘记了自己置身何处，忽然不知何故，竟感悲从中来，觉得不能在那儿停留过久。他下去，又回到舟中，解开缆绳，任凭小舟顺流漂动。

时将半夜，四周一片寂静。两只仙鹤，孤零零地，自东方飞来，伸展着雪白的翅膀，仿佛仙人的白袍飘动。两只鹤长鸣几声，在船上掠过，一直往西飞去。苏东坡心里纳闷，不知将有何事发生。不久大家回家去。苏东坡上床就寝，得了一梦。梦里看见两个道士，身披羽衣，状若仙人。他们认得苏东坡，问他赤壁之游是否很快乐。东坡请问姓名，二人不答。东坡说："我明白了。今天晚上我看见你们俩从我头上飞过去了！"两个道士微微一笑，东坡便从梦中醒来。他开窗外望，一无所见，外面街道上只有一片寂寥而已。

苏东坡怎样确立一种气氛，由上面可以看出，他是暗示另外一个境界，一个道家的神仙境界，两

《赤壁后游图》
中国画　马和之　宋　北京故宫博物院藏
苏轼被贬黄州，两度夜游黄州赤壁，写下了前、后《赤壁赋》和著名的《念奴娇·赤壁怀古》，寄怀古幽思，泄胸中块垒。《赤壁赋》主要写真景实情，《后赤壁赋》描写了较多虚景幻境。马和之的《赤壁后游图》，画面景象比较简练，却点出了主要情节。一叶扁舟随波漂荡，艄公挟橹观景，正是"放乎中流，听其所止而休焉"的情景。

只仙鹤自然是沿用已久的道家象征。他表示自己不知置身何处，便引起读者迷离惝恍之感。根据中国人的信念，现在的人生，只是在人间瞬息的存在，自己纵然不知道，但是很可能前生是神仙，下一辈子也会再度是神仙。

　　大约和写这两篇小赋同时，苏东坡又写了一篇短短的月下游记。一天夜里他不能入睡，起来在承天寺月下漫步，承天寺离临皋亭很近。所记只是刹那间一点儿飘忽之感而已。这篇游记现在已然成了散文名作，因其即兴偶感之美，颇为人所喜爱。

记承天寺夜游

　　元丰六年十月十二日，夜，解衣欲睡，月色入户，欣然起行。念无与为乐者，遂至承天寺寻张怀民。怀民亦未寝，相与步于中庭。庭下如积水空明，水中藻荇交横，盖竹柏影也。何夜无月？何处无竹柏？但少闲人如吾两人者耳。

　　这篇小品极短，但确是瞬息间快乐动人的描述。我们若认识到苏东坡主张在写作上内容决定外在形式的道理，也就是说一个人作品的风格只是他精神的自然流露，我们便可以看出，若打算写出宁静欣悦，必须先有此宁静欣悦的心境。他究竟怎样陶冶出此种恬适的心境呢？且听下回分解。

第十七章　瑜伽与炼丹

苏东坡曾经说："未有天君不严而能圆通觉悟者。"解脱，或佛道，皆始于此心的自律。人在能获得心的宁静之前（心情宁静便是佛学上之所谓解脱），必须克服恐惧、恼怒、忧愁等感情。在黄州那一段日子，苏东坡开始钻研佛道，以后的作品也就染上了佛道思想的色彩。他潜心研求灵魂的奥秘。他问自己，人如何才能得到心情的宁静？有印度的瑜伽术，有道家的神秘修炼法，为人提供精确的心灵控制法，保证可以达到情绪的稳定，促进身体的健康，甚至，当然是在遥远的以后，甚至发现长生不死的丹药。对于精神的不朽，苏轼毫不怀疑，但是肉体的永生呢？他对寻求长生之术十分着迷。人身的不朽与精神的不朽是应当截然划开的，因为不管对身体如何看法，身体只不过是个臭皮囊。精神若经过适当的修炼，早晚会抛下这个臭皮囊而高飞到精神界去。身体的不朽，退一步说，至少包括一个可修炼得到的目标，就是延缓衰老，增长寿命。

所谓长寿秘诀，包括很多因素与目的，以及瑜伽、佛道及中国医学传统的要素。长寿的目的包括身心两方面。在身体方面，其目的在求容光焕发的健康、体格精力的强壮，以及祛除缠绵的痼疾；精神方面，在于求取心灵和情绪的稳定以及灵魂元气的放发。再加上朴质的生活，某些中药的辅助，便可返老还童，享受长寿。这些，在道家看来，就与长生术在不知不觉中融合起来。简单说，这种方法在中国叫作"养生术"或是"炼丹"。所寻求的丹，是内外兼指。"内丹"，按照道教的办法，是练肚脐以下部位；"外丹"是中国炼丹家所寻求的一种长生不死之药，一旦得到手而服用之，便可骑鹤升天。"外丹"中最重要的成分是汞的合金。在这一点上，长寿术和炼金术却混而为一了，完全与欧洲的炼金术相似。当然，对一个哲学家而言，人若高寿而健康，又有黄金花费，到天堂去反倒成为次要。因为还有什么要请求上帝的呢？

苏东坡的弟弟子由练瑜伽术倒走在他前面，根据子由自己的话，是在神宗熙宁二年（一〇六九），他从一个道士学的。这个道士给苏东坡的次子看病，方法是吹"神"入腹。子由到淮扬送兄长到黄州时，苏东坡发现弟弟外貌上元气焕发。子由在童年时夏天肠胃消化不好，秋天咳嗽，吃药不见效。现在他说练瑜伽气功和定力，病都好了。苏东坡到了黄州，除去研读佛经之外，他也在一家道士观里闭关七七四十九天，由元丰三年（一〇八〇）冬至开始。在他写的《安国寺记》里可以看出，他大部分时间都练习打坐。他在天庆观深居不出，则是练道家的辟谷和气功，这种功夫反倒在道家中发展得更高深，其实是从印度佛教传入中国的。苏东坡同时给武昌太守写信，向他请教炼朱砂的方子。在他写的一首诗里，他说在临皋亭里已经辟室一间，设有炉火，以备炼丹之用。

他在给王巩的信里，道出他对修炼各方面的看法。

安道软朱砂膏，某在湖州服数两，甚觉有益。到彼可久服。子由昨来陈相别，面色殊清润，目光炯然，夜中行气脐腹间，隆隆如雷声。其所行持，亦吾辈所常论者，但此君有志节能力行耳。粉白黛绿者，俱是火宅中狐狸、射干之流，愿深以道眼看破。此外又有一事，须少俭啬……

近有人惠丹砂少许，光彩甚奇，固不敢服，然其人教以养火，观其变化，聊以怡神遣日。宾（广西宾州，王巩今居此）去桂不甚远，朱砂若易致，或为致数两，因寄及，稍难即罢，非急用也。穷荒之中，恐亦有一二奇士，当以冷眼阴求之。大抵道士非金丹不能解化，而丹材多出南荒，故葛稚川（葛洪）乞

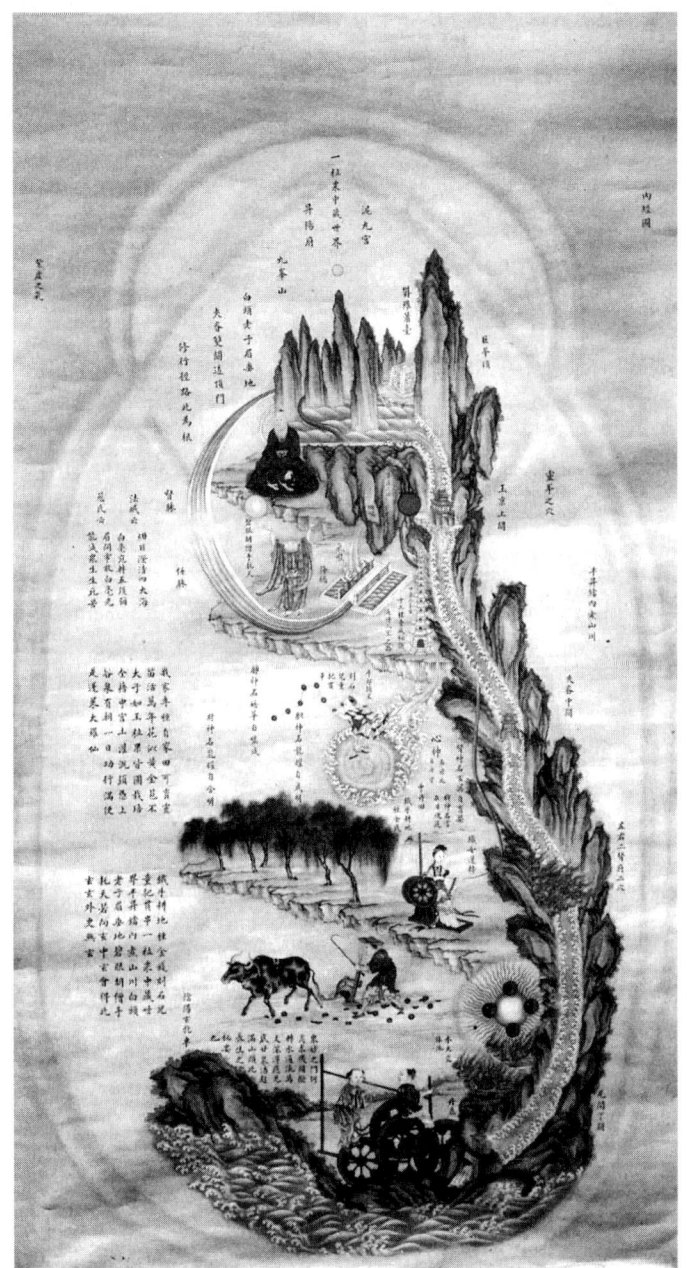

《内经图》（又名《内景图》）

中国画　清　中国医史博物馆藏

养生是先秦道家几千年来的一贯思想。延年益寿，人同此心，世人于此莫不关注。中国现存养生术可分为通论、食养、导引、炼丹等几大类。养生的目的是延年益寿，康健无疾。这幅《内经图》就是用来帮助使用者修炼养生术而专门绘制的。

屿嵝令,竟化于广州,不可不留意也。陈璞一月前,直往筠州看子由,亦粗传要妙,云非久当来此。此人不惟有道术,其与人有情义,久要不忘如此,亦自可重。道术多方,难得其要,然以某观之,惟能静心闭目,以渐习之,……似觉有功。幸信此语,使真气云行体中,瘴冷安能近人也?

　　印度瑜伽术功夫及其理论何以中国道家比中国佛家反易于吸收?其理亦至为简单。诚然,中国佛教中亦有禅宗一派,专下打坐功夫,为印度佛教与中国道教哲学之混合。不过,实由中国道教先有自然之基础,才能吸收瑜伽之要义。道家之特点在于重视自然的冥想沉思,重视由清心寡欲以求心神的宁静,尤其重视由修炼以求长生不老。在庄子《南华经》里,我们发现有几个词语,劝人凝神沉思,甚至于凝思内观,这显然是印度教的特性。即便我们退一步,承认这是后人篡改的,但此种篡改至晚已是在第三或第四世纪了。

　　在其他宗教里,再没有把宗教和身体锻炼结合得那么密切的。练瑜伽术时,由于控制身心,就导人入于宗教的神秘体会。其领域由控制反射和不随意肌,进而叩精神能力较深的境界。其益处为身心两面。由于采取身体的某种姿势与呼吸的控制,再继之以冥坐,瑜伽术的修炼者可以达到对宇宙巨大物体遗忘的心境,最后修炼者则达到物我两忘完全无思想的真空境界,其特点是恍惚出神的喜悦。修炼者承认此种喜悦的空虚状态只是暂时的,除非死亡才能继续;不过,这种恍惚的喜悦感确实是舒服,使练此功夫的人都愿尽量享受。现代练瑜伽术的印度人和中国人都承认他们获得的身体健康、心情宁静,与情绪的均衡,都非以前梦想之所及。中国的修炼者不知道那是瑜伽,称之为"打坐",或"静坐""内省""冥思",或是其他佛道两家的名称。自然其他身体扭曲过甚的姿势,如"孔雀姿""鱼姿",中国学者以其过于费劲,拒而不学,而苏东坡也只是以练几个舒服姿势为满足,这未尝不可以说算是中国对瑜伽的贡献。

　　一般而论,我们在此并非对练习瑜伽术感兴趣,只是对苏东坡在元丰六年(一〇八三)详细说明的瑜伽术练习有些好奇而已。那时,他对佛经道藏已然大量吸收,而且时常和僧道朋友们讨论。以他弟弟为法,他开始练气功和身心控制。对求长生不死之药的想法,他并不认真,但是即便没法得到,但对获得身体健康与心情宁静,他总是喜欢。需要知道的是,中国人的养生之道,在实际和理论上,都和西洋不同。按中国人的看法,人不应当浪费精力去打球追球,因其正好与中国人的养生之道相违反,中国人的养生是"保存精力"。而瑜伽对身心卫生的方法最适合中国文人,因瑜伽的精义是休息,是有计划的、自己感觉得到的休息。不但规定在固定时间停止呼吸,并且身体采取休息的姿势,同时还要消灭静坐在扶手椅中时头脑里自然的活动。练习瑜伽全部的努力,可以用简单而非专门的术语描写为——在于努力少思索,以至一无所思。最后这无所思乃是最难做到的。最初是集中思想于一点,这已经够难,因为人的头脑习惯于由这个思想转到另一个相关联的思想。使思想集于一点还是最低阶段;再高一点儿,使专心于一点进而到一点皆无的沉思,最后达到恍惚出神的愉快境界。

  瑜伽的特点是全部身心的休息,再由于各种方式的控制呼吸以增加氧气的吸入。这时胃中轻灵无负担,浑身处于一完全放松的姿势,深深地呼吸,身体则保持于非常容易得到氧气的状态,而同时并不消耗同等量的精力。而别的运动则不然,所以说养生之道再没有如此理想的。因此,我们似乎可以了解,如果在万籁俱寂的深夜,在家中练这种功夫,人的头脑可以锐敏到感觉出自身内在的生理功能的活动。因为在最后阶段,人的心灵活动可以脱离自己而成为自己的观察者。在更为微妙的阶段,心灵以旁观者之身,可以观察两个思想之间那段空白。最后阶段,在心灵里一无所思,而能觉察比较微妙的次原子物质的形式,消除了一般人与自我的观念,这个阶段各宗教皆有其不同的宗教解释。一种解释是个人的灵魂与世界灵魂完全地融合,这正是印度教修炼的目标。但是,不管人对宗教的看法如何,瑜伽术使人获得的心境,虽然与睡眠和自我暗示状态相似,还是不同于此等状态,因为心灵还保持完全的自觉和反射的控制，而且瑜伽术的修炼者分明记得这种状态下发生的一切活动。

苏东坡在描写自己的修炼时，发现瑜伽术有很多明确的特点。他控制呼吸，似乎是脉搏跳动五次算呼吸的一周期。吸、停、呼的比率是1∶2∶2。停止呼吸最长的时间是"闭百二十至而开，盖已闭得二十余息也"，照印度的标准，较低的限制，是大约一百四十四秒。像一般瑜伽的修炼者一样，他计算他的呼吸周期，也和他们一样，他自称在控制呼吸时（吞吐比例规则）有一段时间完全自动而规律。在集中注意力时，他也是凝神于鼻尖，这是瑜伽的一个特点。他也描写了一种为人所知的瑜伽感觉，在此期间，心灵完全休息，再加上内在知觉的高度锐敏，他觉察到脊椎骨和大脑间的振动，以及浑身毛发在毛囊中的生长。最后，在他写的那篇《养生诀》里，他描写此种状态的舒服，与从此种运动所获得心灵宁静的益处。

关于此种运动的心灵方面，他的修炼仍是瑜伽术。在给弟弟子由的一封短信里，他描写正统瑜伽默坐的目的。他认为从感官解脱出来之后，真正体会到真理，或上帝，或世界的灵魂，不是在于看到什么，而是在于一无所见。他致子由的信如下：

任性逍遥，随缘放旷，但尽凡心，无别胜解。以我观之，凡心尽处，胜解卓然。但此胜解，不属有无，不通言语，故祖师教人到此便住。如眼翳尽，眼自有明，医师只有除翳药，何曾有求明药？明若可求，即还是翳。……而世之昧者，便将颓然无知认作佛地。若如此是佛，猫儿狗子得饱熟睡，腹摇鼻息，与土木同，当恁么时，可谓无一毫思念，岂可谓猫狗已入佛地？……今日闹里忽捉得些子。……元丰六年三月二十五日。

据我所知，苏东坡赋予了瑜伽几项中国要素。他不但排除了那些弯曲腰、腿、脖子等类似特技的动作，以及其他粗怪的扭曲动作，而且增加了定时地咽唾液，这完全来自道家合乎生理的心得。他向张方平推荐他的修炼方法，在信里他这样描写：

每夜以子后披衣起，面东或南，盘足，叩齿三十六通，握固，闭息，内观五脏，肺白、肝青、脾黄、心赤、肾黑。次想心为炎火，光明洞彻，入下丹田中。待腹满气极，即徐出气。候出入息匀调，即以舌接唇齿，内外漱炼津液，未得咽下。复前法。闭息内观，纳心丹田，调息漱津，皆依前法。如此者三，津液满口，即低头咽下，以气送入丹田。须用意精猛，令津与精气谷谷然有声，径入丹田。又依前法为之。凡九闭息，三咽津而止。然后以左右手热摩两脚心，及脐下腰脊间，皆令热彻。次以两手摩熨眼、面、耳、项，皆令极热。仍按捏鼻梁左右五七下，梳头百余梳而卧，熟寝至明。

吞咽唾液是根据下面生理的推论，与道家五行宇宙论密切相关，我们未免觉得怪诞，可是对相信此种宇宙论的人则颇有道理。苏东坡所写最难懂的一篇散文叫《续养生论》，在这篇文章里，他把中国极其难懂的古语"龙从火里出""虎向水中生"解释得十分令人满意。苏东坡说，我们随时都在消耗自己的精力，主要是两种方式：第一为火，包括种种情绪上的纷扰，如恼怒、烦闷、情爱、忧愁等；第二为水，包括汗、泪等排泄物。在道家的宇宙论里，火用虎代表，水用龙代表。代表火或控制火者为心，代表水者为肾。根据苏东坡的看法，火代表正义，所以在心控制身体之时，其趋势是善。另一方面，人的行动若受肾控制，其趋势则为邪恶（"肾"一字在中国包含性器）。所以肾控制人体之时，人就为兽欲所左右，于是"龙从水中生"，意即毁损元气。在另一方面，我们就受心火所引起的情绪不宁所骚扰了。我们怒则斗，失望忧愁则顿足，喜则舞。每逢情绪如此激动，身上的精力元气则由心火而焚毁，此之谓"虎从火里出"。照苏东坡说，这两种毁损元气都是"死之道也"。因此我们应当借心神的控制，一反水火正常的功能。而吞咽唾液是把心火向肾方面压下去之意。

此外，道家还努力追求"外丹"，又名"方士丹"，也就是"仙丹"，即长生不死之药。像欧洲的炼金术士一样，中国道士求"方士丹"，一为变低级金属为纯金，一为返老还童，恢复青春。也和欧洲的炼金术士一样，中国道士也主要用汞的化合物来炼制。因为汞的特殊性质，有如金属的光泽，重量大，其比重近于黄金（原子量各自为二百、一百九十七），比较易于流动，和金属物如金与铜，因接触而混合，还有变成气体、粉末、液体等有趣的变化——因此，这种金属自然引起炼金术士的注意，不管东方、西方，都认为是最容易炼成人造金的原料。在苏东坡时代，中国的炼金术大部分是受阿拉伯的影响，就和欧洲一样。但是在汉代，却有记载，说有中国人炼金成功，我们想大概是用金的化合物炼的。在晋朝有道士葛洪，曾说用金与水银炼制成药，可延缓衰老或死亡。他说："凡草木烧之即烬，而丹砂烧之成水银，积变又还成丹砂，其去凡草木亦远矣，故能令人长生。"他又说丹分为九品，按炼制程序而效力不同。最精者人服后三日成仙，最次者则需时三年。炼丹之原料为朱砂、白矾、雄黄（硫化砷）、磁石，以及曾青。

《春渚纪闻》的作者何薳——他父亲曾由苏东坡推荐为官——曾在书中以一章之多的篇幅记载长生不死之药。有关长生不死之药的种种情形，当时很流行。何薳所说的几个人，本书上已经提过，另有几个人是何薳的亲戚，其中有数则故事是作者经验之谈。此书和一本叫《苏沈良方》的书（传为苏东坡与沈括合编），记载过一些炼朱砂的方法。若读完那些故事和炼丹方法，就会得到下列的印象。总是有一座炼丹炉，炼丹者用水银、硫黄、铜、银、砷、合金、硝酸盐，或是硝石炼制。也许他们还试过硫化金。硫化汞（辰砂）和硫化金，都可用作红颜料。各类汞合金还当药物服用。按当时并不可靠的记载，不少的道士都有化铜成金的秘方。必然有造出紫红色的金化合物，铸成各式器皿，曾经大发其财。也可能有道士在铜器上涂水银，当作银子卖与无知乡民。他们将金汞熔合，自然不是难事。他们又将硫和汞混合，称为"黄金"，又称为"死硫"。

有一个故事流传，说有一个道士确能造出真金，京都的商人都试不出是伪造。由于何薳的记述，我相信那个道士用的是金矿砂，他能从中提炼黄金。其中诡诈之处是道士说他用的是一种铜砂，所以用铜变黄金的说法自然就轰动了。他能向何薳的一个亲戚表演铜变金。他说那矿砂是铜，他说他以铜砂状携带,而不以纯铜,是因为纯铜在路途中有被偷窃的危险。那矿砂在火上加热,但并不熔化。等道士在锅中放入一点儿白色粉末,结果变成了黄金。

道士的经历是这样:道士和两个朋友在多年前决定各奔前程,约定十年之后在某处相会。他们在中间这段日子分头去寻求"道士丹"的秘诀。等再度相遇,便大家共享此一秘诀。寻到此秘诀的人把经过告诉别人,他自己并没做富商,已然出了家。下面便是他的经过。

几个朋友在指定的地方相会时,大家比较寻求的结果。已经出家的那个道士告诉朋友他已得到秘诀,只是所炼成品尚含有杂质,有欠精纯。一个朋友说他已得到一种药粉,可以除去杂质。只要加上此一药粉,他们就可以炼出纯金了。

几个朋友说:"咱们到京都去。听说京都'栾家金店'为国内最大金店,若能经得起他们的试验,咱们的秘诀就算对了。"他们拿了十两自己炼出的黄金求售。店家将黄金检查、过秤、用火烧,然后按真金价格付了款。朋友很快乐,如此成功,彼此相贺。

众人说:"现在咱们可以成仙了。我们若不愿弃却红尘,可以用此钱吃喝玩乐。咱再炼一百两分用吧。"

那天晚上,大家痛饮,有几分醉意,把铜矿砂放在炼丹炉里就去睡了。夜里,铜水四溅,引起火烧着房子。三个人还沉醉未醒,救火队已经来临。"我睡得不太沉,从火焰里逃出来。我怕被捕,又善于游水,就跳进汴河,顺水游下。我料想城门上锁之后,才爬上岸来。在水里时,我向上苍祷告,我忏悔,说我决心出家,再不做此勾当,决不再为自己炼金子。若是修庙筹款,我一定要炼,但也要先求神答应。"这就是为什么那个道士不能将炼金

第十七章 瑜伽与炼丹

术泄露出来的缘故，但若为行善，他百两也乐捐。他那两个朋友，一个被火烧死，一个为官方逮捕，不久因伤重而死。

苏东坡对于各种硫化汞药剂，特别有兴味。因为大家都知道汞有毒，所以他试验那些药物时，特别警觉。因为那些药物的制造秘诀不为人知，其中什么成分谁也不太清楚。与东坡同时代的一个人，记载过一人因吞服汞化药物而亡，那是因为他要在皇帝面前试验一个药方。也许他是要服氧化亚汞，却误服了氯化汞吧。再者道家也试验别的化学药品，如硝石、硫黄等药物，甚至由钟乳石提炼出石灰质来吃，有时引起溃疡。苏东坡本人吃两种别的食物，据说是仙家的食物，就是茯苓和芝麻。芝麻多油，并含有一定量的蛋白质，自然有食物价值。但是我有几分相信，此种东西被认为是仙家食物，主要是因为道士住在山上，不易找到别的食物。植物生长得越远，越与普通的五谷杂粮不同，就越会被认为是仙家食物。

关于炼制"外丹"，苏东坡写了两篇札记，一篇叫《阳丹诀》，一篇叫《阴丹诀》。阴丹是从生第一胎男婴的母乳中提炼出来的。把乳在文火上加热，用的锅是银汞合金制成的，一边加热，一边用同一金属制的调羹缓缓搅动，直到奶凝结，最后制成药丸状。阳丹是用尿蛋白中的尿素制成的。此一蛋白沉淀物经过多次净化，最后变成白色无味的粉状物，再加枣泥做成药丸，空腹用酒送服。

苏东坡直到他人生的末日，一直想求得"道士丹"，不过他对寻求长生不死之药，还没有入迷。所有的道家仙子都已死去，至少他们每个人都遗留一个臭皮囊，虽然还有学说主张他们的身体已经改变，无人在时，他们可以升天，或骑鹤而去，或自己变成鹤飞去，叫作"羽化"，所遗留的躯壳便与他们的仙体渺不相干了。遗留下的躯壳只看作如蝉或蛇脱下的皮，此种去世他们名之曰"蝉蜕"，但是苏东坡却想看到一个长生不死的人。他说：

自省事以来，闻世所谓道人有延年之术者，如赵抱一、徐登、张元梦，皆近百岁，然竟死，与常人无异。及来黄州，闻浮光有朱元经尤异，公卿尊师之者甚众，然卒亦病，死时中风搐搦。但实能黄白，有余药、金皆入官。不知世果无异人耶？抑有，而人不见，此等举非耶？不知古所记异人虚实，无乃与此等不大相远，而好事者缘饰之耶？

姑且把求取"道士丹"这种徒劳无功的事摆在一旁，我个人则认为道家谆谆教人的养生术和现代医生对人的忠告，在原理上无何差异。我看还是忘记这种无益的追求，回到单纯有节制的生活上来吧，要有足够的工作，足够的休息，最主要的还是无忧无虑，避免心情上的紧张激动。换句话说，人只要遵从一般常理就好。苏东坡表现他那合乎情理的简单生活原理，只用下列他从古书上摘取下来的四条规则。有一张某向他请求长寿良方，他就写出下列的四句话：

一曰无事以当贵。
二曰早寝以当富。
三曰安步以当车。
四曰晚食以当肉。

夫已饥而食，蔬食有过于八珍。而既饱之余，虽刍豢满前，惟恐其不持去也。若此可谓善处穷者矣，然而于道则未也。安步自佚，晚食为美，安以当车与肉为哉？车与肉犹存于胸中，是以有此言也。

我最喜爱苏东坡给李常的一封信，以常情的看法论节制与单纯。他说：

仆行年五十，始知作活。大要是悭尔，而文以美名，谓之俭素。然吾侪为之，则不类俗人，真可谓淡而有味者。又《诗》云："不戢不难，受福不那。"口体之欲，何穷之有，每加节俭，亦是惜福延寿之道。此似鄙俗，且出于不得已。……住京师，尤宜用此策也。一笑。

《炼丹图》

人物画 齐白石 现代

炼丹术是中国古代的一种特殊方术，又称炼金术。其中心目标是用人工方法制作能使人"长生不死"的丹药，或练成点石成金的技术。制作长生不老药和点化金银当然不可能达到，但是在无数次失败的过程中，倒是为后人积累了不少化学知识和操作经验。

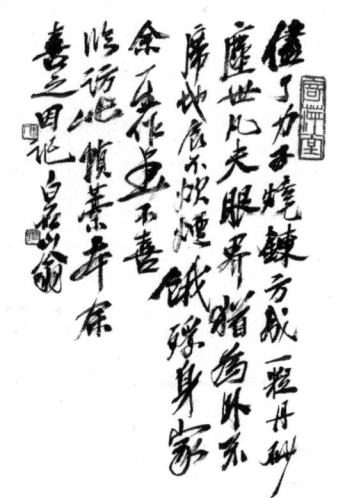

李常现在已回到京师，连王巩也遇赦回到北方。皇帝现在深悔对反对派的惩处。也许是命运对人的嘲弄吧，苏东坡刚刚安定下来，过个随心如意的隐居式的快乐生活，他又被冲击得要离开他的安居之地，再度卷入政治的旋涡。蚂蚁爬上了一个磨盘，以为这块巨大的石头是稳如泰山的，哪知道又开始转动了。

第十八章　浪迹天涯

苏东坡此后一年零八个月的命运足以表示做官身不由己。读书人能用别的方法谋生,最好不要做官,他的遭遇便是充分的理由。苏东坡当前的道路,真是崎岖坎坷、瞬息万变,一直到他人生的末日,不是出乎他的本意,却与皇后大有关系。皇帝有意使他掌史馆,却被左右所阻。皇帝最后亲书一道旨意,把苏东坡的谪居地由黄州调到汝州(今临汝)。汝州离京师较近,生活亦较为舒适。他听到这个消息,是在神宗元丰七年(一〇八四)三月初。

他当然躲避这个任命,按他自己的话,这犹如"小儿迁延避学"。人做官不外乎为名为利,或为权势,或为报效国家。我们知道苏东坡非以做官为发财致富之道,至于权势,他根本不愿控制别人。有些人身上有一种天性,他本已有钱有名,但想钻入政治圈去,只为了去支配别人。初尝权力的滋味,还颇觉味美,但除少数例外不提,二度竞选美国总统的人,不是不知"何以利吾身",大概就是身不由己。他去再度竞选,因为他所属的政党要他去竞选。若说报效国家，于理欠通，因为反对派里不是也有人如此呼喊吗？至于为名，苏东坡知道，即便是身为宰相，也不能在他不朽的文名上有丝毫增减。他又何求于政治？他又能有何成就？

在三月初三，他还胸怀坦荡，与朋友畅游甚乐，在定惠院后面商家花园逍遥终日。酒宴之后，他还在一个小楼上酣睡一觉。醒后，漫步踱出东门，在东门看见商店一个大木盆，买下来，预备存水浸瓜。然后沿着一条小溪，进入何氏花园。何家正在房旁添盖厢房，请他稍留，在竹林中喝几盅。一个朋友端出一盘糕，东坡巧予命名为"为甚酥"。大家都喝酒，只有参寥和尚只喝枣汤。苏东坡忽然急想回家。他看见何氏花园有橘子树，他要了几棵树苗，要回去种在雪堂的西畔。

两三天之后，消息到来，要把他改调他处。虽然名义上他还是在贬谪中，可是能自由住在一个美丽而富有的城市了。有数天的工夫他犹疑不决，是否应当奏请继续住在黄州。后来又一想，这道新任命是皇帝的一份好意，他终于决定遵奉圣命，放弃农舍。他数年的辛勤，弃于一旦，也许他还要在别的地方，重新创建一个农舍，一切要从头做起呢。

可是，甚至在他这样困难的情况之下，调职之后，他的政敌还不肯把他放松。当时一个作家记了下面一个故事：苏东坡给皇帝上了谢表，皇帝向四周一看，告诉群臣道："苏轼真是天才。"

他的政敌甚至想在他一篇例行公事的谢表里找他的毛病。政敌说："臣以为他在谢表里还是口出怨言。"

皇帝感到意外，问道："怎见得？"

"在这谢表上，他说他和他弟弟考过殿试，却用'惊魂未定，梦游缧继之中'，他不是说他们以坦白批评朝政的策论考中，但是现在却以批评朝政而受惩处吗？他是不甘心认错，还是诿过于人呢？"

皇帝泰然道："我很了解他，他心里是好意。"

小人因此才闭口无言。

苏东坡准备搬家，也费了几十天工夫。他决定先到高安看弟弟子由，留下孝顺的长子迈带领家眷。在他从子由处回来时，大家在九江碰头。

现在大官纷纷为他设宴饯行，很多朋友请他题字留念，这个，他当然提笔蘸墨一挥而就。很快就应酬完毕。就在这时，歌伎李琪也收到他赠的一首诗，使她得以名垂后世。在邻人和朋友为他送行的宴席上，他写了下列的一首词：

《归去来兮图》之《问征夫以前路》

中国画 马轼 明 辽宁省博物馆藏

"归去来兮，吾归何处"，这句名言化用陶渊明的《归去来兮辞》："归去来兮，田园将芜胡不归！"苏东坡不仅非常敬佩陶渊明不肯为五斗米折腰的骨气与精神，而且对陶渊明崇尚自然、回归自然的思想显然有强烈的共鸣。

归去来兮，吾归何处……人生底事，来往如梭。待闲看，秋风洛水清波。好在堂前细柳，应念我，莫剪柔柯。仍传语，江南父老，时与晒渔蓑。

一大群人送他起程，那群人里有士绅，有穷人，有各色人等。我们知道名字的那些邻居朋友，一直把他送到船上的，计有十九人。路两旁也有他的朋友、陌生人、农人，也有感激他的穷父母，怀里抱着孩子，那孩子的命就是这位行将离去的文人搭救的。那十九个送他的人一直送到慈湖，在苏东坡最后离去之前，大家又一起消磨了几天。

但是另外有三个朋友，一直陪他到九江。一个是老朋友陈慥。另外一个是和尚参寥，他和苏东坡是在徐州认识的，后来在黄州突然出现，和他住了大概一年。在中国古代，没有人像出家人游踪之广的，不但因他们完全空闲行动自由，也因为他们走到何处都有他们的旅馆住，那就是寺院。参寥决定到九江庐山去住。

第三个朋友是道士乔全，他现在大约有一百三十岁，据传说，后来他又从坟里复活。到了九江，苏东坡离开了他本要走的路途，又走了陆路

第十八章 浪迹天涯

一百多里，为了把这位老道士交给他在兴国的一个朋友照顾。乔仝喜爱鸟兽，永远带着他养的鸟兽一同旅行。据子由说，最后此一老人是被骡子踢伤而死的。又过了几年之后，一个和尚告诉子由，说最近在某处遇见另一个和尚，那个和尚说他自己是乔仝，并且说在黄州结识了苏东坡。子由打听那个和尚的样子，说此话的和尚所描述的和那个老道士完全一样。在听这个故事的那些人之间，有一个是兴国太守的儿子，他回家把此事告诉了他父亲。为了要证实乔仝的死而复生，那位太守下令重开乔仝的坟，只发现了一根手杖和两块胫骨，尸体不见了。

苏东坡和参寥一同游庐山数日。在数百和尚之中曾引起极大的轰动，因为消息已在他们中间传开，大家都说"苏东坡来了"。虽然苏东坡只写了三首游庐山诗，其中一首成了描写庐山最好的诗。

东坡去看弟弟子由时，三个侄子迎接他，他们是走出八里地前去迎接的。兄弟们已经四年没见，子由胖了些。他看上去并不太健康，因为他夜里费好多时间练瑜伽术。监酒官的办公室就在一所小破房子里，既漏风漏雨又摇摇欲坠，俯首便是江边。据子由说："旧以三吏共事，余至，其二人者适皆罢去，事委于一。昼则坐市区鬻盐、沽酒、税豚鱼，与市人争寻尺以自效。暮归筋力疲废，辄昏然就睡，不知夜之既旦。旦则复出营职。"

苏东坡在那儿住了六七天，然后顺流而下到九江，好与家属相会。和家属一同顺长江下行，七月到南京。在南京，朝云生的儿子才十个月大，患病而死。这对父母是个极大的打击，尤其是对年轻的母亲。苏东坡在一首记孩子死的诗里，他说孩子的母亲终日在床上躺着，精神恍惚。东坡虽然能擦干自己的眼泪，听见朝云哭，实在难过。东坡有"我泪犹可拭，母哭不可闻"诗句。朝云没有再生第二个孩子。

在南京时，苏东坡去看王安石，王安石已经是疲惫颓唐的老人。苏东坡和他讨论诗与佛学多日，因为二人都是大诗人并深信佛学，自然有好多话说。有一个故事流传，说苏东坡一次按固定的韵脚和题目和王安石作诗，胜过了王安石，王安石便中途作罢。二人谈话时，苏东坡直言责备王安石不该引发战事，不应该迫害读书人。

苏东坡说："我有话要跟你说。"

王安石立刻脸上变色道："你要提起往事？"

苏东坡说："我要说的是国事。"

王安石才镇静了一点儿说："说吧。"

苏东坡说："汉唐亡于党祸与战事，我朝过去极力避免此等危机。但是现在却在西北兵连祸结，很多书生都被送往东南。你为何不阻止？"

王安石伸出二指向东坡说："这两件事是由惠卿发动，我今已退休，无权干涉。"

苏东坡说："不错，不在其位，不谋其政。不过皇上待你以非常之礼，你也应当以非常之礼事君才是。"

王安石有点儿烦躁起来，回答说："当然，当然。今天的话出在安石口，入在子瞻耳。"他意思是二人所言，切勿传出此屋，因为他曾一度为吕惠卿所卖，所以如此小心。

二人漫谈下去，王安石有点儿前言不搭后语。他说："'行一不义，杀一不辜，得天下弗为。'人非如此不可。"

东坡说："今之君子，争减半年'磨勘'，便不惜杀人。"

王安石笑而不语。

根据好多同代人的记录，在这段期间，可以常看见王安石在乡间独自骑驴闲行，"喃喃自语，有如狂人"。他有时想到当年背弃他的老友，便突然拿起笔来，面色凝重，立刻开始写一封信。但是片刻之后，他又把笔放下，好像也颇以自己为耻，这些信没写完，就永远摆在那里了。他仍然继续写日记，他死后几年，奉命把所有的日记交还朝廷，因为其中有当权派的内幕。在他失意的晚年，变得心内凄苦抑郁，对人非常怀恨，对皇上也常是恶语相加。幸而当时当权者还是他一派。但是他的日记竟写了七十多本，很多人见过。前几年，他听说司马光又已当权，便令侄子把日记烧毁，但是他的日记仍然留在人间，是因为他侄子把日记藏了起来，烧了些别的东西蒙混过去。

王安石现在开始看见幻象。一次，他看见他那独生子，那时早已死去，却正在阴间受罪。他知道自己的儿子活着时是个坏蛋，无所不为，现在在阴间戴着铁链、手铐。后来，他家一个侍卫说在梦里也看见同样的情景，王安石着实害起怕来。为救儿子免于阴曹的折磨，他把上元县的财产卖出去，把钱捐给寺院。王安石曾向朝廷奏明捐款与寺院一事，朝廷因此赐予那个寺院一个名字，同时王安石上朝廷关于此事的表章而今还在。他死的前一天，在野外骑驴独行，看见一个农妇向他走近，跪在他面前，向他呈递一份诉状，然后消失不见。他记得把诉状放在衣袋里，到家一看，那份诉状也不见了。他第二天因惊吓去世。

等苏东坡到了土地肥沃的江苏地带，他不觉迷恋上当地的气氛和自然之美。在往返于南京和镇江之间时，他心中忙着盘算在太湖地区买一个农庄。他的情形是这样：皇帝既然愿把他从黄州调到另一个地方，日后也会听从劝说而准许他在别处安居。不论他往何处去，总是存心找个老年退隐之地。他的不少好友出的主意都不相同。他的方外友人佛印劝他安居在扬州，因为佛印的农庄在扬州。范镇愿他到许下，二人为邻。东坡自己看中了丹徒县蒜山的一片松林。不过，这些计划都落了空。长江以北靠近南京有个仪真县，仪真的太守约他前往居住。他虽然没有决心在仪真安居，至少想找个地方暂时安顿眷属。所以家眷暂时住在仪真学校中时，东坡总算没有牵挂，得以各处走走逛逛，寻找一个乡镇的家园。

最后，几个最亲密的朋友之中，有一个滕元发，劝他安居在常州的太湖左岸宜兴，滕元发那时正任太湖南岸的湖州太守。苏东坡和滕元发二人暗中订了一项计划，在宜兴买了一块田地，然后奏请皇上允许他在宜兴安居，因为那块田地是他唯一的生活之所出。滕元发的一个亲戚能找到一块地，在宜兴城二十里外，深在山中。那块地很不小，一年可产米八百石，会使苏家生活得蛮舒服。苏东坡当时只剩下几百缗钱，此外只有父亲以前在京都买的一栋房子，但是早已托范镇以八百缗钱卖出去。

九月，他独自下乡去看那块田庄。他曾记此事说："吾来阳羡（宜兴），船入荆溪，意思豁然，如惬平生之欲。逝将归老，殆是前缘。……吾性好种植，能手自接果木，尤好栽橘。阳羡在洞庭上，柑橘栽至易得。当买一小园，种柑橘三百本。……元丰七年十月二日书。"

后来他又另买了一块地，是从官家买的，并曾为此地涉讼。将近百年之后，曾有一作者记载苏东坡的重孙子仍住在宜兴那块农庄上。

苏东坡现在总算办了一件事，到底是极其愚蠢，还是宽宏厚道，看法也就因人而异了。他给滕元发写信，说他要在荆溪边找一栋房子，他真找到了。他和友人邵民瞻去找，结果找到一栋很好的老宅子，也付了五百缗钱。这就用光了他所有的钱，但是苏东坡很高兴，心里盘算回去把家眷接来住进去。一天晚上，他在月光之下和邵民瞻在村中漫步，经过一户人家时，听见里面有女人哭泣声。他俩叩门走进去，一老妇正在屋角哭。一问缘故，老妇人说：

"我有一栋房子，一百多年来一直是我们的财产。我有个败家儿子，把那房子卖给了别人。今天我不得不从那栋老房子里搬出来，我在那老房子里已经住了一辈子——这就是我哭的缘故。"

苏东坡很受感动，又问她："那栋房子在哪儿？"

苏东坡大惊，原来那正是他用五百缗钱买的那栋房子。他把契约从衣袋里拿出来，在老妇人面前一把火烧了。第二天他把那个儿子找来，告诉他再把老母请回旧宅去，并没有讨回付的房钱。那个儿子到底是已经用那笔钱还了债，还是另有别的原因无力付还，我们就不得而知了。苏东坡于是回到城中，既没了房子，又损失了五百缗钱。但是当时东坡一时为真情所感，无法抑制，竟对自己家的后果不管不顾！事情做得美则美矣——还有什么别的好说！

回到常州之后，在十月里，他给皇帝上书，请圣命谕允居住于常州。在皇帝应允之前，他还是要去接新的任命，远在国都的西部，大约有五百里的旅程。他携带着全家往都城方向前行，慢慢行进，盼望如幸蒙圣命恩准，就不致花费往返两次旅费了。但是迄未获得恩准的消息，他勉强前行，前往京都。我们若相信他的诗上所说，他的眷属真是忍饥挨饿了。到了泗州的淮河边，他给朋友至少写了三首诗都提到饥饿。在一首诗里，他自比为夜里啃啮东西的饥鼠。在太守送食物到船上时，孩子们欢声雷动。看情形他们不能再前进了，他决定再给皇帝上表章，这时住在南京老友张方平家，静候圣旨到来。

他上皇帝第二书，是二月间在泗州写的，其中一部分如下：

但以禄廪久空，衣食不继。累重道远，不免舟行。自离黄州，风涛惊恐，举家重病，一子丧亡。今虽已至泗州，而资用罄竭，去汝尚远，难于陆行。无屋可居，无田可食，二十余口，不知所归，饥寒之忧，近在朝夕。与其强颜忍耻，干求于众人；不若归命投诚，控告于君父。臣有薄田在常州宜兴县，粗给饘粥。欲望圣慈，许于常州居住……

他在旅途上，发生了两件有趣事，也可说令人难过的事。在泗州他渡河去游了南山之后，写诗一首。河上有一座长桥，因泗州为军事要隘，天黑以后此桥上不许行人通过，违犯者重罚。实际上，泗州太守是不理会这条规矩的，他在天黑后和苏东坡同过此桥。为了庆祝此次游山之乐，苏东坡很天真地写出了下列两行诗句：

望长桥上，灯火闹，
使君还。

太守为人老实正直，是山东省一位学究，姓刘。第二天他一见苏东坡的词，心都快跳出来。他到船上去看东坡，说："我看了你的诗，这很严重，太严重了！你的诗全国皆知，一定会传到京都。普通人夜里过桥是罚两年劳役，太守犯法，情形更糟。求你把这诗自己收起来，不要给别人看。"

苏东坡追悔不迭，微笑道："天哪！我一开口就是两年的劳役呀！"

他住在张方平家时，出了另一件动人的事情。在主人请他吃饭喝酒时，他认出了张方平儿子的妾，那个女人以前曾做过黄州太守的妾，深得太守钟爱，名叫胜之。太守当年为苏东坡好友，不幸亡故，此妾亦即改嫁。苏东坡一见此女在张家筵席上出现，状极轻松愉快。他颇为感慨，想起老朋友来，两眼泪痕，喉头哽咽。这却逗得胜之发笑，她只得转过头去和别人说话岔开。苏东坡离席时心中很难过。他告诉朋友说人千万别纳妾，就举胜之为例。

皇帝染病，从三月一日起，太后摄政。三月五日，皇帝驾崩；次日颁下圣旨，允许苏东坡在太湖边居住。这对苏东坡十分重要，因为他已如愿以偿，他的计划实现了。一家开始迁回宜兴，在四月初三离开南京，到达湖边新居，是神宗元丰八年（一〇八五）五月二十二日。

苏东坡而今终于相信他会终身在此安居下来。他的诗里有两句："十年归梦寄西风，此去真为田舍翁。"他要在富有田园之美的江南度其晚年了。他可以乘一叶之扁舟悠然来往，"神游八极万缘虚"，真正优哉游哉了。

但是命运偏偏作梗，正当他把退隐之地物色到，朝廷对他再度任命的消息又来了。在他到宜兴后还不到十天，就得到消息，朝廷派他到离山东芝罘不远的登州去做太守。原先以为是京城传来的谣言，他拒不肯信，他说京都一向谣言多，并且最近四月十七日的官报上也不曾提过。

苏东坡心乱如麻，心里很恨这种变化。几天之后，正式任命到达。家里人大喜，孩子们喊叫，觉得喜出望外。苏东坡在一首诗里，自比为可怜的良马，盛年已逝，再不贪天山的牧野。在另一首诗里说："南迁欲举力田科，三径初成乐事多。岂意残年踏朝市，有如疲马畏陵坡。"在给佛印的信里他说："如蓬蒿藜藿之径。"给米芾的信里说："某自登赴都，已达青社。衰病之余，乃始入闹，忧畏而已。"

可是，他仍然接受了新任命。太后现在把情势推动起来。司马光又被任命为门下侍郎，实际上等于副宰相之位，任命司马光的情形很有趣，皇太后是派武装兵士把他从家中请出，一直"护送"到官衙里去的。所以用这种方法，是唯恐他接到任命之后会延迟赴任，甚至会辞谢不就，也是不得已而别开生面了。

苏东坡在六月，到山东沿海去就新职。由青岛附近，开始乘船，绕山东半岛而行。十月十五日到达登州后五天，他又应召进京。全家开始行动起来，将近元丰八年十二月半，到达京都。

第十九章 太后恩宠

苏东坡总是得到历朝皇后的荫庇。在他受审时,是仁宗的皇后救了他的命,现在又是英宗的皇后拔擢他得势。甚至在他一生中较晚的岁月里,若不是神宗的皇后代摄政事,他就客死蛮荒了。

新皇帝现今才九岁,摄政的是他的祖母。宋朝特别幸运,能接连有贤德的皇后出现。在伟大的汉唐两代,几个皇帝的后妃不是僭取帝位,借有权势的太监或内戚擅权统治,就是在别的情形之下弄得朝代覆亡。在苏东坡时代,四个皇后当政,都极贤德,并且有的十分出色。也许她们是女人,所以能明辨是非,在朝中能判别善恶。因为她们生长在宫廷之中,并不能常听到儒臣们论辩国家的政策,听得繁乱到得失难分、莫知所从的地步,但是所闻所见,正足以判别清议所趋的主要方向。现代普选的民主制度就是根据一般常人的判断,这些人连《纽约时报》的社论还看不懂。皇太后的判断也就是一般常人的判断。神宗皇帝最后那些年,已经开始简化政令,但仍不到他母亲老太后这般清净无为的地步。皇帝一去世，太后即召司马光当政，立刻将政令改弦更张。王安石的一切政令全予中止，或径予废除。元祐年间这一段开始了。

苏东坡现在急剧得势，在他到达京都八个月之内，朝廷将他擢升三次。依据古制，官位分为九级。在此短短一段期间，他由第七级上升，经过第六级，跳到第四级，最后止于第三级翰林，为皇帝草拟诏书，那时他正是四十九岁。

在苏东坡升任翰林之前，在哲宗元祐元年（一〇八六），他官居四品中书舍人，实为一重要职位，因他参与朝廷各部官员的挑选与任用。担任此一职务时，他草拟了几次圣旨，颇为有趣，内容与他颇有关系。一道圣旨是褫夺李定的官职，命他将过去隐瞒未报的母丧三年重新依礼居丧。第二道圣旨是贬谪吕惠卿。内容的决定者不是苏东坡，但圣旨的措辞结构则是他的手笔。在贬谪吕惠卿这个奸佞小人时，苏东坡说，"始与知己，共为欺君，喜则摩足以相欢，怒则反目以相噬"，"党与交攻，几半天下"。不过最有趣的事，是四月王安石死后苏东坡必须草拟一道圣旨追赠荣衔。这道圣旨的措辞必须十分巧妙，寓贬于褒。依照法制，当以皇帝名义发布，赞美其生活与品格，并颁赠"太傅"荣衔。苏东坡只是赞美王安石富有巧思，同时使人知道正是指他的妄自尊大、欺人欺己。苏东坡说他"网罗六艺之遗文，断以己意，糠秕百家之陈迹，作新斯人"。这篇圣旨很巧妙地发展下去，后来苏东坡说："胡不百年，为之一涕。"读者不知道自己所读的到底是夸大的颂赞，还是反面的诽谤。

"翰林学士知制诰"这个职位永远是名气最高的学者担任，往往是担任宰相的前一步。苏东坡这时已经接近顶点。在宋朝，"翰林学士知制诰"是三品，宰相是二品，在宋朝一品几乎没有颁赠过。再者，为皇帝草拟圣旨，就使苏东坡得以亲密接近儿童皇帝和太皇太后。这项任命是由宫廷亲自派人送到苏东坡家中的，同时颁赠官衣一件、金带一条、白马一匹，附有一套镀金的缰绳鞍鞯上的零配搭。宰相办公的中书省与皇宫西面相连，翰林院则靠近皇宫北门，算是皇宫中的一部分。翰林的工作通常都是在晚上。翰林在院中办事时，称为"锁禁深夜"。习惯上是，翰林单日夜里在宫院值班，草拟圣旨，在双日发布。在黄昏时，翰林顺宫中东墙进去，直到内东门，那儿为他留有一间屋子，接连太皇太后的住处。有时长夜漫漫，他无所事事，只有凝望红烛，静听宫漏，以遣永夜；有时夜间寒冷，太皇太后会差人送来热酒。关于要发布的诏令，都是由太皇太后口述，他再用极为典雅庄严的文体写出来，以备第二天颁布之用。

《苏轼回翰林院图》(局部)

中国画　张路明

苏东坡被皇上召回后任命于翰林院。一夜,忽被太皇太后召见,向他解释原委,并重申对他的信任,而后太皇太后派人送苏轼回翰林院,并送他金莲灯为他照明。此图表现的正是这一情节。

在苏东坡任翰林学士知制诰期间,他拟了约有八百道圣旨,现在都收在他的全集中,无不铿锵有声,妥帖工巧,简练明确。圣旨的文字往往引经据史,富有例证譬喻,这类文字,苏东坡写来轻而易举。苏东坡去世后,另一个人,姓洪,接他的职位。他对自己的文才颇自期许,他问当年侍候苏东坡的老仆,他比苏东坡如何?老仆回答说:"苏东坡写得并不见得比大人美,不过他永远不用查书。"

一天晚上,苏东坡正在此一小书斋中坐着,他对政客的嫉妒已是十分厌恶,已经请辞此一职务。太皇太后宣他进宫草拟诏命。年轻的皇帝正坐在祖母身旁。苏东坡在一旁毕恭毕敬地立着听记盼咐。在告诉苏东坡草拟圣旨任命吕大防为宰相之后,太皇太后突然问他:"有一件事我想问你。几年前你官居何职?"

"常州团练副使。"

"现在身居何职?"

"臣承乏翰林学士。"

"你为何升迁如此之快?"

"仰赖太皇太后的恩典。"

"这与老身无关。"

苏东坡只好瞎猜:"一定是皇上的恩典。"

"与皇上也无关。"

苏东坡又猜道:"也许是有老臣推荐。"

太后说:"与他们也没关系。"

苏东坡立着呆了片刻,然后说:"臣虽不肖,但从不运用关系求取官职。"

太后最后说:"这是我老早就想对你说的。这是神宗皇帝的遗诏。先王在世之时,每当用膳时举箸不下,臣仆们便知道是看你写的文字。他常说起你的天才,常想用你,但不幸未及如愿便遽尔崩逝。"

提到先王,三个人不觉一齐落泪。太后于是赐东坡座,赐茶叶一包,又对他说:"你要尽忠辅保幼主,以报先王之恩遇。"苏东坡要鞠躬退出时,太后从桌子上拿起一个刻有莲花的金烛台当礼品赏与东坡。

在苏东坡升任翰林学士不久,司马光在哲宗元祐元年(一〇八六)九月逝世。那天正好是神宗灵位送入太庙的斋戒之日,灵柩停在灵堂,司马光的朋友本当前去拜祭,并且吊丧者应当哭几声。但是偏巧全体官员都要遵礼去斋戒,反倒没有时间去向去世的宰相吊祭。九月初六,依照古礼在盛大肃穆乐声悠扬的典礼中,将神宗的灵位安置在太庙里。朝廷举行大赦,罢朝三日,文武百官都参与大典。但是一件有趣而重大的事发生了。

事有凑巧,司马光的丧礼由理学大师程颢的弟弟程颐主办。这位理学家,话往最轻里说,也不是个和蔼可亲的人,那副自命不凡的样子更使苏东坡烦恼。这位理学家完全遵古礼来办这件丧事。当时死者的亲人要站在灵柩之侧向灵前吊祭的客人还礼,这种风俗已流行数百年。但是程颐认为不合古礼,于是禁止司马光的儿子站在灵柩一旁还礼接待客人。他的理由是,孝子如果真孝,应当是悲痛得不能见客人才是。那天朝廷百官在太庙中的大典完毕之后,苏东坡正要带领翰林院及中书省同人前往故相国司马光府去吊祭,程颐也有事要去,他就向大家说这违背孔子在《论语》中的话:"子于是日哭,则不歌。"因为那天早晨大家曾在太庙唱过歌,至少听过奏乐,怎么同一天还能去吊丧哭泣呢?大家到了司马府门前,小程想拦阻大家,于是大家争得面红耳赤。

程颐说:"你们没念过《论语》吗?'子于是日哭,则不歌。'"

苏东坡立刻回答道:"《论语》上并没说'子于是日歌,则不哭'。"

苏东坡十分气恼,不顾程颐的反对,率领大家进了门。每个人都站在灵柩前面行礼，在离去之前都依照习俗以袖拭目。苏东坡一看司马光的儿子没出来接待客人，问过别人，才知道程颐禁止，说是于古无征。于是苏东坡在全体官员之前说道："伊川可谓糟糟鄙俚叔孙通。"大家哄堂大笑，程颐满面通红。这句评语极为恰当，可谓一针见血，入木三分。不论程颐或苏东坡自己，对这句挖苦话，都是毕生难忘，谁也不愿一生背着这个标签。在苏东坡和小程这一派之间，这粒仇恨的种子算播下了。

不久，他们看见皇帝和太皇太后的龙车凤辇来了，都是朱红的轮子。他们是来吊唁故相国的，并在灵前哭泣，以尽君臣之礼。司马光之丧是国家赋予大臣当得的最高荣耀。他在棺木中的遗体上都盖以水银龙脑，是皇家的赏赐。皇家又赐白银三千两、绸缎四千匹，又派宫廷官员二人护卫灵柩还乡，家中十人赐予官职。

次年，苏东坡除去翰林学士之外，皇帝又于七月畀以侍读之职。皇帝如今只是一个孩子，不过即便皇帝是中年人，为了对皇帝有益处，仍然是在每单日子要给皇帝讲课。计分两学期，春季期自二月到五月节；冬季期从中秋节到冬至。大臣中以学识渊博出名者，轮流为皇上讲解经史及为政之道，以过去历史上的得失为殷鉴。早朝之后，膺选的官员便由文德殿出发，顺着西面走廊到迩英殿。在苏东坡时代，讲学的人站立，其他旁听的官员则可坐着听。王安石充任讲席时，他想让讲师坐下而旁听的官员站立，但因有一个官员反对，此议作罢。在这期间，浮夸傲慢的理学家程颐，因精研经典也参与讲学，但是他所列之等级为低级之侍讲。但是他也请求坐着讲学，如此合乎儒家尊师的道理。他向年轻皇帝哲宗谆谆告诫，要提防恶魅的力量与女人的诱惑力。当时皇帝尚未成年，还感觉不到女人的吸引力，但是他偏偏决定将来成年后要欢乐一番。这位年轻皇帝后来废了他的皇后，二十四岁时驾崩。

就苏东坡的家庭而论，住在京都确是大有益处。苏东坡卖了那栋老房子之后，而今的住宅是在白家巷。即使以前没把那栋老房子卖掉，若住在那儿，也离官衙太远。新住宅离东华门很近，黎明之时，文武百官从此门进宫早朝。所以此一地区就是官员喜爱的住宅区，也就是现在我们所说的城中区，最贵的商店和饭馆子都开在那里。

苏家全家现在开始享受京都的生活，和黄州的农家生活大不同了。他们差不多十五年没住在京都，只有苏东坡在京都监狱的那三个月来过，另外是他不能进城住在城外郊区的那一次。孝顺的儿子迈，他已经到江西去做一小官，现在不知回来团聚没有。但是两个小儿子，迨和过，一个十六，一个十四，是在家中。苏夫人和朝云现在都能安享快乐的生活，不过看着京都生活的奢华，有点儿害怕。住家的四周都是珠宝店、绸缎店、药铺，两三层堂皇闳壮的高楼。

中国所能产的百物的精华，都陈列在东华门一带，价钱会令一个乡下女人吓一跳。不管东西卖得多贵，像悖乎节令的鲜花、水果，总是有人愿意买。有一件事很方便，就是从佣工介绍所雇用仆人。附近处处是酒馆、饭馆。晚上，一进入酒馆，歌伎在走廊下站一排，等候顾客招唤去侑酒。男孩子随同父亲进去时，眼睛得向前直看，不然就得一直望着地。吃饭时，小贩和求施舍的人按房间去串，卖糖果、干果、卤肉、腌菜等物。在饭馆，据说有四五十种菜，由跑堂的带着在各屋里串，由顾客选合口味的买。那菜单子上的菜若是有的短缺，饭馆就会丧失顾客。

苏东坡喜欢在家里宴客，饭馆都争着做外会生意。这些做外会生意的馆子，都用银制的餐具。即便穷馆子也派得出一个厨子和全套的银酒壶、酒杯、碟子、汤匙，以及银头的象牙筷子。当时的风俗是，一家叫了几次外会之后，那些饭馆子照例把那些值四五百两的银餐具放在顾客家过夜，第二天再去收，并不以为有什么重要。等后来汴梁陷入金人之手，当时有一个作家以无限向往的笔调记载当时的京都，他说当地的老百姓都颇以此京都为荣，并且他们对外地人十分大方慷慨。有时看见外省人被奸诈人欺负，他们会打抱不平前去帮助，甚至不惜与地方警官冲突。若有新住户迁入，邻居会带着酒茶等物去拜访，告诉他本地商店的情形，以免上当。也有人终日无所事事，只带着茶壶到每家去串门子闲谈。

在这种气氛的生活里，苏东坡还是照常练他的瑜伽和养生之道。每隔一夜，他就要睡在宫中。但是不论在宫中或在家中，他总是黎明即起，梳头发一百次，穿上官衣官靴，然后再躺下小睡。他说，那种小睡之美，无物可比。等该出门上朝时，他已衣冠齐整，于是出门骑上镀金鞍鞯的白马，往东华门而去。

早朝最迟十点钟完毕，这时，除非有特别公务，他照例可以自由了。他若没有交往应酬，就带着妻子孩子去逛商店买东西。相国寺只在附近，院内挤满了卖扇子、刀剪、珍品、古物、字画、拓片等东西的商贩。有时，全家到东城的商场去逛，可以理发、买盆花、买鸟买笼子，一天的工夫在不知不觉中混过去。有时穿过朱雀门到外城去，那儿还有一大片住宅区，孔庙和国子监都在南外城，再往远处就是各式各样的道士观。他们倦游归来，有时在"台楼"吃饭，那是汴梁最好的酒馆；或是走南门街，去逛著名的唐家珠宝店，挑选几件温州的漆器；或是在报慈寺街的药铺买点儿上好的草药。

事实上，在奢侈豪华的生活和简单朴质的生活之间，论幸福，并没有多大不同。高职显位的荣耀，只有在没有那种能力资格的人眼里，才值得羡慕。一般的道理是，在人不需要一个职位时，人家才找他去担任；人要求取某职位时，那个职位往往不需要他。一旦官瘾过足之后，做高官的快乐不见得比做个成功的铁匠的快乐大。苏东坡在论"乐与苦"的一篇短文里，即表示此种看法：

乐事可慕，苦事可畏，此是未至时心耳。及苦乐既至，以身履之，求畏慕者初不可得。况既过之后，复有何物比之？寻声捕影，系风趁梦，此四者犹有彷佛也。如此推究，不免是病，且以此病对治彼病，彼此相磨，安得乐处。当以至理语君，今则不可。

元祐三年八月五日书

还有人把京都的生活持一种很世俗的看法。他的朋友蒲宗孟就极尽奢侈享乐的能事。蒲家的儿媳终日不做别的，只教丫鬟做各式图样的"酥花"，加糖凝结，以备做饭后小吃之用。他一个儿媳妇，不许以同样的"酥花"叫客人第二次再吃到，而丫鬟们昼夜忙着做那些"酥花"。蒲宗孟有些特别的习惯，其中包括"大洗面""小洗面""大洗足""小洗足""大洗浴""小洗浴"。他每天洗脸两次，洗脚两次，每隔一天正式洗澡一次。在"小洗面"时，他只洗脸，脸盆中换水一次，由两个仆人侍奉；在"大洗面"时，要换水三次，由五个仆人侍奉，要洗到脖子和肩膊。在"小洗足"时，换水一次，由两个仆人侍奉，只洗到足踝为止；在"大洗足"时，换水三次，由四个仆人侍奉，要洗到膝盖。在"小洗浴"时，他用二十四桶水，由五六个仆人侍奉；在"大洗浴"时，也用二十四桶水，但由八九个仆人侍奉。在"大洗浴"时，他用药膏洗，衣裳要放在金属网子上，下有稀奇的香料点燃慢熏。他写信给苏东坡说，此种洗澡法对他益处甚大。苏东坡回答说："闻所得甚高，固以为慰，然复有二，尚欲奉劝，一曰俭，二曰慈。"

做高官在社交和物质上，还有两种绝无可疑的好处。在那种年月，读书人只有两条路可选择，一是做官，一是隐姓埋名，也就是甘于贫贱。人做学问可以得千秋万岁名；但对很多人而言，不朽的盛名，即便可以得到，也无以搪饥寒。在苏东坡时，有个笑话挖苦科考得意做了官，却自称是为国牺牲的人：

从前有一个读书人，穷得没钱买馒头。因为饿得慌，想出一个办法吃馒头。他走到一个馒头店外头，突然大惊而逃，但是没人理会。他到另一家馒头店，门口有一大群人。他看见馒头，大喊一声，做大惊状，拔腿就跑，跑不远，跌倒地上。一大群人围过来，问他怕什么。读书人说："怕那些馒头！"人都大笑，从来没听说此等事。馒头店老板不相信，想试试他。他把读书人引进放有好多馒头的一间屋子，暗中从门上的锁眼里往内看。读书人一看妙计成功，大喜，两手抱着馒头狼吞虎咽。老板颇受感动，推开门很客气地问他："你还怕什么？"读书人说："我还怕一杯好热茶。"

一天，韩维——他属于一个曾出过几个宰相的富贵之家——有两个女婿去拜谒苏东坡。东坡问他们的岳父近况如何。

一个青年回答说："他老人家近况很好。他告诉我们说，他已到老年，他要以声色美酒自娱，否则不知道何以度日。"

苏东坡说："我想他做错了，正因为他只剩有晚年。我告诉你们一个故事，回去告诉令岳丈听。"

年轻人说："是，当然。"

苏东坡说出下列的故事：

顷有一老人，未尝参禅，而雅合禅理，死生之际，极为了然。一日，置酒大会亲友，酒阑，语众曰："老人即今且去。"因摄衣正坐，将奄奄焉。诸子乃惶遽呼号曰："大人今日乃与世诀乎？愿留一言为教。"老人曰："本欲无言，今为汝恩，只且第一五更起。"诸子未喻，曰："何也？"老人曰："惟五更可以勾当自家事，日出之后，欲勾当则不可矣。"诸子曰："家中幸丰，何用早起？举家诸事，皆是自家事也，岂有分别？"老人曰："不然，所谓自家事者，是死时将得去者。吾平生治生，今日就化，可将何者去？"诸子颇悟。

苏东坡接着说："令岳丈以为余年无多，所以想尽量享乐。你们俩给我带个话去好不好？说我要他只注意他自己的事，不要把日渐消弱的精力费在醇酒妇人上。他最好想想，到了人生旅程的末端他能带什么走。"

在他敬重的朋友范镇死后，苏东坡说："范景仁平生不好佛，晚年清慎，减节嗜欲，一物不芥蒂于心，真却是学佛作家，然至死常不取佛法。某谓景仁虽不学佛而达佛理，虽毁佛骂祖，亦不害也。"

苏东坡现在名气之盛，达于极点。他受所有的文人、朋友崇敬，在朝廷上又官居高位。他为坚持己见，饱受其苦，因此也更为人所佩服，在这方面，朋友辈都望尘莫及。司马光死后，当代学者之中，无人能望其项背，虽然他并不十分适于宰相之位，但大家公认，以人品论，在整个官场之中，他是巍然高出于众人之上的。有一度他的两个朋友居朝廷最高的官位，一是吕公著，一是范纯仁。他弟弟子由在哲宗元祐元年也已回到京师，任御史中丞，次年，升为尚书右丞。所有当年贬谪到南方的朋友现在都回朝官居要津，包括驸马王诜、王巩、孙觉、范祖禹。他在黄州的老友陈慥也到了京都，不是来做官，而是来看苏东坡，享受友人欢聚之乐的。大诗人黄庭坚，原已与苏东坡通信有年，现已来京相交往，并正式拜在他门下。有数年期间，苏东坡在通信中，屡次赞美他的"苏门四学士"，因此大为提高了四人的名气。这时"苏门四学士"已是尽人皆知，他们就是黄庭坚、秦观、张耒、晁补之。后来，又增加两个，一是李廌，一是陈师道，共为"苏门六学士"。

苏东坡之深孚众望，却破坏了一门婚事。原来学者章元弼对苏东坡素极崇拜。他本人长得并无足观，却娶妻甚美。婚后，妻子发现丈夫整夜读苏东坡的诗，对自己不甚理睬。后来妻子终于不能忍受，对丈夫说："那么你爱苏东坡胜过了我！好吧，把我休了。"丈夫便把她休了。这位丈夫章元弼告诉友人说他妻子遗弃他，全是为了苏东坡。

这时苏东坡之受人欢迎，竟致好多文人模仿苏东坡的帽子。苏东坡戴一个特别高的帽子，顶上窄而微向前倾，这样的帽子后来叫"子瞻帽"。一天，他陪圣驾到醴泉游玩，当地正由宫中的伶工演戏。一个丑角儿头戴"子瞻帽"在戏台上自夸道："我这个作家诸位比不了！"别的伶工说："怎见得？"丑角儿说："难道你们看不见我戴的帽子？"这时皇上微微一笑，向苏东坡看了一眼。

在这种情形之下，苏东坡和朋友们则恣情笑谑。在他官居礼部尚书又兼主考官时，他和几个考官朋友入闱几十天。在办公时间都忙着阅卷，苏东坡则不停地在各屋里转，闲谈笑谑，简直叫人无法专心做事。到了夜晚，他才自己做事，看试卷，评等级，迅速之至。

有好多逸闻，说他如何当场捏造笑话。那些笑话里包括双关语，尤其是他和另一个富有机智的才子刘邠说话的机锋相对。

有一次，苏东坡去拜访宰相吕大防。吕极胖，苏东坡到时，他正在午睡。苏东坡等了好久，非常烦恼。最后吕大防出来了，苏东坡手指向客厅中一只大瓦缸里背长绿苔的乌龟。

他向主人说："这种东西没有什么稀奇，难得的是一种三对眼睛的乌龟。"

吕大防眼睛瞪得圆圆地说："是吗？会有六个眼睛的乌龟？"吕大防心想不对，自己一定被捉弄了，但是苏东坡学问如此渊博，定在什么书上读到过。

苏东坡回答说："当然，在唐中宗时，有一个大臣向皇帝进献一只乌龟。皇帝问他六只眼睛的乌龟有什么好处。大臣说六只眼睛的乌龟有三对眼，普通乌龟只有一对。所以，你看，六眼乌龟午睡时，他要睡三个普通乌龟的觉呢。"

苏东坡常向朋友钱勰得意扬扬地夸大，说他多么喜爱他在乡间过的那种俭朴生活。他说吃饭时只有米饭、萝卜、一个清淡的汤，可是他十分快乐满足。一天，钱勰送给他一个请帖，请他吃饭，请帖上说："将以'皛饭'待客。"苏东坡从来没听过那种东西，不知"皛饭"为何物。那天他一到，只见钱勰为他准备的只是很简单的一餐，只有三件白东西摆在桌子上：一碗白米饭，一盘白萝卜，还有一碗无色的汤。苏东坡忽然想起自己的夸大，知道是受人愚弄了。苏东坡等过了一些日子，他送给钱勰一张请帖，请吃"毳餐"。钱勰去赴席，发现桌子上一无所有。苏东坡请他坐下，两人都坐下。过了好久，还没有菜上来，钱勰抱怨说饿了。苏东坡大言不惭地说："咱们开始吃吧，不用等了，快吃'毳餐'吧。'毳餐'就是毛米饭、毛萝卜、毛菜汤"（"毛"读如"没"）。苏东坡这样报复之后，他也宽恕了那个朋友，二人开怀吃了一顿盛餐。

做翰林学士时，苏东坡常在夜里深锁宫中。有一个极为崇拜苏东坡的人，勤于搜求苏东坡的字，苏东坡每一个短简便条若由苏东坡的秘书交给他，他就给秘书十斤羊肉。东坡已经风闻此事。一天，秘书请苏东坡回复友人的口信，东坡已经口头回复了。秘书第二次又来请求，苏东坡说："我不是已经告诉你了吗？"

秘书说："那人一定要一个书面的答复。"

苏东坡说："告诉你那位朋友，今天禁屠。"

《论语》里有个司马牛，是孔子的弟子，与司马光同姓。一天，苏东坡为国事和司马光争吵得很厉害，而司马光仍是坚持己见。苏东坡回到家，把长袍扔在躺椅上，向朝云叹了口气说："司马牛！司马牛！"

这几年，苏东坡在他的政论文字里，时常申论"慎思"与"公正"二义为贤臣之所必备。但是慎思与公正实为党人之所憎恶。一天，一顿丰盛的晚餐之后，苏东坡在屋里欣然扪腹而行。他问家中女人他那便便大腹之中何所有。在中文里是惯于说"一肚子学问"。一个女人说是"一肚子墨水"，一个女人说："你是一肚子漂亮诗文。"苏东坡都摇头说"不是"。最后，聪明的侍妾朝云说："你是一肚子不合时宜。"东坡大呼曰："对！"遂大笑。

一次，一个素不相识的文人去拜访苏东坡，携带他写的诗一卷，请苏东坡指教。那个可怜的文人自己高声朗诵，抑扬顿挫，铿锵有声，显然是颇为自得。他问："大人，不知尊见以拙作为何？"

苏东坡说："十分。"

那个文人脸上欣然色喜。苏东坡这时又说："诵读之美七分，诗句之美三分。"

第二十章 国画

苏东坡天才横溢,神完气足,在中国艺术上,尤其是表现中国笔墨欢愉的情趣上,他能独创一派,这是不足为奇的。苏东坡最重要的消遣,是他的"戏墨"之作,因为他的创造性的艺术冲动非此不足以得到自由发挥而给中国艺术留下不朽的影响。苏东坡不仅创造了他有名的墨竹,他也创造了中国的文人画。他和年轻艺术家米芾共同创造了以后在中国最富有特性与代表风格的中国画。中国绘画的南派重视一气呵成快速运笔的节奏感,这一派诚然是在唐朝吴道子和王维的笔下所建立的,与北派李思训之金碧朱红工笔细描显然是有别。可是,在宋朝,印象派的文人画终于奠定了基础。这一派,重点在于气韵的生动与艺术家坚强的主观性,其中含有的艺术原理与技巧对现代艺术自有其重要性。

由苏东坡、米芾、黄庭坚所保存下来的艺术批评之中,我们能看出文人画在苏东坡生活里的起源,真是一件幸事。这几位文人都是诗人、书法家、画家。我们首先必须弄清楚的是，在中国是书画同源的。在技巧，在工具材料，在批评的精神与原理，都是如此。若不懂中国书法中的美学原理，就不能了解中国画南派的起源。因为中国南派画之始祖，苏东坡是其一，都是在中国诗的精神中涵养有素的，并且在运用笔墨的技巧方面已通其奥妙，而且对中国书法的结构与气势的原理都已窥其真诠。书法为中国绘画提供其技巧与美的原理，诗则提供画的精神与气韵情调的重要，以及对大自然的声色气味泛神性的喜悦。

在苏东坡降生之前，中国已经有丰厚的艺术传统，在书法绘画两方面皆然。苏东坡自幼年即仰慕吴道子。他在黄州那些年，一直倾其全部时光致力于绘画。现在所有他的诗画朋友都已集会在京师，而气氛也极利于他在诗画上的创造，正如一个弈棋高手发现了城中另一个弈棋高手之后，他的生活便会有所改变，同样，苏东坡的生活现在也改变了。他毕竟是个文人，不是个政客。既然是文人，他的要务仍然离不开纸墨笔砚。他的门人，也都是出色的文人，不断在他的书斋中流连盘桓。米芾后来成为宋朝杰出的画家，曾经有一次，他喜爱自己在悬崖峭壁所画的默然无色的巨石那雄伟的气魄，他乃以"丈人"之名称之。他自称"米颠"，别人也以此名相称。米、苏、李（李公麟），这宋朝三大家，现在时常在一处。

这一群文人时常在彼此的家中相会，饮酒、进餐、笑谑、作诗，而大部分时间都在陶然佳境中过活。此等时光，苏、米、李三人往往走近书案，纸笔墨都在眼前。如果一个人开始作画、作诗或写字，别人便作壁上观，或也技痒而参加，为补上诗句，或增加题跋，当时的情况与气氛理想极美矣。诗、画、字，这三者主要的材料，只是两种液体物——墨与酒；除去最讲究的毛笔和用最贵、最为稀有的原料做的纸之外，他们有上等酒、上等墨。大书法家和大画家一发现有上等纸张当前，就犹如小提琴名家发现面前有一把斯特拉迪瓦里牌的名琴一样——硬是不胜其魔力之诱惑。苏东坡最喜爱的是澄心堂的纸，宣城的诸葛笔或是鼠须笔，以及李廷珪的墨。一个人画完一幅画，一般习惯是由其他文人在上面写几首诗文做评语，或仅仅写刚才说的几句戏言。有时苏东坡和李公麟（西方收藏家多知道他叫李龙眠）合作一幅画，苏画石头，李画柏树，子由和黄庭坚题词。

有一次，在中国艺术史上很出名的事，是十六个此等名家聚会于驸马王诜的庭园之中，这就是有名的"西园雅集"。李公麟画，米芾题词。画里有宋朝三大家，苏东坡、米芾、李公麟，还有东坡弟弟苏子由、苏门四学士。石

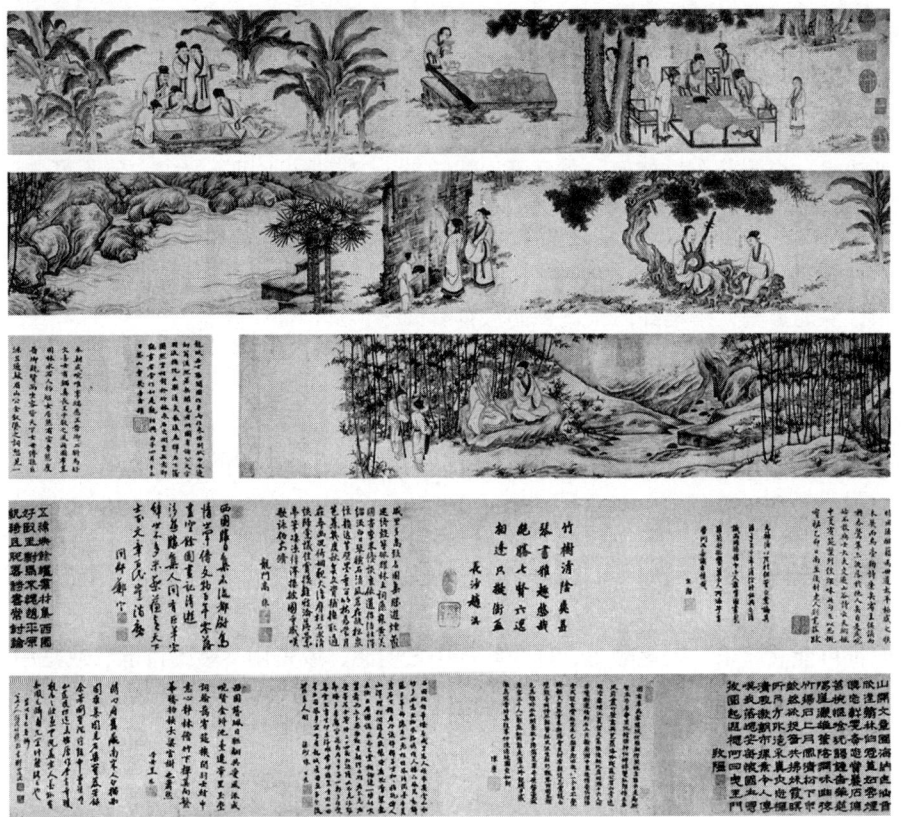

桌陈列于花园中高大的苍松翠竹之下。最上面,一条瀑布注入一条大河,河岸花竹茂密。主人的两个侍妾,梳高发髻,戴甚多首饰,侍立于桌后。苏东坡头戴高帽,身着黄袍,倚桌作书,驸马王诜在附近观看。在另一桌上,李公麟正在写一首陶诗,子由、黄庭坚、张耒、晁补之都围在桌旁。米芾立着,头仰望,正在往附近一块岩石上题字。秦观坐在多有节瘤的树根上,正在听人弹琴,别的人则分散各处,以各种姿势,或跪或站,下余的则是和尚和其他文人雅士了。

普遍都认为苏东坡作品之最精者,都是他醉后或兴致昂扬之时的作品,一想中国绘画、写字时一挥而就的潇洒明快,此话不能不信。在哲宗元祐三

《西园雅集图》

中国画 李公麟 宋

由于苏轼、苏辙、黄鲁直、李公麟、米芾等都是千年难遇的翰苑奇才,后人景仰之余,纷纷摹绘《西园雅集图》。后世著名画家马远、刘松年、赵孟頫、唐寅、李士达、石涛、丁观鹏等都曾画过《西园雅集图》,以至"西园雅集图"成了人物画家的一个常见画题。

年（一○八八）苏东坡任主考官之时，他和艺术家朋友李公麟、黄庭坚、张耒等陪考官入闱将近两个月，在阅卷完毕之前不得出闱，亦不得与闱外联络。他们空闲无事，李公麟画马自娱，黄庭坚则写阴森凄惨的鬼诗，彼此说奇异的神仙故事。至于苏东坡如何，黄庭坚记载的是："东坡居士极不惜书，然不可乞。有乞书者，正色诘责之，或终不与一字。元祐中锁试礼部，每来见过，案上纸不择精粗，书遍乃已。性喜酒，然不能四五龠已烂醉，不辞谢而就卧。鼻鼾如雷，少焉苏醒，落笔如风雨。虽谑弄皆有义味，真神仙中人。"

苏东坡论自己书画时说："吾书虽不甚佳，然自出新意，不践古人，是一快也。"

苏东坡在世时，曾使人画像数幅，其中最有名者为程怀立和名画家李公麟所画。在李公麟所画的一幅上，苏东坡身坐岩石，一条藤杖斜横于膝上。黄庭坚说这张画像正好把握住他微醉之时的神情。从姿势上看，他很轻松地坐着，似正在思索宇宙中万物盛衰之理，也正享受眼前大自然的森罗万象。好像他随时都可能立起来，提笔蘸墨，抒写胸怀中之所感，或是用美妙的诗歌，或是用气韵生动的一幅画，或是用神味醇厚的书法。

有一次，杜几先带来一张上好的纸张，请苏东坡在上面写字，但是他提出了字的大小排列等问题。苏东坡笑着问他："我现在是不是卖菜？"哲宗元祐二年（一○八七）三月，康师孟已经出版了苏氏兄弟九本字帖的精摹本。苏东坡自己的若干朋友都是热心搜集苏字的。一天晚上，他的几个朋友在他家，正在翻查几个旧箱子。有人找到一张纸，上面的字是苏东坡写的，还依稀可读。仔细一看，原来是他在黄州贬谪期间醉中写的《黄泥坂词》。有的地方已然污损，连东坡自己都不能辨认。张耒抄写了一遍，交给苏东坡，自己则保留那份真迹。几天之后，苏东坡收到驸马王诜寄来的一封信，信里说："吾日夕购子书不厌，近又以三缣博两纸。子有近书，当稍以遗我，毋多费我绢也。"

有几封苏东坡给朋友的最亲密的信，被刻在石头上，他去世之后当作拓片卖，就是所谓《西楼帖》。这本帖至今还在，看来就仿佛邻居的目光一样熟悉。苏东坡在一封信的再启里，代妻子向一个朋友道谢，因为那个朋友送了他妻子一把梳子。在另一个再启里，他说要送人一锅咸猪肉。

说中国书法是一种抽象画，这种解释真是再容易不过。中国书法的问题和抽象画的问题，确是相似。在评论中国书法时，评论者完全不顾中国字的含义，而根本上就将其看作一种抽象的组合。说中国字是抽象画，只因为不像普通画那样描写具象的物体。中国字由线条和线条构成的偏旁所组成,具有无限的变化,而艺术原理则要求这些字之排列成行,必须排列得美妙,必须与同一行或其他行的字配合恰当。因为中国字由最复杂的成分所组成,所以呈现出构图的各种问题,包括轴线、轮廓、组织、对比、平衡、比例等项,尤其重视整体的统一。

艺术上所有的问题,都是节奏的问题,不管是绘画、雕刻、音乐,只要美是运动,每种艺术形式就有隐含的节奏。甚至在建筑,一个哥特式的教堂向高处仰望、一座桥梁横跨、一个监狱沉思。从美学上看,甚至可以说"猛冲""疾扫""狂暴"等论人品的词,这都是节奏概念。在中国艺术里,节奏的基本概念是由书法确立的。中国的批评家爱慕书法时,不欣赏静态的比例与对称,而是在头脑里追随着书法家走,从一个字的开始到结尾,再一直到一张纸的末端,仿佛在观赏纸上的舞蹈一般。因此探索这种抽象画的路子,自然不同于西洋抽象画。其基本的理论是"美是运动"("美感便是律动感"),发展成为中国绘画史上至高无上的原理的,就是这种节奏的基本概念。

这个运动上的节奏美的概念,改变了所有艺术家对线条、质量、表面、材料的看法。因为,倘若美是动态而非静态的,所有平直的线条和表面,像工程蓝图的东西自然都不属于艺术的范围,而人必须寻求。举例说,树枝的折线与不平直的线条,因为只有弯曲与转折线才能暗示生命与运动;只要笔的压下、微顿、疾行、偶尔的飞白泼溅,能细心并有意保存于纸上,则不难看出此种不平直的线条的生命力和运动感。在中国书法和绘画里,当力戒平直线条,除非另有必要,比如描画桌子的边缘,不

《西园雅集图》

中国画　彭兆祯　清

得不直,这是基本的原则。结构的概念也随之改变了。倘若那些线面是僵直死板的话,中国艺术家是不能满足于此种静态的安排与线和面的对比的。因此要重视力量充沛的线条笔画,这便说明中国绘画技巧和其他形式的绘画之间的差异。

  为了寻求富有活力的线条,中国书法家转向大自然。自然中的线条永远是暗示运动,且其变化丰富无限。灵缇这种狗身体平滑,天生是为了快速奔驰的,自有一种美;而在爱尔兰小型猎犬多毛而粗短的线条,则另有一种美。我们可以欣赏幼鹿的轻巧灵活,同时也爱慕狮子爪蹄巨大强劲的力量。鹿的身体美,不仅在其调和的轮廓,也因为暗示了跳跃的运动;而狮子蹄爪之美是因为它暗示突然的攫取与猛扑,并且此种攫取猛扑跳跃的功能,才赋予了线条有机的谐律。谈到这类节奏之美,我们可以爱慕大象庞大笨重而不易控制的形状,蛇的蜿蜒蠕动的紧张状态,甚至长颈鹿瘦高细长的拙笨动作。所以可以说,大自然的节奏永远是含有功能作用的,因为其线条轮廓都是生长发展的结果,而且各有其用途。由于大自然这些丰富节奏,才磨炼出我们欣赏的眼光。中国书法家想在笔下运动上所模仿的,就正是这些自然的节奏律动,且非中国感受力极为灵敏的毛笔不为功。有的笔画坚定而圆满,暗示狮子蹄爪的巨大力量,有的笔画暗示马腿的强壮有力、骨节嶙峋。有的点画要暗示清爽整洁,字也有方正的肩膊腰肢和支架,像端正的女人,正如中国艺术批评家所说如"美人头上戴鲜花"。有的模仿枯藤的美姿,藤的末端稳定而微微向上弯曲,复点缀以一些嫩芽小叶以求平衡对称。千万不可忘的是,那条枯干的垂藤的平衡,是自然而完美的,因为其末端弯曲的形状与角度,全以此长藤的重量、茎的支持力、在这边或那边残余的叶子的重量为依归的。

  苏东坡说,他的友人文与可习书甚久而不见成功,后来一人独行山径,见二蛇相斗。他从相争斗的两条蛇身上的律动,获取了灵感,把蛇身上那种矫健的动作吸取于笔画之中。另一个书法家是在看见樵夫与一村姑相遇于山间小径上时,悟出了节奏的秘诀。因为当时樵夫与村姑都要让路给对方,二人当时都犹疑不定,不知谁该站稳让对方过去。那二人一时的前后闪躲,产生了一种紧张的动作和相反的动作,据说这种紧张的动作使他生平第一次悟出了书法艺术的原理。

  运用在绘画上,线条的杂乱而又和谐的律动,就产生了可概括地称之为中国艺术的印象派。这一派艺术家所关注的只是记下他头脑里的印象,用一种明确的律动美表现,而不是以将眼前的景物描绘下来为满足。结构越单纯,表现律动美越容易。因此苏东坡才集中表现律动美在几竿竹子上或是几块粗犷的岩石上,而这样表现出来的景物也就成为内容很充分、很丰富的图画了。画上表现出的律动美,本身即要求削除所有与此统一概念毫不相干的景物。要看极端印象主义艺术极端的例子,在八大山人的一只鸡和一条鱼上,或是石涛的果园上,都很容易看出来。不管画的是鱼、是鸡、是鸟,八大山人的艺术可以看作是用最少的线条、最少的墨,表现最多的内容的艺术。八大山人完成他的一条鱼、一匹马或是一张画像,为时不过数分钟,用墨不过迅速的寥寥几笔。他不是画好,就是画坏;若是画坏,便将纸揉烂成团,扔到废纸篓中去,重新再画。

惜墨如金,就说明了中国画纯出自然。但是惜墨如金与高度集中在主体景物上,也产生了别的结果。苏东坡的几枝竹枝竹叶,后面一月当天,依稀可见,创造出两种效果。第一,因为没有其他不相干的景物,故能刺激观赏者的想象;第二,那幅画暗示那几片竹叶,在月夜安然静止也好,在风雨中猛力摇摆也好,在其表现出来的单纯律动美上,是

《枯木竹石图》

中国画 苏轼 宋

实际上,在中国绘画史上,没有任何一种画论超过苏轼画论的影响,它有力地推动了文人画潮流的发展,在一定程度上可以说苏轼是文人画理论的实际奠基人。这幅传世作品《枯木竹石图》正为其画论的集中体现。

第二十章 国画

241

令人百观不厌。画几竿竹、一条曲线、几块粗犷的岩石的动机，就和写几行字的动机一样。一旦心情表现出来，印象留在纸上了，艺术家便感到满足，感到快乐。于是他能把同样的满足与快乐给予观赏的人。

所以这一派文人画也叫作写意，也就是印象主义。"意"字甚难译成英文，大致就是艺术家所要表达的，若在英文里找个字代替，恐怕要用 intention（意图）、conception（概念）、impression（印象）或 mood（心境）。若指这一派绘画用 conceptivism（概念主义），则无不可，因为这个字的重点是统一的概念，正是艺术家所要描绘的唯一形象。

艺术的中心问题，不论古今中外，完全相同。印象主义，简言之，就是对照相般的精确的反叛，而主张将艺术家主观印象表达出来，作为艺术上的新目标。苏东坡用两句诗充分表达这种反叛精神。他说："论画以形似，见与儿童邻。"在评论一个年轻写意派画家宋子房时，苏东坡说："观士人画如阅天下马，取其意气所到。乃若画工往往只取鞭策皮毛、槽枥刍秣，无一点俊发，看数尺许便倦。汉杰（宋子房）真士人画也。"

宋代画家又向前迈了一步，在一幅画里，不但要表现作者的印象或概念，也要表现内在的肌理。简单来说，宋代画家要画的是精神，而不是外形。宋代哲学的派别叫作理学。在佛教的形而上学的影响之下，儒家把注意力从政治的规矩形式和社会撤离，转而沉潜到心和宇宙方面去。借助于印度的神秘主义和形而上学，他们开始谈论这个"理"字，粗略地说，就是自然与人性里的"理由"，或"自然的法则"，或"万物的内在精神"。宋儒囿于中国人对抽象的形而上学无能力或无爱好，他们在把"理"当作"自然律"的研究上，所入不深，但是他们却完全相信在万物的外形后面有一种无处无之的力量，或是精神，或是"理"；自然本身，是精神，是活泼泼的，而画家应当在画里把握万物此种无以名之的内在精神。所以画家在画秋天的树林时，不应当以描绘树叶丰富的颜色为目的，而是要捕捉那不可见的"秋意"或"秋思"。换句话说，要使人觉得要披上一件夹大衣出去吸那干爽清凉的空气，似乎在大自然季节的蜕变中，看得出渐渐阴盛阳衰了。苏东坡在教儿子作诗时，要他把花的个别性表现出来，使人对一行写牡丹的诗，不致误认是写紫丁香或梅花。牡丹的特质是丰盈华丽，梅花则秀逸脱俗。那种特质的把握，则有赖于画家的眼睛与诗人的想象。要画鱼，则艺术家必须了解鱼的本性，但是为达到此目的，画家必须运用其直觉的想象，在心神上，与鱼同在水中游，体会鱼对水流与风暴、光亮与食物的反应。

只有懂得鲑鱼在急流激湍中跳跃时的快乐,并知道那对鱼是多么富有刺激性,一个画家才应当画鲑鱼。否则,他最好不要动手,不然无论他画的鱼鳞、鱼鳍、鱼眼多么精确,那张画仍是死的。

画家必须注意观察细节。苏东坡一次记载一件好笑的事:四川省有一个绘画收藏家,在他收藏的数百幅名画中,他最珍惜戴嵩画的《斗牛图》。一天,这个收藏家在院子里晒画,一个牧童赶巧在此经过,他向那幅画看了一下,摇头大笑。人问他何故发笑,牧童回答说:"牛相斗时,牛尾巴一定紧夹在后腿中间,这张画上牛尾巴却直立在后面!"

苏东坡也看不起名花鸟画家黄筌,因为他对鸟的习惯观察错误。但是只凭观察与精确,并不能产生真艺术。画家必须运用直觉的洞察力,等于是对大自然中的鸟兽有一种物我胞与的喜悦。也许要真懂苏东坡描绘万物的内在肌理,他所努力以求的是什么,最好看他画的一幅仙鹤图上的题诗。他说,仙鹤立在沮洳之地,看见有人走近,甚至仙鹤连一根羽毛还未曾动,已先有飞走之意,但是四周无人之时,仙鹤完全是一副悠闲轻松的神气。这就是苏东坡想表现的仙鹤的内在精神。

在进一步论到画的内在精神而非外在形体时,苏东坡说:

> 余尝论画,以为人禽、宫室、器用皆有常形;至于山石、竹木、水波、烟云,虽无常形,而有常理。常形之失,人皆知之;常理之不当,虽晓画者有不知。故凡可以欺世而取名者,必托于无常形者也。虽然,常形之失,止于所失,而不能病其全;若常理之不当,则举废之矣。以其形之无常,是以

其理不可不谨也。世之工人，或能曲尽其形，而至于其理，非高人逸才不能辨。与可之于竹石枯木，真可谓得其理者矣。如是而生，如是而死，如是而挛拳瘠蹙，如是而条达畅茂。根茎节叶、牙角脉缕，千变万化，未始相袭，而各当其处。合于天造，厌于人意。盖达士之所寓也欤。……必有明于理而深观之者，然后知余言之不妄。

所有绘画都是一种哲学不自觉的反映。中国画不知不觉中表示出天人合一与生命运行的和谐，而人只不啻沧海之一粟，浮光掠影而已。由此观之，所谓中国的印象派绘画，不论是一竿修竹、一堆盘根，或深山烟雨，或江上雪景，都是爱好自然的表现。画家与画中景物之完全融而为一的道理，解释得最为清楚的莫如苏东坡在朋友家墙壁上自题竹石的那首诗：

空肠得酒芒角出，肝肺槎牙生竹石。
森然欲作不可回，吐向君家雪色壁。

第二十一章　谦退之道

有登龙之术，也有谦退之道，而苏东坡不愧为谦退大师。现在苏东坡的情况是，不追求政治，而为政治所追求，颇为有趣。当年王安石得势之时，他在政坛坎坷不达，不足诧异；可是如今他的同党既然当政，他仍然失败，则确属可惊了。苏东坡永远不够为一个好党人，因为他过于孤高，非常人可及。现在他的同党当政，他自己有声望，受人爱戴，有太皇太后佩服他的学问人品，可是他却一直想摆脱一个颇为人羡慕觊觎的政治地位，却没有立即如愿。但是了解他气质的人，都知道他的宦海生涯不会太久的。延缓年老，展长青春的第一条规矩，是避免一切情绪上的烦扰，可是苏东坡现在，在他所谓"奸小之境"的官场，却有过多的情绪上的烦扰。政治这台戏，对有此爱好的人，是很好玩；对那些不爱统治别人的人，丧失人性尊严而取得那份威权与虚荣，并不值得。苏东坡的心始终没放在政治游戏上。他本身缺乏得最惨的，便是无决心上进以求取宰相之位，倘若他有意，他会轻而易举弄到手的。作为皇帝的翰林学士——其实是属于太皇太后——他与皇家过从甚密，只要肯玩政治把戏，毫无问题，他有足够的聪明，但是倘若如此，他就是自己斫丧天性了。

宋朝的政治制度最容易酿成朋党之争，因为大权集于皇帝一人之手，甚至在神宗元丰元年（一〇七八），政府制度改组简化以后，仍然是宰相没有专责。内阁共同负责也没清楚划分的原则，以使宰相及阁员大臣能协力一致。我以前指出过，在当政者及反对者之间，也没有职权的严格划分。朝廷由多数党统治的办法，根本不存在。所以政治上的活动只不过是私人之间的斗争，这一点较西方尤有过之。但是政治的规范，则东西毫无二致。所以这种制度是使庸才得势的最好制度。这种政争之中也有些规则，不过主要在幕后进行时遵守而已。第一条是，一个高明的政客必然要精通一条艺术手法：那就是要多说话，但内容必须空洞。高明的官员永远不说出什么，但只要否认。高明的官员必须深有修养，长于说"无可奉告""阁下所说，诚然不错！"这样便大有前途了。第二条，他必须讨好朋友。第三条是，当特别提防开罪于人。守口如瓶，低声而斯文，使人高兴地窃窃私语，全心全意讨好于人，此等官员，纵然不能爬到宰相之位，至少不会投置闲散，早晚会积劳成疾，因公殉职。

不幸，苏东坡非此等人也。在随后数年，他把这些成功秘诀都一一违反了。朝云产下一个男婴之时，他写的诗里有下列的愿望：

惟愿孩儿愚且鲁，无灾无难到公卿。

但是此婴儿可怜夭折，无法达成父亲的愿望。我们必须要问，一个诗人画家是否能做一个成功的官吏？可想而知的是，在国家太平时则可。但是"太平"一词也是比较而论，而且在政治上从来没有十年之内没有激烈之争的。一个诗人画家，以其达观的态度，很不容易卷入政争，甘心玩此把戏，而甘心接受处罚的恶果的。往往是，小试数次之后，对自己也会染指于此等勾当，不由自己窃笑，就此罢手。

可是，事情偏有凑巧，苏东坡若是躲避政治，政治偏要找他。他和司马光曾经政见不合，这是各有看法的人，共事时之所难免。但是半年之后他到京都时，司马光去世，只剩下苏东坡孤零零一人身居高位，特别惹人妒忌。果然不久，第一个风暴就向他袭来，朝廷的政争都围绕他而发生。次年正月，几十份表章都弹劾他。司马光死后，政治派系逐渐形成——朔党、洛党皆以理学家为首，蜀党则咸信苏东坡为魁。由于当时文字记载，并由于苏东坡之坚持脱离政坛，苏东坡不知道"蜀党"一词何所谓，当属可信。可是却有许多事故发生，使苏东坡的政敌受到刺激，不得不对他作殊死战。这次战斗，说公平话，实在是由苏东坡的弟弟子由所引起的。苏子由在此一批新人当政之始，自外地来京为右司谏，他心想有责任刷新朝政，清除所有那些骑墙派以及与王安石有过从的残余政客。他使恶迹昭彰的吕惠卿遭贬谪出京，总算成功，蔡确、蔡京、章惇也暂时降职，但是这几个降职的官僚，后来却力谋再起。子由也用七道奏章之多弹劾了朔党的一个领导人物，直到此人遭到罢黜。他曾把朔党都以"饭袋"称之。

两派之争在进行中。龃龉卑劣的政客之争对谁也乏味，因为不像对王安石变法的争论，而今这种纷争连政策原则的问题都没有。苏东坡曾经反对恢复征兵制，不过这并不是党人所力争的问题，党人则是借故生非。苏东坡为主考官时，出的考题是："今朝廷欲思仁祖之忠厚，而患百官有司不举其职，或至于偷；欲法神考之励精，而恐监司守令不识其意，流入于刻。"其实汉文帝为政尚宽，并未引起百事废弛；宣帝尚严，也未失之过于苛酷。考生必须申论中庸之道。当时那群小政客则反对这个考题，屡次上表给太皇太后，请求审问苏东坡。他们控告苏东坡对仁宗、神宗犯大不敬之罪。

也是和往常一样，每逢太皇太后把这些奏章置诸高阁，群小便继续弹奏。由哲宗元祐元年（一〇八六）十二月到次年正月十一日，有四五份表章弹劾苏东坡。正月十二日，太皇太后敕令停止弹劾。正月十三日，百官在中书省接到圣旨。那些官员竟而违抗圣旨，次日又上一表。苏东坡这段期间并不屑答辩，只是上了四次表章，请求派任外地官缺，离开京都。到十六日，太皇太后显然是要支持苏东坡的，因为她对众臣说，苏东坡的意思是指国家官员的宽严，他并没有对皇帝本身有何不敬，甚至弹劾苏东坡的官员有受惩处之说。

这时，苏东坡决定不求外放，而是要挺身而斗了。在正月十七日，他给太皇太后上了两千字长的一份表章，略叙他本人的职分并对卑劣的政治手法予以谴责。他是为"人应当有不同意权"而奋战。在表章里，他指出朝廷官员都表示同一意见，或因怕开罪于人而避免表示意见，皆非国家之福。君臣当各白自己的意见，如此于人于事，方有助益。倘若帝王所赞同的群臣都说对，群臣便都成了孔子所说的乡愿，是足以招致亡国之祸的。然后他又略述在免役法方面他和司马光不同的看法。他二人是意见不同，但是尊重彼此的意见。而今司马光已去世，那群人以为朝廷依旧继续推行他既定的政策，于是只知道顺从皇帝的意见。实际上，司马光并不希望人人都同意他的意见，他也不相信太皇太后所需要的只是群臣唯唯诺诺的恭顺和卑屈谄媚的意见一致而已。他另一点异议是，从免役法所征收的三千万贯之中，拨出了西北战事所需之后，尚余半数，朝廷应当把此款项在城郊购买土地，用以安顿退役的军人，如此，可以减少服役人数的一半。此钱取之于民，当复用之于民。在这些方面，他一直坚持己见，得罪了不少人。大概在十二日，他写信给好友杨珪，在信中又非难那些人云亦云毫无主见的人，并颇以自己有真知灼见而自负。那封信上说：

某近数章请郡，未允。数日来杜门待命，期于必得耳。公必闻其略。盖为台谏所不容也。昔之君子，惟荆（王荆公）是师；今之君子，惟温（司马温公）是随。所随不同，其为随一也。老弟与温相知至深，始终无间，然多不随耳。致此烦言，盖始于此。然进退得丧，齐之久矣，皆不足道。

最后，在二十三日，苏东坡奉令留任原职，在二十七日，朝廷决定把请求审问苏东坡的官员予以宽恕。

苏东坡为小人陷害，太皇太后支持他；政敌显然未能达成目的，也因此丢了脸面。他别无话说，只好照旧留任。他对太皇太后非常感激，决定从此之后，毅然决然以更为坦诚的态度，向太皇太后说别人所不敢说的话。今天在《苏文忠公全集》里还有很多政论文章和奏议，都是此后的两年内写的。那些奏议上都清清楚楚地写着日期，看了就知道他所争持的是哪些问题。

他所力争的第一项是"广开言路"。他若生在今天，一定会为言论自由而战，为强大有益的舆论而战。这是他再三再四提到的。他指出来，朝廷有道，皇帝一定是想办法接近每一个人。比如说，唐太宗在位时（唐太宗可以说是中国四千年来最好的皇帝），他许每一个人到宫廷进言，甚至无官无职的老百姓也在内。若有人说有话要见皇帝，宫门的守卫人员不许阻拦。苏东坡提醒太皇太后，在本朝初年皇帝允许低级官吏谒见，甚至平民亦蒙接待。而今可得见到太皇太后的只不过十几人，那十几人岂能尽知天下所发生的事？倘若那十几人赶巧都是庸碌之辈，或不敢把真实情形奏闻，太皇太后必致相信天下百姓安乐无事。天下情形岂不糟糕！诚然，别的官员也可以上表进言，但是那些表章进了皇宫，也就石沉大海了。太皇太后若不亲自召见，又怎么了解所讨论的问题？再者，还有好多事，是不能写在纸上见于文字的。有的事情有时万分复杂，一次讨论未必弄得清楚，何况只凭一道表章！在另一道奏章里他说，马生病，不能以言语表达，"人虽能言，上下隔绝，不能自诉，无异于马"。

　　但是文人若不能独立思考，无批评的勇气，言论自由也终归无用。就只在这一点上，他赞美欧阳修而非难王安石，因为欧阳修激扬清议，王安石则压制清议。苏东坡极其担心当时的暮气沉沉，读书人已经忘记用头脑思索。这段时期，在他给门人张耒的一封信里，他说："文字之衰，未有如今日者也，其源实出于王氏。王氏之文，未必不善也，而患在于好使人同己。自孔子不能使人同，颜渊之仁、子路之勇，不能以相移。而王氏欲以其学同天下。地之美者，同于生物，不同于所生。惟荒瘠斥卤之地，弥望皆黄茅白苇，此则王氏之同也。"

在哲宗元祐元年（一〇八六），苏东坡总算把青苗法完全废止。这年，四月里，皇帝下了一道圣旨，对于这种政治措施勉强改革了一些，常平仓稳定粮价办法予以恢复，而青苗贷款仍然贷与人民，只是款额则以仓谷价值的半数为限。朝廷的如此改革，原出好意。这样，禁止了官吏像以前那样进入农村，召集开会，把官款分配给农民，也禁止小吏按家去催逼捐献。在苏东坡看来，此种不彻底的措施，还难令人满意，其流弊也不减于过去。在八月初四，他又给皇帝上表，第一请求将青苗法完全废止，第二请求将赤贫百姓之欠债，包括本金利息在内，一律宽免。他又将四月份之改革措施比作偷鸡贼，此贼自称将改过向善，以后每月只限于偷鸡一只，这是引用《孟子》上的典故。他的表文里说："臣伏见熙宁以来，行青苗、免役二法，至今二十余年，法日益弊，民日益贫，刑日益烦，盗日益炽……又官吏无状，于给散之际，必令酒务设鼓乐倡优，或关扑卖酒牌子，农民至有徒手而归者。但每散青苗，即酒课暴增，此臣所亲见而为流涕者也。二十年间，因欠青苗，至卖田宅、雇妻女、投水自缢者，不可胜数。"苏东坡问，为什么皇帝竟会纡尊降贵借钱与百姓而求利息呢？他建议朝廷下令所有欠官债者分十期归还，以半年为一期，甚至盼望皇帝念及债务人已付过不少利息，慈悲为怀，凡四等以下贫民的债务，全予豁免。下个月，青苗法才全予废除，但赤贫者之债务宽免之议，直到六年后，经苏东坡力请，朝廷方予接受。

苏东坡又单枪匹马，只身向朝廷之腐败无能进军。他想从根本上改革国家的吏治。朝廷官吏皆来自科举，但是科举制度业已废弛。他有三四次身为主考官，都特别留心为国家选拔真才，有时把别的考官所弃而不取的考卷又找回重阅录取。有一次，考生在御林军例行监视之下进行考试，御林军的傲慢粗野，真使他吃惊。军士对考生呼喊，如对一群新兵。有几个考生被发现挟带作弊而被驱出大殿，警卫军士大声喊叫，声势逼人。当时混乱不堪，军士之恢复秩序，犹如平定暴乱。军士的蛮横无理，是对士子斯文的侮辱。苏东坡立刻连上二表，将两个军士斥退。

当时最使朝廷感到困扰的，其实在中国历史上历代皆然，就是冗吏充斥。读书人太多，而朝廷可给的官位太少。这是中国多年的积弊，人尽认为一个优秀的读书人必然要"学而优则仕"。这个想法如果现在还不改，全国教育普及则国家将亡。我们有多少官位供给四万万五千万人呢？倘若考试制度认真执行，而选人唯才，则合格的考生必然为数有限，而选取的人才的素质也会提高。但是在苏东坡时代，引用亲族之风已经盛行。有好多外省来京的考生，由朋友亲戚的推荐,不用在京参加考试,便可以获得官职。每次考试若选三四百人,总有八九百人不经过考试的。礼部就可以推荐免试生二三百人,其他还有由兵部和皇家关系推荐的。在春季祭天大典之时,很多读书人由皇上特恩免考,苏东坡说:"一官之阙,率四五人守之,争夺纷纭,廉耻道尽。中材小官,阙远食贫,到官之后,求取渔利!靡所不为,而民病矣。"他又说:"臣等伏见恩榜得官之人,布在州县,例皆垂老,别无进望,惟务黩货以为归计。贪冒不职,十人而九。朝廷所放恩榜几千人矣,何曾见一人能自奋励,有闻于时?而残民败官者,不可胜数。……而所至州县,举罹其害。乃即位之初,有此过举,谓之恩泽,非臣所识也。"苏东坡提议废除此等免试办法,严格限制高官巨卿之子女亲戚,以及皇家所推荐之人。苏东坡认为自己有责任把官吏之怠惰低能蒙混朝廷的情形,奏知太皇太后。为这种情形,他向太皇太后密奏多次。在几件大事的表章后,他又附有再启,请太皇太后阅后自己保存,勿转交与中书省。

比如说,西北番族入寇,几乎有中国农民一万人惨遭屠杀,当地驻军官长企图隐瞒朝廷,甚至消息传至京师之时,朝廷派一专使前往当地调查。此一专使,本着中国由来已久的"官官相护"的积习,向朝廷报告只有十余个农民被杀。而特使更把灾情大事化小,先为当地驻军首长请求赦罪,然后再缓缓进行调查。两年之后,竟而毫无动静。被杀的村民,朝廷应予抚恤,结果也一无所得。在苏东坡上太皇太后表中,他指出如此忽视民情,势难收揽民心。

"官官相护"之恶习必终致"官民对立"。另外,还有广东守将童政的案件。童政剿平盗匪无功,竟而在收复的城市里屠杀数千百姓。但是别的同僚对朝廷的报告中竟说他保卫城池有功，把他说成平贼的英雄。还有温杲杀害百姓十九人，仅仅记一小过，便算了事。另外有一个小军官，打算报称杀贼立功，竟闯入民家，在青天白日之下杀害妇女五六人，带着砍下的人头回去，说是斩杀贼匪的人头。这件事实在惨无人道，遮掩不了。在朝廷派人调查时，那个军官辩称，在交战之时，他不能看清是男是女，因而误杀。这些都是当时的虐政。苏东坡对这些事，实在不能默尔而息。

最重要的案子，惹得众怨沸腾的，就是周穜一案。对这件案子，苏东坡实在无法克制自己了。王安石的余党暂时失势，现在都在偏远的外地为官，竟想卷土重来。那些魁首如吕惠卿、李定、蔡确等人已遭罢黜，但是他们的好多朋友还都在京为官。为了试探朝廷对他们的态度，他们找了一个默默无名的书院教师周穜试上一表，表中提请将王安石的灵牌安置在太庙中神宗皇帝的神牌之下，好能共享祭祀。如果太皇太后准其所请，那些阴谋小人就可以看作是个分明的信号，他们又可以出来公开活动了。苏东坡看出他们如此试探的企图，立即对这些唯功名利禄是图的投机分子大施挞伐。他举出他们十六个人的名字，责骂他们是"虮虱""蛆蝇""邪佞小人""国之巨蠹"。这一次他对王安石不再婉转其词，而几乎公然以诈伪骗子称之。他向太皇太后说，如果富弼、韩琦、司马光有一人尚在，这些鼠辈绝不敢露面。他说，如果对这些阴谋小人不予以当头棒喝，则"惠卿、蔡确之流何忧不用！青苗、市易等法何忧不复哉！"据他自己观察，他深信此种情形必会出现。实际上，他已萌去朝之志，他说君子如麟凤，难求而不易留养；小人则"易进如蛆蝇，腥膻所聚，瞬息千万"。其理至明，人若不愿与蝇蛆为伍，只有远避。

在两年之中，苏东坡以其强烈的名士本色、坦直无畏的言论，得罪了很多人，其中包括朔党、洛党的人物。当然他也成了王安石余党的眼中钉、肉中刺！苏东坡不去，此等人不能再起。

看一看那些弹劾表章，倒也有趣。大概最为有趣的是苏东坡起草任用吕大防的圣旨。吕大防为王安石的政敌，此次也是受命担任要职。圣旨上赞美吕大防勇于任事，屹立不移，又说在王安石时百姓饱受压迫，人心消沉，王即去位，"民亦劳止，讫可小休"。这句话是引自《诗经》，人人可用，但系讽刺暴君之作。御史看到，眼睛亮起来，说苏东坡将神宗比周厉王，意在毁谤。御史们气得股战心摧，他们忠爱的先王竟为人所毁谤！

关于苏东坡的诗，还有一件有趣的事。那是在他自南回京之时，听说朝廷已经允许他定居在常州，正在心情愉快之时。他经过扬州，在一个寺庙的墙壁上写了三首诗。三首诗若一齐看，主题为何，不会误解。其大意是他在寻找安居之地徒然无功之后，欣闻得以退休林泉以度晚年。其中第三首是：

此生已觉都无事，今岁仍逢大有年。
山寺归来闻好语，野花啼鸟亦欣然。

赶巧这首诗正写在五月一日，而神宗是驾崩于三月五日，五十六天以前。由诗上看，诗人在歌颂自己的欢乐，但这是在国丧期间啊！他为什么高兴？"闻好语"，什么好语？显然不是什么别的事，显然是神宗驾崩的消息！多么忘恩负义的臣子！这大概是这个时期弹劾苏东坡最严重的理由，当然是很严重的控告。我想从文意上看，"好语"即是指那年丰收有望。但是苏子由为他兄长想出一个更好的辩护语。在哲宗元祐六年（一〇九一），子由为此事做证时，他说苏东坡那年三月在南京，那时一定已经听到神宗驾崩的消息，绝不会五十六天之后才在扬州听见。他告诉太皇太后说，"好语"指的是苏东坡下山时，听到农人谈到英明的幼主登基，十分欢喜。这个说法明确有力。子由做证完毕，从御前退出，让别的官员去争论到底吧。

苏东坡觉得太皇太后所收到弹劾他的本章，一定比他知道的还要多，而太皇太后始终是搁起来不理。他曾请求将那些本章公开，以便给他机会申辩澄清，但是太皇太后不答应。苏东坡知道他的政敌是决心要推倒他，甚至他草拟惩处奸佞小人吕惠卿的圣旨时，他的政敌都认为文字里含有毁谤先王的话。他真是厌倦于驱赶那些苍蝇臭虫了。不但是苏东坡自己,连他的朋友秦观、黄庭坚、王巩、孙觉都成了被批评的目标,或直接受到弹劾,或遭到政敌以阴险卑鄙的方式玷辱污蔑。这种用阴险的谣言中伤,使人没有自卫的余地。苏东坡觉得自己仿佛正走在群蛇滋生的阴潮的山谷,他决心要逃出去。

在哲宗元祐元年(一〇八六)十二月,敌人第一次向他发动攻击时,他就想辞职,在次年,他不断请求摆脱官位。他写的信里有两封包括他的自传资料,历叙他的官场经历,还有他因倔强任性而遭遇的很多烦恼麻烦。在元祐三年(一〇八八)十月十七日他的一道表章里,他说:"'君不密则失臣,臣不密则失身。'以此知事君之义,虽以报国为先,而报国之道,当以安身为本。"两年之内,他"四遭毁谤",由他推荐为官之人,亦遭受无故的污蔑。他曾提醒太皇太后,在前一派人当政时,他曾遭受李定的弹劾。他曾写过讽喻诗,希望皇帝知道民间的疾苦而改变政策,而御史却把他忠直的批评叫"毁谤",而在控告他的文字里也有些说得"近似"真实之处。而现在则连丝毫近似之处也没有了,像批评他用"民亦劳止",完全捕风捉影。他对太皇太后说:"臣以此知挺之险毒甚于李定、舒亶、何正臣……古人有言曰'为君难,为臣不易'。臣欲依违苟且,雷同众人,则内愧本心,上负明主。若不改其操,知无不言,则怨仇交攻,不死即废。伏望圣慈念为臣之不易,哀臣处此之至难,始终保全,措之不争之地。"在此表章里,他写了四个附启,注明"贴黄""又贴黄""又贴黄""又贴黄"(表示摘要)。最后一条说,如果太皇太后不以他之所奏为实,可交宰相府公开调查。如果相信他之所奏真实无误,请即密藏。他还要再上正式辞表,请求外放,那份表章,可以公开。

表示他坚决求去的表章写于元祐六年(一〇九一)五月,那时他的杭州太守任期届满,他请求续任一期。这是具有自传性质最长的一道表章,历述所有过去他所遭遇的不幸,包括他的遭受逮捕和审讯。那些党人对他的"嫌忌"重于对子由。在陈述他的政治生涯的梗概之后,他说:"陛下知臣危言危行,独立不回,以犯众怒者,所从来远矣。"他怒斥周穜的信,惹恼了敌人,使他们越发痛恨,他们发狠攻击他。古谚云:"聚蚊成雷,积羽沉舟。"言寡不胜众也。

他继续写下去:

(臣)岂敢以衰病之馀,复犯其锋。虽自知无罪可言,而今之言者,岂问是非曲直……今余年无几,不免有远祸全身之意。再三辞逊,实非矫饰……臣若贪得患失,随世俯仰,改其常度,则陛下亦安所用?臣若守其初心,始终不

《圣迹图·孔子不仕退修诗书图》

中国画　明

鲁昭公二十六年（前516年），鲁国以季氏为首的三桓擅权，而季氏家臣阳虎、公山不狃的势力也膨胀起来。在这种情况下，孔子不想从政，便选择隐退，整理诗、书、礼、乐，并扩大教学事业。实际上这也成为了中国后世文人在官场失意后的一种最常见的选择。

变，则群小侧目，必无安理……所以反覆计虑，莫若求去。非不怀恋天地父母之恩，而衰老之余，耻复与群小计较短长曲直，为世间高人长者所笑。伏望圣慈……早除一郡。所有今来奏状，乞留中不出，以保全臣子，臣不胜大愿。若朝廷不以臣不才，犹欲驱使，或除一重难边郡，臣不敢辞避……惟不愿在禁近，使党人猜疑，别加阴中也。

在苏东坡再三恳请之后，在元祐四年（一○八九）三月十一日，朝廷终于允其所请，任命他以龙图阁学士出任杭州太守，领军浙西。浙西太守管辖六区，包括现在的江苏在内。临行前，皇帝赐予茶叶、银盒、白马及镀金的鞍鞯、他的官服上的金腰带等礼品。马对他无用，他转送给穷门人李廌去卖钱。

他起程时，老臣文彦博年已八十三岁，但仍活跃，为他送行，劝他不要再写诗。那时苏东坡已经上马，他大笑说："我若写诗，我知道会有好多人准备作注疏呢。"

第二十二章 工程与赈灾

一个人在外省为官时总比在京师为官时对国家的贡献大。苏东坡在元祐四年(一〇八九)七月到达杭州,任浙西军区钤辖兼杭州太守,时年五十二岁。他弟弟子由已经由户部侍郎升任吏部尚书,赐翰林学士;那年冬季,子由以皇帝特使身份出使契丹,往返四个月。

苏东坡则全心全力从事工作。秦观弟弟现在与苏东坡同住,有一年半期间,他没看见苏东坡打开书,他是用太皇太后的恩宠,请求特别拨款,进行重要的革新方案。在短短的一年半之间,他给全城实现了公共卫生方案,包括一个清洁供水系统和一座医院。他又疏浚了盐道,修建西湖,稳定了谷价,不惜与朝廷及浙西邻省官员意见相左,以"虽千万人吾往矣"的精神,只身展开救济饥馑的工作。

太守的官衙位于杭州中心,但是苏东坡却喜欢在较为富有诗意的地方办公。他往往在葛岭下面有十三间房子的寿星院办公,因为那里风光如画。看公文不在寒碧轩,就在雨奇堂。我们记得雨奇堂是从苏东坡西湖诗"山色空蒙雨亦奇"而得名的。在这里，他环以修竹，外望清溪，独自处理公文。

有时，他办公的地方更远，是离杭州城十英里或十五英里以外的山里。这时，他就吩咐扛着旗伞执事的衙役走钱塘门，他自己则由一两个年老的卫士跟随，从涌金门坐船，过湖面往西，到普安寺用餐。他带几个文书到冷泉亭小坐。他处理公事，其快如风，在谈笑之间便把一天的公事办完了。事情办完，他往往和同僚畅饮一番，在红日西落之前，骑马回家。城里的人站在街道两旁，看这位不同凡响、大名鼎鼎的才子。

在大热的夏天，他总是躲在祥符寺，在好友维贤方丈的屋里睡个午觉。他抛下官帽，丢下官架子，脱下官袍，在躺椅上一伸，让仆人按摩一下两条腿。这时仆人看见他已经用最贱的头绳把头发系在头顶上了。

苏东坡任官之时，做了些怪事：

有一个商人因债务受审。被告是一个年轻人，苏东坡让他说明他的苦况。

被告说："我家开了一家扇子店。去年家父去世，留下了一些债务。今年春天天阴多雨，人都不买扇子，并不是我赖债不还。"

苏东坡停顿一下，眼睛一亮，计上心来。他一看笔砚在桌子上，忽觉技痒。

他对那年轻人说："把你的扇子拿一捆来，我替你卖。"

那人回去，转眼拿来二十把素绢团扇。苏东坡拿起桌子上的笔，开始在扇子上写草书，画几棵冬日的枯树，瘦竹岩石。大约一个钟头的工夫，他把二十把团扇画完，把扇子交给年轻人说："拿去还账吧。"

年轻人喜出望外，想不到有这么好运气，向太守老爷千恩万谢，然后抱着扇子跑出了官厅。外边早已传开太守大人画扇子卖。他刚走出衙门，好多人围起他来，争着拿一千个钱买他一把扇子，不几分钟，扇子卖光，来晚一步的，只有徒叹奈何了。

有一次，一个由乡间赴京都赶考的书生，因有欺诈嫌疑而被捕。那个书生带着两大件行李，上面写着"交京都竹竿巷苏侍郎子由"，下面署名苏东坡。分明是欺诈。

苏东坡问他："行李里头是什么东西？"

书生回答说："我实在觉得对不起大人。鄙家乡的人送了学生两百匹绸子，算是帮学生的盘费。学生知道这些绸子一路之上要由税吏抽税，等到京都，恐怕只剩了一半。学生心想最出名、最慷慨的文人莫过您苏氏二昆仲，所以斗胆用您二位大人的名字。万一被捕，您会体谅下情把学生释放。学生敬求大人恕罪，下次不敢了。"

苏东坡微微一笑，吩咐书记把行李上的旧纸条撕去，亲自写上收信人和寄信人的姓名、地址。并且给子由写了一封短信，交给那个双手颤抖的书生带去。他对那个书生说："老前辈，这次你放心吧。即便差人把你抓到皇上跟前，担保你平安无事。明年考中，别忘了我。"

那个穷老书生不胜惊异，万分感谢。他果然考中。回家时，给东坡这位诗人写了一封信感激深恩大德。苏东坡对这件奇遇非常欢喜，请他在家盘桓了几天。

苏东坡也做了些帮助州学学生的事，老百姓因此越发喜爱他。杭州城有好些要改善的地方。太守官署的房子已经过于陈旧，军人住的营房也漏雨，军火库更是破烂不堪，城门楼上的房顶都露出一片片的天光。有好多一百多年的老房了，都是五代十国时吴越王钱镠时代建筑的。当年中国各地皆纷乱异常，只有吴越朝廷有道，民间太平，几代皇帝都深得民心。在宋太祖已将中国其他地方全征服时，吴越的皇帝为免生灵涂炭，甘愿献土降服，因此东南百姓，感恩戴德，至死不忘。以前的几任太守曾经自筑官舍，如中和堂、有美堂等新宅第，把旧房子弃置不顾。苏东坡在杭主政时期，曾有一栋坍塌，二人惨遭压毙；另一栋倒塌时，一家四口全死在其中。苏东坡又运用自己与太皇太后的关系，上表请求拨款四万贯修缮官舍、城门、城门楼、谷仓，一共是二十七处。

杭州城有五十万人，却没有一家公立医院。杭州位于钱塘江口，海陆行旅辐臻云集，往往有病疫流行。有些药方，历经证明，确实有效，他都公布在外。苏东坡在密州为官时，曾经令人把有用的药方用大字抄写贴在市镇广场，作为官方，好使一般百姓知道。有一个特别药方，他深信有效，而且一个大钱一服。那些药方里包括好多味草药，有的是为降烧，有的为出汗，有的为开胃口，有的泻，有的补。中医深信，一个器官有病时，全身亦必有病，所以药方是用以使全身健康，并不只是治某一病的。有一个药方叫"圣散子"，包括二十种药材，其中有高良姜、厚朴、半夏、甘草、草豆蔻、木猪苓、柴胡、藿香、石菖蒲等，还包括麻黄，现在已经证明是胃液分泌的强力兴奋剂。

苏东坡对这些零星无组织的帮助病人的办法，颇不满意，他从公款里拨出两千缗，自己捐出五十两黄金，在杭州城中心众安桥，建立了一家公立医院。据我所知，这个"安乐坊"是中国最早的公立医院。三年之内治疗了一千个病人。主办此医院的道士，由朝廷酬以紫袍和金钱。后来，此医院迁到西湖边，改名为安济坊，苏东坡离开杭州后，还照常为人治病。

不过苏东坡最关心的是杭州居民的用水问题，还有通过杭州城的运河淤泥。在吴越时代，沿海曾筑有长墙，防止海潮进入运河，免得海盐污染城市内的淡水。但是那道长墙如今年久失修。城内有两道运河，以南北方向穿过城市，直接在闸口连接钱塘湾。钱塘湾的水相混合，所以有好多淤泥，每四五年，运河河床就需要疏浚一次。当年没有现代的机器，由河床挖出的淤泥就堆在岸边居民住家的门前。运河长十余英里，疏浚费用很大，讨居民的厌恶，更不在话下。更坏的是交通情形，一只船要走好几天才能走出城去。船要用人和牛拉，而运河上的混乱不堪，简直难以描画。

苏东坡向专家请教，测量运河的高度，拟好一项计划，以防淤泥沉淀，才能保持运河地区的清洁。这是他在杭州的第一次工程，始于十月，那是他到任后三个月，次年四月竣工。

问题是，那两条运河需要海水才能保持运河上的交通，而海水则带进淤泥。在仔细研究之后，苏东坡确定的是：盐桥河通过市区，必须保持清洁，但海水可设法使之从别处流入茅山运河，因茅山运河流经人口稀少的城东郊区。另在钱塘江南部建水闸，海潮高时将闸关起，潮低时再放水。两条运河在城北相汇。等钱塘湾的水经过郊区的运河之后，已经流过了十余里，泥沙当然已沉淀下。盐桥河必须保持清洁，此河面比另外那条运河水面低四尺，所以郊区那条运河的水可以供给城市中的运河一部分水，那水也几乎很干净了。为保持城内运河的水位，他又在城北余杭门外开了一条新运河，与西湖相通。这样，水之供给不虞匮乏——疏浚城内盐桥河的花费与麻烦也就可以避免了。

这套办法很有效，他使运河的水深到八尺，城中父老说，那是前所未有的。

和运河交通同样重要的，则是供水问题。已经试用过很多方法，想把由山泉汇聚西湖的淡水引入城中。城中有六个水库，分散在各处，但是淡水干线管道常常损坏。十八年前，苏东坡做杭州通判时，曾帮助修理输水管，但是因为西湖有一种水中植物蔓延生长，根在泥中纠缠生长，遂使湖底上升，湖水变浅。输水管既然破坏，居民只得饮用稍有咸味的水，不然就花钱买西湖的水，要一文钱买一桶。苏东坡与当时仍然健在的和尚商量（现在已经七十多岁，当年曾经监督修理那些输水管），输水管是用大竹管子做成。经时不久，苏东坡乃用坚固的胶泥烧成的陶瓦管子代替，上下用石板保护。这个计划需款甚多，因为要建筑三百码长的陶瓦管，由一个水库通到另一个水库。他又把湖水引到城北郊的另两个新水库，以供军营之用，他因身为军事统领，就派一千个兵参加此项工程，结果工做得好，时间也快。据说，那些水库完工之后，杭州城中家家都有西湖的淡水喝。

从六个小水库供给杭州用水的工程成功之后，苏东坡自然进而想整理一个大水库，那就是西湖。在一般人的想象里，苏东坡与今日的西湖是密不可分的。西湖使杭州有"人间天堂"之称，而西湖也是人工创造下美得无以复加的艺术品。虽然人将西湖发展，在四周建设，可是人知道不可超越的界限，知道不要侵犯自然。西湖是人工点缀后的自然，不是人工破坏后的自然。人类真正的智巧所创造出的，并非过度的精巧。一片仙岛，上面的垂柳映入一平如镜的水中，似乎是西湖本来所自有，是自然从湖水中生出的。长堤上的拱桥，往上看有云峰，往下看有渔船，中间一桥如虹，正相配合。柳丝浅绿鹅黄，轻拂半隐半现的石堤，而千年古塔，矗立天际，使人想起往日的高僧、往日的诗人。苏堤和西湖之于杭州，正如美女花容月貌上的双眸。我常想，倘若西湖只是空空的一片水——没有苏堤那秀美的修眉和虹彩般的仙岛，以画龙点睛增其神韵，那西湖该望之如何？几百年来，中国的游客春季到来时，向西湖蜂拥而至，度蜜月者，在湖上泛舟垂钓，或在垂杨之下的堤上散步，以消磨时光。有名的西湖十景包括东岸上的"柳浪闻莺"；另一景是在湖上的小岛上，由苏东坡兴建的，叫"三潭印月"。的确是，湖的四周没一个角落不使游客觉得美丽出奇而感到荡气回肠的，在晴天也好，在雨中也好。两条长堤横卧湖面，是两个大诗人建筑的，白居易的白堤，苏东坡的苏堤。白堤东西方向，靠近湖的北岸；苏堤约一又三分之二英里长，南北方向，靠近湖的西岸。每个堤都把湖水隔开，靠岸的一边叫里湖，堤上的拱桥下面，小舟可自里湖划到外湖。这两道堤，在苏东坡时代，是五十尺宽，栽有垂柳，环以荷花，为杭州人追欢寻乐的广阔散步场所。

  杭州的繁荣永远和供水一事有关系。杭州发展为一个城市，实自唐朝始，当时有一位大臣把西湖打开，引水供给城中的居民。在以前，只是一个小镇。苏东坡在湖上动工之前，西湖一直在日渐缩小，湖面蔓草丛生，日形繁殖。十八年之前，这些野草遮盖了十分之二三的湖面。他重回杭州之后，看见野草已经将湖面遮盖了一半，既感到意外，又觉得伤心。在唐朝白居易的时代，湖水灌溉了大部分的稻田，落一寸水足可以灌溉十五顷田，每二十四小时，湖可以供水约五十顷。白居易的工程而今全已毁坏。

苏东坡刚一结束杭州城的运河系统和六个水库工程，立即着手整理西湖。从工程方面看，只是件简单事，只在清除水草而已。这种改善工程，岂不是轻而易举吗？但是以前的主政者都没想到去做。那几个小水库完工之前，苏东坡在元祐五年（一〇九〇）四月，给太皇太后上了一道表章，简述他疏浚西湖的计划和理由。在五月，他又上书给门下、尚书、中书各省。他说若不急行设法，二十余年之后，湖面将全被野草遮蔽，杭州居民必将失去淡水的来源。他指出五项理由，说明必不可使此种后果出现。说也奇怪，第一个理由，竟是个佛教的理由，说鱼类必将因此遭殃，其他理由都指西湖的供水之用，如灌溉稻田、供水给运河，最后是供给好水以便造酒，此与朝廷税收有关。他提出要清理遮蔽湖面的水草两万五千方丈或是十一方里。此项工作需要二十万天的人工，按一天人工清除一丈左右计算，每一工五十五个钱，加上三升米，全部计划需要三万四千贯，他已然筹得一半，请太皇太后再拨给他一万七千贯。

此项计划蒙朝廷批准，苏东坡开始和数千工人、船夫一起活动起来，费时四个月，工程完毕。现在的问题是如何处理堆积如山的水草和淤泥。苏东坡计上心来，用以建筑湖上的长堤。那时湖滨已密密地围起来，全是富户的庭园别墅。由南岸步行到北岸的人必须顺着蜿蜒的湖边走大约二英里之遥。一条湖上的直堤，除去可以供人步行外，也可以增加湖面的美丽，且大为缩短往返的距离。此一道堤上有六座拱形的桥、九个亭子。苏东坡在时，其中一个亭子作为他的生祠，里面供有他的画像，以便居民膜拜，纪念他对地方的德政。等势利小人吕惠卿得势之后，他设法弄到一纸朝廷命令，将此纪念亭拆毁。

还有一个问题，就是如何使湖中的恶草不再滋生。苏东坡想到一个办法，就是把沿岸部分开垦出来让农人种菱角。农人必须注意将自己的地段按期除草。他向中书省上书，请求确保此项税收，必须应用在湖堤和湖的保养上。

除去增加西湖的实用价值之外，不管是有意也罢，无意也罢，苏东坡也增加了西湖的美。但是这种德政后来也遭致政敌的攻击，说他"虐使捍江厢卒，筑为长堤于湖中，以事游观"。

苏东坡又试验更庞大的计划，要扩展江苏的运河系统；这是苏州城外一项拖船驳运计划。还有后来他把在杭州西湖所做的工程也施之于阜阳的西湖。这些计划有些没能实现，但是附有地图的详密计划，足以证明他在工程方面的想象力。

我们必须提到他的一项庞大工程计划，不过因为他被召还京未及实现而已。那个详密计划现今依然保存。在钱塘江入杭州湾的江口,有一个小岛,那个地方每年船毁人亡,损失惨重。钱塘江势如奔马的洪流正好与流入海湾来的海水相遇,受阻于此一小岛,遂变成了极其危险的漩涡逆流。这个"浮山岛"之得名,就因为四周沙洲时隐时现,而驾船者无从辨认水道何在。这些沙洲有的一二英里长,据说一夜的工夫就会完全失踪不见。旅客乘船到杭州,这一段路最为可怕。自浙江东岸来的人,宁愿在龙山横过海湾,但是从西南地区顺钱塘江而下的人,则不得不冒险经过。有时可以看见落水的大人儿童哭喊救命,还没来得及抢救,已被洪流巨浪吞没,但是杭州江上的交通还是很重要的。贫苦的西南地区人民,都以杭州以北西湖地区产的米为生,而杭州人则依赖西南地区的燃料。盐也产在杭州湾,运销西南地区。虽说水运危险,水运仍极繁忙,但运费高昂,因为水上风险大,运输行船必须付给工人厚礼。这样,使国家

西湖景观地图

地图　现代

苏东坡两度临杭,熙宁四年(1071)任杭州通判,元祐四年(1089)以龙图阁学士出任杭州太守。任职期间,他修井、赈灾、治病、浚湖、开河、引水。东坡肉、苏公堤、"三潭印月"无不表明着苏东坡与杭州,尤其是西湖的渊源。

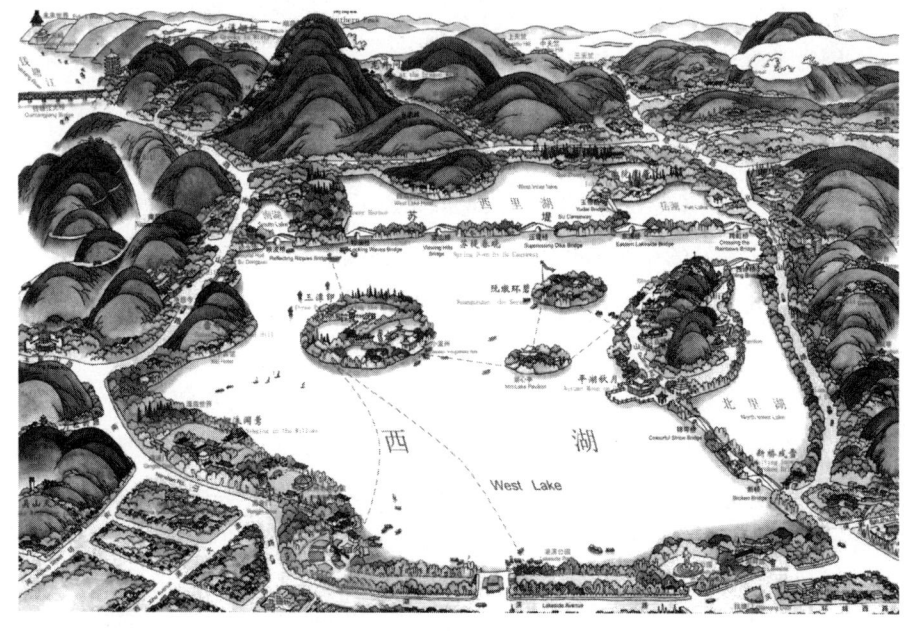

第二十二章　工程与赈灾

遭受无形的损失，为数达到数百万贯之巨。

苏东坡就想在深知钱塘江情形的人的协助之下，解决这个问题。新计划是想把通往杭州的船运移到此危险地点上面的一条路。在苏东坡主持之下，拟订了一项计划，需款十五万贯、员工三千，为时两年竣工。在此计划下，要将钱塘江引入一条八英里长的新水道，水的深度足可供航运，要筑石堤一条，长二又四分之三英里，在山下钻隧道六百一十五尺长。不幸这项计划正在拟订中，他必须离开杭州。

同时，他也正在为另一项更迫切的问题忙得要命，那就是饥馑的威胁即将来临。他到任的那一年，就已收成不佳。米价七月间六十文一斗，到十一月间涨到九十五文一斗。幸而常平仓里还有存粮，他又筹集到二十万石，卖出了十八万石，才算稳住米价，在元祐五年（一〇九〇）正月，使米价跌到七十五文一斗。那年春季多雨，看来年成有望。农人借钱施肥勤耕，满希望夏季丰收。在五六月间，杭州一带大雨滂沱，多日不止，民家积水将及一尺。农人的盼望眼看悉成泡影，随便有点儿常识之人都能看出来，一旦存粮吃光，势将挨饿。苏东坡派人到苏州、常州去视察，接到的报告是该两地全境淹水。水库崩裂，部分稻田被水淹没，农人在划船抢救残存物品。抢救的潮湿稻子还可烧干，稻草用以喂牛，必须设法以济时艰，而且刻不容缓。

虽然无须大才方可预知，苏东坡却在事前早有准备。他一向相信常平仓制度远胜过饥荒之后的救济，所以他早就不断购买谷子存满粮仓，好来应付荒年。因为淫雨连绵不绝，他越为奋战不懈。在半年之内，自七月开始，他给太皇太后和朝廷上表七次，陈述实情，吁请急速设法。前两次表章叫"奏浙西灾伤第一状、第二状"，后面五个叫"相度准备赈济状"，七个表章合成一个情急的呼吁。他呼救不停，直到朝廷人人觉得厌烦了。他那种急躁是太悖乎中国人的习惯。若干朝廷的特使也在当地，人家一言不发，苏东坡喊叫什么？比平常多下了一点儿雨有什么大惊小怪？他是为自己挖掘政治上的坟墓吧？

但是他深信一分预防胜过十分救济。在当地买，或是由外地进口，这样不断存粮，以防食粮短缺，并随时卖出以平定粮价，饥荒是可以防止的。把粮食向贫病饥民施舍，永远是浪费无用，只能触到疾苦表面，根本办法则是预防。有远虑的人永远是气躁的。他指出来，在神宗熙宁八年（一〇七五），没有人事先做何防备，结果大饥荒来临。神宗皇帝需要拨出一百二十五万石食米设立粥厂救济贫民，竟有五十万穷人饿死。除去人受的灾难之外，朝廷救济、减免税款和各项岁收，一共损失了三百二十万贯。苏东坡指出，比照之下，他去年只用了六分之一的粮食就稳住粮价，防止了灾情。现在第二次饥荒会更甚于第一次，就犹如第二次发病会比第一次严重，人民少量的存粮已经逐日减少，必须立即设法。

奇怪的是，除去苏东坡一个人外，别人都是无动于衷。他一看朝廷公报，不觉大怒。好多浙江和邻近的地方官都在春天奏报丰收有望，但无一人陈明新近的暴雨和水灾。苏东坡奏准以修缮官衙的款项购买食米，因为救饥荒第一。六个月以前，他奏请拨给五万贯购买食米，杭州当分得三分之一。朝廷是把钱拨下来了，但邻省一个名叶温叟的税吏，却把苏东坡应得的款额剥夺了。钱一到，人人都想分润，但是目前却无人肯陈报灾情。苏东坡在一道密奏太皇太后的本章里曾说："臣近者每观邸报，诸路监司多是于三四月间，先奏雨水匀调，苗稼丰茂。及至灾伤，须待饿殍流亡，然后奏知。此有司之常态，古今之通患也。"他请朝廷下令调查全部灾区。倘若他的担心实属过虑，如果其他官员与他看法不同，要他们签报担保来冬不会有饥荒发生，人民不会挨饿。有一名官员名叫马瑊，苏东坡屡次写信有事与他会商，因为此事须与各地区配合协调。但是此人回信说他正忙于他事，他将因公外出，冬日始可返杭。苏东坡在给他正在浙东为官的一位好友钱勰的一封信里说："虽子功旦夕到，然此大事，得聚议乃济。数舍之劳，譬如来一看潮，亦自佳事，试告公以此意劝之，勿云仆言也。"在七月的报告中，苏东坡只请求拨米二十万石。那项计划也很简单。杭州本为产米地区，每年只需向京都缴米一百二十五万到一百五十万石，杭州仍然很殷实，能够付得出那个米价。如蒙允许保存一部分米，杭州可以改缴同值的绸缎银两。他只盼望朝廷准他们留下一部分充作皇粮的米，转到当地谷仓，也就可以了。

同时，在七月二十一日、二十二日、二十三日，另一次狂风暴雨突发。在二十四日，雨稍停，但是当夜又倾盆而至。苏东坡无法入睡，次日清晨，写了"奏浙西灾伤第二状"。在西湖地区，灾情益形严重。太皇太后会对他前一道表章立即批示吗？官差邮政制度还不坏，由杭州到京都，邮递二十天可到。八月初四，太皇太后收到苏东坡的第一道表章，立即办理。照惯例，表章由中书省转到户部，请求在半月之内作一报告。二十天后，在八月二十五，公文到达苏东坡手中。从那份公文里看，他那第一状中催请立即处理的那段最重要部分，已遭删除了。他立刻上文户部，请求联合调查，又要求那些认为不致有饥荒出现的人，应当签署保证文件。

由八月中旬，另一次暴雨又下个不停，情况比以前更为可怕。在九月初七，苏东坡请拨的米由二十万石提高到五十万石。这些米是预备稳定粮价的。即使朝廷每斗赔十文钱或一石赔一百文钱，朝廷全部的损失也不过五万缗。他恐怕饥荒真正到来，那时朝廷即便花上十倍或二十倍的钱，还不能救那些饥民呢。这番请求蒙太皇太后批准，但是我们可以看到，官僚总会有办法把圣旨变成一张废纸的。苏东坡还有现款在国库，问题不是何处去提款，而是何处去买米。商人都在囤积居奇，待高价而沽。在苏州，米价已经每斗涨到九十五文。苏东坡说要买米，但是买不到多少。他也不过这儿买到三千斗，那儿买到三千斗，如此而已。邻近地区的官员，因为价高，不愿买米。苏东坡认为官方应当到市场去，付出商人提出的价格，准备赔钱卖出。

时间已嫌不足，再过几十天，新收的稻子也快卖光了。情况还是很坏，甚至邻近各地也是一样。苏东坡在失望之下，在九月后半月又修一道表章，请求朝廷命官员在河南、安徽买米，储存在扬州，以备在饥荒来临时发与湖泊地区的灾民。他的计划是，米要存在途中地方，万一不需要，仍可再运往京都。杭州则可以用同等值的钱货代替每年的供米。他的所请，又蒙批准，太皇太后为此办法拨了一百万贯钱。东坡在第三道表章的附奏中说："今年灾伤，实倍去年。但官吏上下，皆不乐检放。讳言灾伤，只如近日秀州嘉兴县，因不受诉灾伤词状，致踏死四十余人。大率所在官吏，皆同此意，但此一处，以踏死人多，独彰露耳。"太皇太后若信赖官吏的报告，永远不知实情。他提醒太皇太后，前朝曾有五十万人饿死，因为有钱无米。"若来年人户元不阙食，不须如此擘画，则臣不合过当张皇之罪，所不敢辞。纵被诛谴，终贤于有灾无备，坐视人死而不能救也"。

百万拨款的结果是这样：钱是在，但是没有买米。他的五十万石米也被人剥夺了。苏东坡和朝廷算账，官方坚称三十六万石米已经拨下来。苏东坡坚称，在三十六万石之中，元祐四年（一〇八九）的二十万石，不应当算在元祐五年（一〇九〇）的份内，而且他上表呈请时十六万石已经在官仓之内了。接到圣旨说拨款若干是一件事，能通过官僚的手脚又是一件事。他在对抗官僚的长期作战中，曾写信给好朋友孔平仲说："谁肯少助我者乎？"

苏东坡的计划是在那年冬天出卖官米。果不出他所料，米价飞涨。冬季一到，他开始出卖官仓存米。但是在元祐六年（一〇九一）二月，他被调离杭州，又被召至京都充任翰林学士。他离杭州时，所做的事尚未完成，他写信给继任的林太守，请他与所有的有关官员联系，以作决定。他告诉林太守，在前一个月，他曾经请求保留朝廷的五十万石贡米，林太守应当暂时保留此米。林太守以等待前任苏太守最后上朝廷表章的批示为借口，当然可以将解来进京一事安然拖延一段时日。那批米如不急用，到六月再送出，也不算太迟。

苏东坡在赴京途中，顺便看看苏州及邻近各地的洪水灾区，以便与各省同僚会商办法。他发现整个地区尚淹没在水中，因为洪水尚未消退。那时正是春天，农人还希望水能及早退去，以便春耕。农田之在低处者，显然无望，在高处的农田里，他看见老翁与女人昼夜忙于往外放水，以人与天气对抗，似乎并无把握。因为雨还在继续下，刚刚淘去些水，不久水又满了。饥荒已然来临，人民开始吃稗糠，平常都是喂猪吃的，现在与芹菜或其他青菜混合煮食。由于缺乏干柴，人民只好生食，好多人因此患肚胀。苏东坡在表章里曾说："并是臣亲见，即非传闻。春夏之间，流殍疾疫必起。"

苏东坡去了，饥荒来了，人民多病饿而死。真难以令人相信，苏东坡到达京都后，竟遭弹劾，说他夸大灾情，"论浙西灾伤不实"。而救百姓于饥饿竟成为政客打击他们惧怕的敌人，使之失势的题目了。就朝廷而论，京都之内自然没有饥饿问题。湖泊地区也还有半数人民尚未饿死呢。那一年，苏东坡回到京都附近的颍州，就要看到长江以北的难民，为饥饿所迫，离乡背井，跋涉五百里，到达他的治下地区，他就要看到那幅饥荒难民图了。但是元祐六年（一〇九一）五谷歉收的恶果还在后面，次年的饥荒就成了大灾大难。

第二十三章 百姓之友

苏东坡单枪匹马只身奋斗,打算改革吏治,他算失败了。他看到一次饥荒将至,便要朝廷预作防备,在这一方面他没有成功。不过,由于他奋战不懈,对抗下两年的阴惨的鬼影,他是把老百姓从王安石新政的恶果中救了出来。据苏东坡说,几百万人民已遭毁灭,有的因欠债而关在监狱之中,有的为逃避偿还欠债的本金和利息,已经远离了故乡。朝廷有钱收入,国家却破产了。中国老百姓是朝廷常年的债务人。朝廷查封了太多的抵押品,对于远走天涯海角的逃债人,要如何收债呢?王安石已死,并且带着朝廷赐予的最高荣誉头衔埋葬了。现在留给苏东坡的是求朝廷全面宽免人民的债务,免得家家破产赤贫。死者长已矣。姑且放宽心肠,睁大好奇的眼睛,注视那群官僚大人深不可测的头脑,他们的心那么冰冷,那么残忍,但又那么冷静。看他们在王安石创设的那无边旧债的荆棘地里,怎样玩他们狙击谋杀黎民百姓的游戏吧。

苏东坡一回到京师,对他的欢迎,只是一连串的攻击批评之声。政局对朔党诸君子是够危险的。因为情形似乎是太皇太后召他还京是要他官升宰相。他弟弟子由一直高升，到现在已是尚书右丞。尚书、中书、门下三省，是宋朝政府的三个主要部门。元祐七年（一〇九二）六月，子由又高升了，升成了门下侍郎。按当时广泛的说法，也是宰相之一。政敌的不安，自非无故。现在太皇太后又召他那才气过人的兄长还朝。只为了自存也罢，苏东坡的这群政敌，非要决一死战不可了。

贤昆仲二人现在均身为高官，招人艳羡，因此谈论很久，究竟二人谁离却京都，好使另一人免除官场的忌妒。苏东坡决心离去，但是子由认为弟弟应当让兄长。苏东坡接受了御史的一阵批评的风暴欢迎之后，越发想离开京都，乃第五次、第六次恳请外放。

苏东坡越恳求外放，他的政敌越觉得情势严重。程颐的门人贾易在他一千五百字的表章中说，苏东坡上表请辞，是向朝廷施加压力以求相位。凡是贾易认为在那篇表章中可发掘用以诋毁苏东坡的，他都用尽了。神宗驾崩后两个月，苏东坡在扬州一个寺院墙壁上写的一首奇妙的小诗，现在完全在朝廷上喧嚷出来。西湖的苏堤被指责为"于公私并无利害"。他被控告关于杭州灾情，他始终误报朝廷。苏东坡上一道名称甚怪的表章，名为"乞外补回避贾易札子"，里面说："易等但务快其私忿，苟可以倾臣，即不顾一方生灵坠在沟壑。"这当然是在朝廷上公开的争吵。在苏东坡的政敌当中，有此贾易，后来等朔党被推翻之后，贾易曾背弃朔党；另一个人，叫杨畏，绰号人称"杨三变"，因为他曾先后背叛过王安石、司马光、吕大防、范纯仁等，他心头有一连串令人眼花缭乱的鬼主意。在苏东坡这一面，有不少朋友正在当权。这次斗争成了和局，实在是不得不尔，因为双方目标一致。他的政敌志在驱逐他离开京师，而苏东坡正好别无所求，但求一走了之。不管有饥荒无饥荒，三个月后，苏东坡外放到颍州为官时，这一场政治斗争也就达到了合理的收场。

但是苏东坡的任务尚未完成。因为元祐六年（一〇九一）又是五谷不登，饥馑灾情愈形严重。他在颍州为官八个月，又在扬州七个月。这样，他算有机会一见江北情况。在元祐六年，他在颍州之时，一次出城去，看见成群的难民从东南逃向淮河边。他呈报说老百姓开始撕下榆树皮，和马齿苋、麦麸一起煮粥吃。流匪蜂起，他呈报抢案，也为数日多。他预测可怕之事恐怕方兴未艾。倘若真正发生，将会难民成群逃离江南，老弱倒于路旁，少壮者流为盗贼。

在旧年除夕日，苏东坡和皇族同僚赵令畤登上城楼，看难民在深雪中跋涉而行。赵令畤说次日天还没亮，他就被苏东坡叫醒了。

苏东坡告诉他："我一夜无法入睡。对那些难民我总得帮助他们一点儿才对。也许咱们能从官仓里弄点儿麦子，给他们烙点儿饼吃。内人说我们经过陈州时，傅钦之告诉我们他赈济成功的经过。我们忘记问他到底是怎么做的，所以现在我才找你问。你想到什么办法没有？"

赵令畤说："我倒是想过。这些人只需要柴和米。官仓里现有几千石米，我们立刻就可以发，在酒务局还有很多柴——咱们可以发给这些穷人。"

苏东坡回答说："好，立刻就办。"

于是立刻先救济近邻。可是邻近地区淮河以南，官家还在征柴米税呢。苏东坡立刻奏明朝廷废止此种荒唐事，而今柴米急需自由运输，以济燃眉。

在元祐七年（一〇九二）二月，苏东坡调到扬州。他的长子迈已由朝廷任命在外地为官。他在赴扬州途中视察安徽各地时，身边带着两个小儿子。他让随员不要跟随，亲自到村中与村民交谈。他看见一个令人无法置信的情景，只见各处是青翠的麦田，但多数农家则荒废无人。一年的丰收是村民最怕的事，因为县衙的衙吏和兵卒在此时来逼索以前的本金利息，并且把人带走关在监狱里。苏东坡来到了扬州，在谢恩表里他说："丰凶皆病。"中国的农民和生意人都落入王安石新政的陷阱里了。他们只有两条路走：一是遇歉年，忍饥挨饿；一是遇丰年，银铛入狱。

这是王安石新政的后果。苏东坡在杭州时，除去请款、请米、预防灾荒，不断麻烦朝廷之外，还给朝廷上了一道长表章，请求宽免老百姓欠朝廷的债务。商业萧条，富户早已不复存在。朝廷命令以现款缴税，货币在市面上已不易见到。国家的钱现在都集中在国库里，朝廷正用这些钱进行西北的战事。与二十年前相比，杭州的人口已减到以前的百分之四五十。朝廷也在遭受困难，正如苏东坡所指出的，酒税的收入已经从每年三十万贯减到每年二十万贯以下。国家资本派已经把小生意人消灭。使富人为穷邻居担保的办法，已经把很多富人拖累得家败人亡。意想不到的官司和纠纷，都由青苗贷款而起。有人也许是在官员的纵容之下，用别人的名义贷了款，那些人或否认那笔贷款，或根本并无此人。而官家的档案竟是一团混乱。官家手中有千万份抵押的财产，其中有些已然由官方没收。没收的财产难道抵销得了借出的款项吗？足可以抵销本金和利息吗？利息到底怎么计算呢？更有好多人坐监，只因为在官司纷乱当中，买了产业，不知那份财产真正的主权当属何人。每个人都欠人钱。地方法庭只忙于处理人民欠官家的债务案件，私人诉讼就搁置不闻不问了。民间贸易一向以信用为基础，现在因为人人信用不佳，生意也陷于停顿。官场的腐败到了令人无法置信的程度。杭州每年要向皇帝进贡绸缎。有些质料差的绸缎往往为税吏所抛弃，他只愿全数收上品货。由于税吏抛弃了货色较差的，损失的钱还要补缴。当地太守要从抛弃的坏绸缎弄出钱来，于是强迫人民以好绸缎的高价钱买去那些坏绸缎。地方太守上遭上司的逼迫，下遭小吏的捉弄，那些小吏靠官方的"呆账"压榨百姓以自肥，正如同草原上的羊啃啮青草一般。

朝廷的淡漠拖延，到了惊人程度。远在元祐五年（一〇九〇）五月（实为六月——编者注），苏东坡曾上表朝廷，呼吁宽免百姓的官债。新当政者上台，司马光已经开始退还官家没收的人民财产。但是朝廷的原意总是被官僚们弄得面目全非。使苏东坡气愤难平的是，对官方办事的程序方式之争，真是一言难尽，无须细说了。有些官僚认为，朝廷下令退还没收的产业，只限于三估以后"籍纳"的产业，并不包括官方在现场"折纳"的案件在内。两者之间是有微妙的差异的。官僚认为当年立即接受官家"折纳"的人，已经承认估价公平，不必再发还他的产业。对这种划分，苏东坡颇为愤慨，他以为不符合圣旨的本意。

不过这只是百姓的权益被官僚骗取的一个例证而已。苏东坡把圣旨被曲解误用的事，一件件指出，都是使百姓蒙受损失的。他堂堂正正的理由是，民脂民膏已挤干，他看不出来再从无力偿还的人民身上去收二十年的老账，这样对朝廷还有什么好处。比如说，酒务方面欠债的一千四百三十三件案子之中，经过官家二十年来的催缴,尚有四百零四件是人民弃家逃走,不敢重返故乡。而有关钱数不过约有一万三千四百贯而已。即便情况一直不变,一直催讨,也不会收回此一笔欠债,何不立即宽免,以收民心?

在苏东坡等了一百零八天音讯杳然之后,那年九月,他又上一本,追问以前所上的表章有何下文。这是上太皇太后的机密本章,太皇太后交给了中书省,饬令速办。十二月十九日,户部有给苏东坡的复文,说原本章遗失,要他再上一份。元祐六年(一○九一)一月九日,苏东坡又抄一本送至。附加注明,说二十年来商业萧条,官家只有恢复老百姓的信用和存款,税收才增收有望。这是那份呈文的结尾语。但是事过两年,朝廷仍然毫无行动。

同时,江苏湖泊地区又逐年歉收。元祐七年(一○九二)饥荒酿成巨灾。据苏东坡的报告,苏州、湖州(吴兴)、秀州(嘉兴)地区,人民死亡半数,大批逃荒的难民渡江北来。后来虽然积水渐退,田界全失。苏东坡说:"有田无人,有人无粮,有粮无种,有种无牛,饿死之余,人如鬼腊。"据苏东坡的看法,在朝廷尽量扶持之下,此一地区需要十年才能恢复。他又指出,倘若当初朝廷采取他所建议的措施,所需款项不及后来赈济所需之半数。他说:"小人浅见,只为朝廷惜钱,不为君父惜民。"呜呼,天下苍生,奈何!奈何!

元祐七年(一○九二)五月十六日,苏东坡再谈宽免官债一事。不管别的官吏

杭州苏东坡石像

石雕　现代

苏东坡为杭州这座江南名都留下了太深的记忆,苏堤、东坡肉、历史上第一个公立医院、他的爱民如子、他令人惊艳的诗词……不论当权者是否认可,千百年以来,苏东坡的功绩早已铭刻在杭州百姓的心中。

第二十三章　百姓之友

如何,在自己治下,他把圣旨照自己的看法解释,宽恕了圣旨所列的一切案件,情况不明的疑案,则延期一年再办,等待朝廷决定。他深信人民的信用若不恢复,情况的严重不会和缓,商业也不能复原。巨债高利则像百姓项间的石头枷锁。百姓的信用一旦毁灭,商业必然随之瘫痪。万恶必由此而生。他又上了一道长五千字的表章,细论处理呆账的办法。有些人为买公产而欠债,还有青苗贷款债、官谷债、春税和秋税债,也有人欠市易局的债,而市易局已经废止,朝廷下令分十期(半年一期)清还,有人因旧债还不出而又欠了新债。此等情况和在杭州所上表章中列举的四种债务,共达十种之多,朝廷终于先后下令部分宽免。苏东坡回顾一下全部情形,拟定了详尽的办法。最后,他说:

臣顷知杭州,又知颍州,今知扬州,亲见两浙、京西、淮南三路之民,皆为积欠所压,日就穷蹙,死亡过半。而欠籍不除,以至亏欠两税,走陷课利,农末皆病,公私并困。以此推之,天下大率皆然矣。

臣自颍移扬,身过濠、寿、楚、泗等州,所至麻麦如云。臣每屏去吏卒,亲入村落,访问父老,皆有忧色,云:"丰年不如凶年。天灾流行,民虽乏食,缩衣节口,犹可以生。若丰年举催积欠,胥徒在门,枷棒在身,则人户求死不得。"言讫,泪下。臣亦不觉流涕。又所至城邑,多有流民。……臣闻之孔子曰:"苛政猛于虎。"昔常不信其言,以今观之,殆有甚者。水旱杀人,百倍于虎,而人畏催欠,乃甚于水旱。臣窃度之,每州催欠吏卒,不下五百人,以天下言之,是常有二十余万虎狼散在民间,百姓何由安生,朝廷仁政何由得成乎?

这道表章呈上去一个月之后,他又上一道私人表章给太皇太后,建议太皇太后颁布如他所拟的如此一道圣旨:"访闻淮浙积欠最多,累岁灾伤,流殍相属。今来淮南始获一麦,浙西未保丰凶。应淮南东西、浙西诸般欠负,不问新旧,有无官本,并特与权住催理一年。使久困之民,稍知一饱之乐。"随后,他又请太皇太后按照他前一道详细的表章分别拟定条文,处理债务。

元祐七年(一〇九二)七月,苏东坡所催请各点,朝廷正式颁布施行。他是如愿以偿了。表章中所提的公债,全部由朝廷下令宽免了。

卷四

流放岁月

宋哲宗绍圣元年至徽宗建中靖国元年
（一〇九四——一一〇一）

第二十四章 · 二度迫害

第二十五章 · 岭南流放

第二十六章 · 仙居

第二十七章 · 域外

第二十八章 · 终了

第二十四章　二度迫害

在元祐八年（一〇九三）秋天，有两个女人逝世，就是苏东坡的妻子和当政的太皇太后。我们几乎相信两个女人都是苏东坡的守护神，说来似乎神秘难解。她俩的去世和苏东坡命运的逆转，赶得极巧。苏东坡的妻子死于八月初一，太后则死于九月初三。苏夫人死时，苏东坡正红运当头，这时苏夫人去世，正好躲开了苏东坡一生中最为凄苦伤心的一段。苏东坡应召离开扬州还朝之后，先做两个月的兵部尚书，十个月的礼部尚书，他弟弟子由则官居门下侍郎。苏东坡的夫人曾陪同太皇太后祭拜皇陵，享受她那等级贵妇所能享受的一切荣耀，儿子都已长大成人，已然婚配，都在身旁。迈是三十四岁，迨是二十三岁，过是二十一岁。次子娶的是欧阳修的孙女。所以苏夫人的丧礼是完全按着她的身份隆重举行的。她的灵柩停厝在京西一座寺院里，一直停到十年以后，子由将她的遗骸和她丈夫的埋在一个普通的坟墓里。苏东坡给她写的祭文措辞妥帖，典雅含蓄。说她是贤德的妻子，贤德的母亲，视前妻之子一如己出。丈夫宦海浮沉，穷达多变，为妻子的一直心满意足，绝无怨尤，苏东坡立誓生则同室，死则同穴。妻子死后百日，苏东坡请名画家李公麟画了十张罗汉像，在请和尚给她诵经超度往生乐土时，将此十张佛像献与亡魂。

说真格的，太皇太后，也就是神宗之母，当今皇帝哲宗之祖母，也曾经是苏东坡的守护神。她之去世也就是苏东坡的没落之始，也是她当政期间那些贤臣的没落之始。这位贤能的老太皇太后已经感觉到一种政情的改变，因为皇孙已经在她身边长大，而且她对此皇孙之品性十分清楚。这个孩子有点儿艺术天分，可是在别的方面则很轻率鲁莽，脾气暴躁，颇容易被老奸巨猾的大臣玩弄于股掌之间。他养成了对祖母的反感，这颇为王安石一帮人所利用，并且很可能最初是由王安石那群小人挑拨而起的。

在老太皇太后去世前十天，六位大臣进宫探病，其中有范纯仁、苏子由。

老太皇太后说："我看我也好不了啦，与诸卿见面之日已经不多。汝等要尽忠心扶保幼主。"

众大臣将要退去之时，太皇太后示意范纯仁留下。皇帝哲宗即命别人退下，只留下范纯仁和吕大防。

太皇太后捉到一个窃窃私语之下的谣言，说她

《维摩演教图卷》（局部）

线描图　李公麟　宋

李公麟（1049—1106），北宋著名画家。字伯时，号龙眠居士。他的一生在仕途上不甚得意，但诗文书画成就很高。李公麟虽然被列入了文人画家之列，但是他除了后世文人画家所擅长的山水花鸟题材之外，更擅长人物、鞍马。他把过去仅作为粉本的白描画法确立为一种画种，使之独立成科。

阴谋不利于当今皇帝,想使自己的儿子取而代之。她说:"先王神宗皇帝嘱咐老身在当今皇帝年幼之时处理国政。在过去九年,诸卿曾否看见我对我娘家高姓特施恩典?"

吕大防说:"没有。太皇太后从未对娘家特别开恩,而是完全以国家利益为重。"

太皇太后两眼垂泪,她说:"我自信诚然如此,也因此现在我临终见不到我那亲生的儿女。"因为太皇太后没使自己的儿子在京为官。

吕大防说:"臣深信太皇太后必可早日康复,要听大夫的话,现在最好不要说这些事情。"

太皇太后说:"我想在你们面前告诉皇帝几句话。我知道我死之后,大臣之中有很多人要愚弄皇帝。孙子,你可要提防那些人。"说着转脸向吕、范二人说:"我的意思是,我死之后,你们二人最好辞官归隐,因为幼主必然另用一批新人。"

然后她问近侍是否已邀请来探病诸大臣留此用膳,她向吕、范二大臣说:"现在去用饭。明年今日,莫忘老身。"

太皇太后刚一去世,苏东坡即获得外放。一如他之所请,他的任所是个问题诸多,号称难治的地方。他奉命统领河北西部,并指挥该地区的步兵骑兵,官衙设在定州,离北平不远。按照宋朝制度,文官往往担任军职,而以武将为副手。苏东坡担任此一官职一段时期,甚为有趣,因为可以看出一个诗人画家如何在军旅中发号施令。当时军中行政腐败,兵饷过低,衣食俱差,军营破烂。处处腐败,军纪废弛。士兵与军官沉溺于酗酒、赌博。遇敌不是溃不成军,就是逃逸无踪。苏东坡开始修缮营房,整饬纪律,对腐败军官予以惩处或革职,先使士兵吃好穿好。

有些低级军官看见苏东坡惩治腐败的军官,前去密告上级。苏东坡告诉他们说:"这个你们不要管,这是我分内之事。若许下级官兵控告上级官长,军纪岂不荡然无存!"于是他也将此告密者一并惩处。他任一地方军之首长,对自己当受之礼貌尊敬,甚为重视。他身着正式戎装,举行校阅,与将校副官按照等级站立。当时军中首领王光祖,乃一骄悍老将,在此统制此一驻军多年,现在觉得自己的权力渐被剥夺,在一次校阅之时,拒不参加。苏东坡下令命他参加,老将只好听从命令。

一个王朝若要不发生悲剧,若想保有此一王朝的权力,那些皇后则必须生一连串贤德多才的儿子、孙子、重孙子——但是这是无法保证的,是人间闻所未闻，经所未经的。天才不必然产生天才，英明之主早晚也难免生出庸弱邪恶的后代。国家的太平安乐，甚至历史发展的路线，完全要以一家遗传基因偶然的改变为转移。造物不容许某一家一姓将英才独占，所以路易十六不同于路易十四，乔治三世也不同于乔治二世。法国大革命和美利坚民主国之所以得以成功，要拜谢这两位法英帝王的神经质的头脑之赐了。

现在身登王位的幼主，年只十八岁，而性好女色，时常辍学。因为元祐年间的士大夫给太皇太后和幼主上表进谏，劝幼主不应当沉溺于女色，应当研求治道，好学深思，因此小皇帝对元祐这些儒臣早存厌恨之心。皇帝四周时常有二十个双十年华的少女伺候，这也是皇家老例。后来，皇帝告诉章惇，说一天忽然发现十个宫女全都不见，另来了十个接替她们。几天之后，这十个又遭撤换，临走告别时，显得都曾哭过，好像曾被祖母严密盘问过。

这位年轻皇帝何以对两位大臣如此痛恨，必须说明一下。刘安世几遭谋杀，幸遇一个好机会，才得活命，范祖禹则遭流放而死。四五年前，出了一件事。一天，刘安世想为他嫂子雇一奶妈，居然不易找到。徒然等了一个月，刘安世大发脾气，向佣工介绍所的老妇人问为什么找不到人。

老妇人说："大人，小的正尽力找呢。宫里的总管大人要十个奶妈，今天才找到送去。"

刘安世大惊道："荒唐！皇帝还没娶后，雇奶妈干什么？"

老妇人解释说，东宫门的老爷们向她严厉嘱咐，要她保守秘密。刘安世还是不肯相信。他给宫廷内总管办公室的一个朋友写了一封短信，那个朋友证明是确有其事。因此，刘安世上了一道表章，几件事之中有一项，他说："乃者民间欢传宫中求乳媪，陛下富于春秋，未纳后而亲女色。臣初闻之，不以为信，数月以来，传者益多。言之所起，必有其端。"他警告说，如果任凭闲话这样传下去，民间恐怕对此事不高兴。

另一个大臣范祖禹，给皇帝上书说："臣自今秋闻外人言，陛下于后宫已有所近幸。臣诚至愚，不能不惑。陛下今年十四岁，此岂近女色之时乎？岂可不爱惜圣体哉？"

有人说这谣言是出乎误会。一天，散朝之后，太皇太后要吕大防暂且留下，对他说："关于宫中雇奶妈之事，刘安世上了一道表章。他用意至善，只是不了解其中实情。皇帝并不需要奶妈，是几个小公主还要吃奶。皇上一直和我在一起，夜里睡在内宫。这种谣言，毫无根据。我问过宫女，问不出什么。告诉刘安世，不要再奏这件事。"

吕大防说："刘安世是御史，按照习惯，我做宰相，是不能私下见御史的。"

太皇太后说："那么怎么把我的话告诉他呢？"

吕大防说："我常在集英殿看见范祖禹。我告诉他太皇太后的意思，叫他告诉刘安世。他俩也是同乡。"

太皇太后说："范祖禹也奏过这件事。你告诉他也不要再奏了。"

等这话传到刘安世，他对范祖禹说："这与圣德有关，我怎么可以闭口无言呢？你为陛下近臣，也应当直言无隐才是。"

范祖禹回答说："我已经说过。"

二人认为雇奶妈之事虽然也许出于误会，他们还是应当忠言直谏才是。但是刘安世得罪的尚不仅是皇帝一个人。在太皇太后摄政期间，他还反对过对章惇的赦免于罪，因而惹起此一邪恶阴险小人的毕生大恨。

在另一方面，章惇，这个苏东坡的故友，则利用年轻皇帝的好色。后来有人因此弹劾他："以奇技淫巧荡上心，以娼优女色败君德。"他知道皇帝的宠姬是"刘美人"，并不是皇后。我们不必详叙此皇后的经历，北宋灭亡之后，她还在世，她的荣枯沧桑史，可以写成一部好小说。我们只提她曾被诬告用邪术吧。有人用道士的符咒纸人从窗口扔到她屋里，恰巧又被调查者发现。宫女在折磨笞刑之下，被迫做证说，曾经看见皇后用针刺在刘美人的纸像心上，这是道士的邪术，能使本人心痛。有三十个宫女几乎被鞭笞而死。这件案子不由正式法庭审问，而是在宫中暗中进行的。皇后于是被正式贬为道姑。刘美人这才扬言心口不再疼痛。她被立为皇后，而年轻皇帝也快活了。可是，后来这位刘美人却因故寻了短见。

帝国命运之所寄，国家治安之所系的宋室皇孙，竟是这样的性格。几个奸佞之臣来玩弄这么一个十八岁的孩子，国家陷于无可救药的混乱，已可未卜先知了。

新朝的新口号是两个字"绍述"，是率由旧章无违祖制之意，在中国人看来自然是合理合法的。皇帝立刻就要将神宗的新政重新恢复了。这样，在太皇太后摄政期间的老臣，都可以被控破坏他父王的德政之罪，这就是不忠于先王。在以前控告苏东坡时，就屡次以此为题。但是神宗自己的生身之母，在皇帝和大臣面前，曾经证明神宗晚年已然深悔过去的错误，这反倒不足重要。众官员曾提醒皇帝太皇太后对他们所说的话，也不足为重。对所有反对新政的政党，都挂上破坏先王德政的罪名而贬谪之，倒是方便省事。

现在是哲宗绍圣元年（一〇九四）的初夏，在"杨三变"推荐之下，章惇官拜相位。为了使皇帝深信所有元祐诸臣都是皇帝的敌人，章惇以他们都犯有破坏先王的新政之罪，而予以控告，还嫌不够。章惇这群人都是精明能干的政客，他们必须使皇帝痛恨所有元祐诸臣不可。当然，最足以伤害到皇帝个人的，莫如说某人当年曾与太皇太后密谋夺取他的皇位。由于死无对证，又由于对宫廷官吏采用刑逼，阴谋之辈自然能捏造莫须有的造反谣言。

当年老太皇太后摄政之时，章惇和蔡家弟兄皆投置闲散。蔡确因怨生恨，因而传播太后要使自己的儿子身登皇位。蔡确的阴谋败露，被流放而死。现在太皇太后已死，谣言复炽，成了重要的政治问题。

现在他们控告的，是司马光和王珪是此一阴谋的共犯。但除去据说有两段对话之外，别无证据。

已死之人既不能证实，也不能否认。据说司马光曾经和范祖禹讨论过此一问题。范祖禹而今正贬谪远方，即便受到盘问，一定坚决否认。总之，现在已经捏造出一个印象，就是老祖母在世之时，一直想排斥自己的孙子。她的两个私人秘书，一个叫陈衍，已经贬谪到南方，他不在京都时，自己的案子就被审问判决了，判处死刑。另一个调进京来。章惇和他打过一段交道。在使他受了一段苦刑之后，章惇告诉他面前有两条路走：一是死，一是以太皇太后秘书的身份，为这次诉讼，证明太皇太后曾经密谋排斥她的孙子。那位秘书大呼道："天哪，我怎么能证明太皇太后没做的事呢！"他不肯屈服，调查就必须再往深处进行。但是章惇和蔡氏弟兄，却弄得皇帝对司马光和元祐诸臣疑云重重了。

皇帝问："所有元祐诸首脑人物都会如此吗？"

章惇回答说："他们都有此意，只是没机会实行罢了。"

一个推翻皇帝的大阴谋已经揭开，年轻的帝王冲冲大怒。一群奸党甚至说要把太皇太后的灵牌排除在祖庙之外，幸亏幼主还没糊涂到误听此等谗言的地步。他对章惇说："你要我永远不进英宗先皇帝的祖庙吗？"但是罢黜、监禁、贬谪的圣旨，简直密如雨下。与苏东坡同时，有三十几个元祐期间的大臣受到降官或贬谪。惩处大臣人数之众，为往古所未有。章惇报仇的机会终于到来，他现在冒着恶魔般的怒火进行疯狂报复，因为太皇太后摄政期间，他曾身遭监禁，当年苏东坡预测会犯谋杀罪的人，现在当权了。正如同他当年横过下临不测之深涧的一条独木桥，他一向是天不怕地不怕的。在京都之时，他曾和他族叔的情妇通奸，他曾经从窗子跳出来，砸伤一个街上的行人，但是那件事情没有认真起诉。在王安石当权之时，正人君子派的大臣都因进忠言而丢官，章惇则左右逢源，步步高升。

现在章惇刚在四月官拜宰相之职，他立刻把旧日的狐朋狗友都召还京都，畀予重位。这一群人，也非比寻常，都是精力过人，长于为恶。"杨三变"是他的莫逆之交。蔡确已死，但是别的人还活着。巨奸吕惠卿又已得势，但因过去名声狼藉，并未能飞黄腾达。其他王安石的亲信，如曾布，也已经奉诏还朝。北宋的歪才巨擘蔡氏兄弟，现在又跨踞政坛的津要之位，以其虐政引导北宋走上了灭亡之路。倘若中国历史上要找一个时期以其极端的残暴混乱著称，则非蔡京当政时期莫属。他给皇帝建造一座精美的花园，因此使百姓遭受的荼毒，在中国历史上，到了使人毛骨悚然的地步。皇家一座乐园也无须乎压榨那么多的民脂民膏，使老百姓那么肝脑涂地呀！园中的奇花异石，每一件都要了几条人命。一读徽宗的赋和大臣作的诗，赞美御花园犹如神仙世界般的美丽，以及其假山、溪流、岩石等，使人脊椎打战，感觉到中国文学史上无可比拟的悲剧意味。其悲剧意味，是在于这些诗赋作者并不知道那背景之凄惨可悲！

若把这第二次对儒臣的迫害和王安石的放逐政敌相比，第一次迫害，只是小孩子的把戏而已。司马光和吕公著已死，但不得在九泉之下安眠。这两位当年的宰相，躺在坟墓之中，

仍两度遭受降级，并剥夺爵位和荣衔。但是这还不够，章惇曾正式提请皇帝下诏掘开司马光之墓，砸烂棺木，鞭笞尸体，以为不忠于君者戒。在年轻皇帝的心目中，司马光是元祐年间不忠不信、邪恶奸慝的象征。在朝廷上这样讨论之时，所有其他大臣全都认可。只有一个人，许将，一言不发。年轻的帝王对他打量一番。散朝之后，命许将留下。

皇帝问他："你刚才为何闭口不言？"

"因为臣认为说话并无用处，而且只为本朝留下一个污点。"

皇帝并未下此诏书，章惇并未如愿以偿，但是他的其他迫害阴谋却成功了。司马光家的财产被没收了，他的子孙的俸禄、官衔被取消了，朝廷给司马光坟墓上赐建的荣耀牌坊被拆除了，太皇太后为司马光赐建的碑文给磨平了。一个官员甚至奏请朝廷应把司马光的历史巨著《资治通鉴》予以毁灭。有人反对，说当今皇帝的父亲曾经为《资治通鉴》

宋哲宗

宋哲宗（1077—1100），名赵煦。登基时只有九岁，由高太后执政，到了元祐八年（1093年）开始亲政。哲宗是北宋较有作为的皇帝。但是新党与旧党之间的党争在宋哲宗当政期间不但没有获得解决，反而激化，这也种下了北宋灭亡的隐患。

写过一篇序。这条驳不倒的道理似乎那个白痴皇帝还很重视，这部宋前的正史才得保全。章惇要把司马光开棺鞭尸的梦想落了空，他坚持，凡是对司马光后代有害的措施则绝不可放宽。曾布屡次劝章惇和蔡氏兄弟不要行为太过。他说："我想削除朝廷官员后代子孙的官爵荣衔等一事，我们不要开其端。不要忘记，这种情形也许有一天会落在我们后代的身上。再者，司马光和韩维的子孙受皇家恩赐已经十年左右。一旦削除，近乎残忍。"

章惇说："不然，韩维辞官也不过在数年之前。"

曾布又接着说："已经有六七年之久了。再者，他当权的时间也不久。要坚持惩处后代，那就只惩处司马光和吕公著的后代好了。我觉得咱们不应当惩罚所有他们的后人，只要削除死者的爵位也就够了。"

章惇说："这又有什么用！甚至开棺鞭尸对他们也没有什么害处。把死人降级，他们又吃了什么亏？咱们能做到的最实际的，就是惩处他们的后人。"

曾布说："你若那么做才满意，可是咱们还得再多想一想，我也没有别的，只要咱们千万别创下先例。"

曾布以富有经验者的声音这样说，章惇后来果然作法自毙。他对苏东坡兄弟苛酷无情，在苏氏兄弟流放期间，他都不愿人家有一个舒服的住处。子由贬谪在雷州时，他把子由从官舍中逐出，迫得人家向民家租房居住。章惇立刻利用这个机会，控告苏氏兄弟借用官势，强租民房。这个案子又经官家调查，子由拿出租约为证，才算了事。后来，章惇也流放到雷州同一地方，也轮到他租房居住。当地老百姓恨此奸贼，对他说："我们焉敢把房子租给你？以前我们把房子租给苏氏兄弟，几乎惹上了麻烦。"

章惇并不是虐待狂，他只是一心想报仇，又怕不把敌方斩草除根，怕有一天会东山再起。除去韩维之外，所有官吏都被远贬到南方或西南，以种种不同的方式，或充军，或当酒监，仇恨不太深者担任太守职务。甚至年迈苍苍的文彦博，与人无冤无仇，四朝为官，在九十一岁高龄，也降级罢黜，遭受屈辱，一个月之后，便呜呼哀哉了。吕大防、范祖禹、刘挚、梁焘，都在流放中丧命。以上最后二人同死在七日之内，而此时章惇曾派出两个特使向各流放中的官员暗示自杀之意，使人相信他们都是被暗杀而死。章惇胸中仇恨会如此之大，他竟发出命令不许梁焘运尸回籍，归葬祖茔。这是中国人认为最残忍的一类行为。

章惇最恨之入骨的莫如刘安世，因刘安世曾反对朝廷赦免他。朝廷曾派一个使臣远至南方把老太皇太后的一名秘书处决，章惇也要他去看刘安世，因为当时刘安世也流放在南方，让使臣暗示刘安世自杀。刘安世是有名的好人，使臣竟不忍心开口。章惇不能达到目的，乃和当地一商人勾结，给他一个税吏的职位，让他前去谋害刘安世。这个商人已经在前去害人的途中，匆匆忙忙之下去完成此项杀人的任务，以使刘安世来不及逃脱。刘安世家已听到有此消息，全家正在哭泣，但是刘安世本人则泰然自若，饮食如常。半夜时分，此商人到达，走到门口，竟口吐鲜血，倒地而亡。刘安世后来竟得寿终正寝。

在此残酷的迫害暗影里，范纯仁的性格人品还放出一道光明。苏东坡遇见名相范仲淹之子范纯仁甚早，那是在苏东坡和父亲、弟弟三人入京途中，在江陵小住休息之时。后来一直相交甚善，彼此敬慕。但是苏东坡与他的交情不像和另外那两个姓范的朋友——范镇和范祖禹之间那么亲密。范纯仁为官清白，为名相之子，而且是接受太皇太后遗诏的两位大臣之一。年轻的皇帝知道他的名望，所以迄今还未予加害。在四月，苏东坡与另外三十人同遭流放之时，范纯仁请辞官归隐。在他的力请之下，皇帝允许他退隐于京都附近家中，而章惇则想把他和那三十人一同流放。

章惇说："他也属于那一党。"

皇帝说："纯仁公忠体国，并非元祐党人，他只是要辞官退隐而已。"

章惇说："但是他之辞官表示不服，显然他与元祐党人同调。"

范纯仁并未家居甚久。吕大防，他虽然并非重要领导人物，但为政斐然可观，现在已经七十多岁，身老多病，已然在外流放一年有余。按照儒家的人道精神，如此相待，实属不仁。但是没别人敢挺身而出，为此老人一言相救，只有范纯仁肯冒此风险。范纯仁的亲友都设法阻止他，但是他说："我年近古稀，两眼将近失明，难道还愿贬谪外地跋涉千里吗？但是此事我义不容辞。我知道后果如何，但是势在必行。"他上书当朝，请恕此老相，自己当然也被流放到南方去了。

老人欣然就道，由孝顺和睦的一家人跟着。每逢子女痛骂章惇，他就制止他们。一次，翻了船，他被救上来，衣服全都湿透，他转身向子女们戏谑道："你们把这次翻船也赖章惇吗？"他几乎眼睛已经看不见，但是仍然和家里人过得很快活。后来，这位年轻皇帝去世后，新皇帝即位，对他爱护有加。朝廷派御医前往诊治，并想要他重任宰相，但是他谢绝不就。在他遇赦之时，他家已经有十余人贫病而死，他自己则死于北归途中。

这次迫害自然也包括苏门四学士。流放出去的人也难落个消停，因为他们在流放中时，官位还继续贬低，而且还随处调动。朝廷为迫害元祐大臣，还特别设立机构，所以元祐大臣无一得以幸免。此一机构把由神宗元丰八年（一〇八五）五月至哲宗绍圣元年（一〇九四）四月十年间，太后摄政期间官方的资料，全予归档，甄别管理。只要开口反对王安石的财政经济政策，即以毁谤神宗论罪。在他们经详细调查之后，先后惩处了官吏八百三十人，分类档案计有一百五十二卷。终于在建立元祐党人碑时，迫害达于极点。元祐党人碑见第一章。

三月里，子由遭到罢黜，他是一直反对归回祖制的"绍述"政策。但是他遭罢黜的方式，足以证明那位年轻皇帝的昏庸。子由从历史引证前例，表明后代帝王往往修正前代帝王的政策。在那些伟大帝王之中，他引证的是汉武帝，在汉武帝统治下，中国的疆土开拓到突厥以外各地。那时章惇尚未拜相，当时有一李姓官员，想把子由的地位取而代之。他向年轻的皇帝说，子由把神宗比为汉武帝，是对神宗不敬。小皇帝对历史无知，便信以为真，便削除子由的官职，发到汝州为太守。数月之后，又调到高安。

第二十五章 岭南流放

哲宗绍圣元年（一〇九四）四月，章惇为相，他首先向苏东坡开刀。苏东坡是贬谪到广东高山大庾岭以南的第一个人。他被罢黜，剥夺了官阶，调充英州太守。他并非不知道会有这类情形，不过不知道第二次迫害会严重到什么程度。太皇太后去世后，在往定州就职前，他正式辞行时，皇帝未允谒见，他就觉得危险即将到来了。他曾先后教过那个年轻皇帝八年之久，对他很了解。一年以前，他曾在一道表章里向小皇帝说得很露骨，倘若他不纳臣子的忠言，苏东坡宁愿做"医卜执技之流，簿书奔走之吏"，也不愿在朝中担任侍读之职。

可是来日如何，他并不真知道。左降英州太守并没有什么特别苦吃。章惇也算他的故交之一，在年轻时他和章惇往陕西山中游历，苏东坡曾戏称章惇将来会杀人不眨眼，不过二人还始终算是朋友。他自己的遭罢黜失官，他倒不以为奇。向朝廷弹劾他的数十条罪名，也是旧有的，而且已经弹劾多次。不外乎是"毁谤先王"，这个罪名是攻击元祐旧臣的陈词滥调。而罪证是在太皇太后摄政期间，他代拟圣旨罢黜王安石一派小人。他代拟一般的圣旨倒无何重要，因为他是奉太皇太后之命行事的。罢黜苏东坡的圣旨如下：

若讥朕过失，何所不容，乃代予言，诬诋圣考。乖父子之恩，害君臣之义。在于行路，犹不戴天，顾视士民，复何面目？……虽轼辩足以饰非，言足以惑众，自绝君亲，又将奚憨？

苏东坡现在要跋涉一千五百里，自中国的北部到中国的南部。他觉得他一生只是一站一站地往前走，而现在只是在他人生旅途中的另一步，这旅程是他呱呱落地时已由神灵决定，不过到现在他才充分明白罢了。在他五十七岁时，他已经饱历命运的荣枯盛衰，现在命运的转变，在他也不以为奇了。命中注定他最后要完全与政治断绝关系，要符合他的夙愿，使他去度求之已久的常人生活。他现在向前行进，无忧无惧，心中一片安谧宁静。在过去的日子里，不管遇到何等问题，何等情形，他都以真诚勇敢之态度相向，他愿把一切付诸天命。

苏东坡以第一个牺牲者的身份，横越中国南部巍峨雄伟的山脉，受难之中却有一分卓尔不群的优越感，他与家人起程南下。他弟弟子由已然在汝州上任，离国都很近，苏东坡先去看他，在金钱上弄得些接济。苏东坡对理财一事，并不见长。虽然在太皇太后摄政九年期间，他走过一段好运，但时常各地调动，俸禄随即花光。另一方面，他弟弟子由宦途较为平稳，直升至宰相之位。苏东坡前去时，子由只能给他七千缗，供他家人在宜兴安居之用。他从子由处回来，发现又官降一等，但到英州的派令并未改变。他给皇帝上了一道使人读之恻然的表章，请求允许乘船南下，作为对老师的一点儿恩宠。他怕陆行一千五百里，会身染重病而死于道侧。所请得蒙恩准，他送全家，包括三个儿媳妇到宜兴的苏家。大家泪眼相望，苏东坡决定只带朝云和两个小儿子同行。

他们到了南京对岸的仪真，已经是六月天气，迫害元祐儒臣的行动正在雷厉风行，名公巨卿之遭流放者，已有三十余人。苏东坡现在是第三次降官。他已经不够太守的资格，而是改派到广州以东七十里的惠州充任建昌军司马。情况已完全不同，他决定让次子回宜兴农庄去，自己只携二十二岁的儿子苏过、朝云、另外两个老女仆前往。他的门人张耒，这时是镇江太守，派遣了两个老兵一路伺候他。

但是沿途穿过美丽的乡野，经过高山深谷，看动人心神的急流高山，苏东坡都充分观赏。他坐的是一只官船，在九江以南鄱阳湖停泊时，出乎他的意料，第四道命令又来到，又把他贬低官阶。运输官听到这条命令，派一队兵来要将船收回。兵来到时正是半夜。苏东坡与军官商妥，许他在船上住到次日中午。这时离通往南昌的湖上码头还有十二里。他若运气好，明天午前能到南昌，就安全无事；若遇逆风，他和全家以及行李就只好被抛下船来。他到龙王庙去祷告，因为龙王是主管水上安全的。他向龙王陈明他如今身陷困难，他说明天早晨若到不了目的地，便需露宿野外了。他刚一祷告完毕，一阵强风吹来，船帆涨满，船向前行走极快，还不到吃早饭时间，船就到达了。后来，在他回程时，他写了一篇祭文，向龙王道谢。

在九月，他跨越有名的大庾岭。大庾岭在中国古代为赴广州的旅客必经之地。这道关隘是一条遥远危险的旅途，通过之后，便到了另一个境界，多少旅客往往是有去无回的。一条铺石头的路，在关隘两侧各有三四百码长，道旁有浓荫茂密的树，为旅客遮蔽太阳，供旅客歇息。行人到此，不由得喟然兴叹，多在岩石上题诗寄慨。立在此处山峰上，头上云天，不过咫尺，苏东坡觉得自己犹如梦游，不复知自己肉

梅岭古驿道

摄影　现代

大庾岭又称梅岭，在古代，岭北归属于比较发达的汉族文化区域，南面则是古代南蛮族居住的土地。岭南也是历史上著名的贬官发配之处。苏东坡在被贬谪岭南经过此地时曾题赋过一首著名的梅花诗《赠岭上梅》："梅花开尽百花开，过尽行人君不来。不趁青梅尝煮酒，要看细雨熟黄梅。"

第二十五章　岭南流放

体之躯在何处所了。从那样高处，他能看到人的渺小，行为的卑鄙，山上的清风把他胸中的尘思俗念，一扫而空。横过了关隘之后，他游历今日的南雄和南华寺，中国佛教禅宗的圣地。

在南雄和广州之间，他碰见道士老友吴复古。从此之后，在苏东坡流放期间，他一直与吴复古交往很密切。吴复古是一怪人，在过去那些年，在苏东坡的生活里，他曾在不同的处所突然出现。苏东坡第一次遇见他，是在济南，后来又在京城碰见他。此人从事何种活动呢？难道他没有职业？他何以为生？他与苏东坡要好，难道是有所求取？特别是等到苏东坡在朝得势之时吗？可是他向苏东坡从无所求，也不曾求苏东坡为他转求他人。过去不知他流落何方，而现在又忽而相遇，不在别的地方，偏偏在此，苏东坡又遇到他。吴复古是真正的道士，身体精神，轻松自在，一心无忧无虑，这是道家极其重视的，由于身体强，欲望少，他们大多能过一种为人所艳羡的自由自在的生活。要获得此种自由自在的生活，必须摆脱名利，吃粗茶淡饭，穿衣住处不讲究，步行千里，睡在旷野，不视为苦事。吴复古对此世界一无所求。他时隐时现，等于随时提醒苏东坡，倘若他不为政治所纠缠，他就过那种飘荡不羁的日子。

哲宗绍圣元年（一○九四）十月二日，是欧洲第一次十字军东征的前两年，苏东坡到了惠州。好多事对他都显得新奇，可是又似乎熟悉。广东是亚热带，他看见橘林、甘蔗、荔枝树、香蕉园，还有槟榔树，绝不是个不适于生活的地方。有两条河自北流入，在城东汇合。前半个月，苏东坡在地方太守礼遇之下，住在政府官舍中。他立在两河汇合处的合江楼上，看见宽广的河流在下面城边流过，对岸归善县的县城，就建筑在陡斜的山坡上。沿河是岩石和巨大的卵石，闲散的人正在那儿钓鱼。城的正北就是罗浮山和象头山，他知道以后他会去揽奇探胜的。

这里就是中国的南方，和他以前所想象的不一样，处处是浓绿的草木和亚热带的水果，的确是"岭南万户皆春色"。当地百姓看见苏东坡这位诗人，都觉得惊讶，不知他为何故被贬谪到他们这个地区来。苏东坡想到苏武，苏武被匈奴单于流放到漠北，从没料到在暮年还能回到中国；他又想到管宁被流放到辽东，竟愿居住在那里终生不去。惠州很美，当地居民也对他很好。等后来他迁到对岸的嘉祐寺之后，他说不久"鸡犬识东坡"了。

在对岸松风亭里他写了一封短笺，把他对人生的态度表现得最好。搬到嘉祐寺之后，他常在山顶的松风阁里流连不去。一天，他正回家时，看见松风阁高高超出树顶之上，他的两条老年的腿感觉到疲倦。他忽然想："此间有什么歇不得处？由是心若挂钩之鱼，忽得解脱。若人悟此，当恁么时也不妨熟歇。"

如今他又恢复到"依然故我"了。在广州之时，他买了些上好的檀香，现在喜欢闭门静坐，细闻此香味，思想往日过错。有时窗外凉风徐来，他下午酣睡，等屋顶一只乌鸦把他唤醒，忽然觉得自己已然无官一身轻。看见宽阔的河面反光，映入书斋，他心想，这与明月在天一样好。他不懂为什么有人以为天空有云、有月光会更美。他以为天空无云，正如一尘不染的良心。

他给朋友写信说：来此半年，已服水土，一心无挂虑，因为已经乐天知命。黄州老朋友陈慥写信说想来探望，由汉口到惠州有一千里之遥。苏东坡给他回信说：

到惠将半年，风土食物不恶，吏民相待甚厚。孔子云"虽蛮貊之邦行矣"，岂欺我哉！……自失官后，便觉三山跬步，云汉咫尺，此未易遽言也。所以云云者，欲季常安心家居，勿轻出入。老劣不烦过虑……亦莫遣人来，彼此须鬓如戟，莫作儿女态也……长子迈作吏，颇有父风。二子作诗骚殊胜，咄咄皆有跨灶之兴，想季常读此，捧腹绝倒也。今日游白水佛迹山，山上布水悬三十仞，雷轰电散，未易名状，大略如项羽破章邯时也。自山中归，得来书，灯下裁答，信笔而书，纸尽乃已。三月四日（绍圣二年）

他外在的生活绝不寂寞。可以意料得到，所有邻近地区的官员都利用此一难得的机会来与这位杰出的诗人相结交。惠州东、西、北三面,计有五县的太守,不断给他送酒送食物。惠州太守詹范和博罗县令林抃变成了他最亲密的朋友。其他至交如杭州僧人参寥、常州的钱世雄,不断派人带礼品、药物、书信来探望。苏州有一个姓卓的佛教徒,步行七百里给太湖地区苏家与那里的朋友来送信。苏东坡在宜兴的两个儿子老不曾听到父亲消息,十分焦虑,姓卓的听到,他说:"这个容易!惠州也不是在天上,是不是?若是走着去,总可以找得到。"姓卓的便步行出发,走上这条漫长的道路,横越大庾岭,走得满脸紫糖色,两脚厚茧皮,他走到了。

用这种方法,苏东坡不断与家庭保持联络。道教奇人吴复古和他同住数月,随后两年,在惠州和子由官职所在的高安,时常往返。另一个苏东坡的同乡道士陆惟谦,不辞两千里之遥,特意来看他。苏东坡发现了一种极不寻常的酒——"桂酒",他说桂酒不啻仙露。他给陆惟谦写信开玩笑说桂酒一端即足以抵他迢迢千里跋涉之劳,而陆惟谦果然来了。

每过几天,太守詹范就派他的厨子带着菜到苏东坡家来。过几天,苏东坡就到城西湖边朋友家喝几杯。那片湖位于山麓,旁边有一个大佛塔,两座庙。有时他去钓鱼,一直坐在岸边一块巨大的卵石上。一天,他钓到一条大鳗鱼,他带着鳗鱼和酒到太守家去,在那里吃饭。苏东坡常去游白水山,有时他带着儿子,有时和本地太守或新来到城中的朋友一起。

他给弟弟子由的信,其中有几封读之可喜。在一封信里他谈到他临时发明的烤羊脊。

惠州市井寥落,然犹日杀一羊,不敢与仕者争买。时嘱屠者买其脊骨耳。骨间亦有微肉,熟煮热漉出,不趁热出则抱水不干。渍酒中,点薄盐炙微燋食之。终日抉剔,得铢两于肯綮之间,意甚喜之。如食蟹螯,率数日辄一食,甚觉有补。子由三年食堂庖,所食刍豢,没齿而不得骨,岂复知此味乎?戏书此纸遗之,虽戏语,实可施用也。然此说行,则众狗不悦矣。

到了惠州,苏东坡最大的发现,是此地无酒类的官方专卖,每家各有家酿。由此时起,他开始品尝桂酒,这时他仿佛在遥远的地方遇到了知己。在给朋友的好多信里,他赞美此酒的异香。此种酒微微带甜而不上头,能益气补神,使人容颜焕发。在一首诗里苏东坡盛夸此酒,如果此种酒能开怀畅饮,会感到浑身轻灵飘逸，可飞行空中而不沉，步行水面而不溺。他打听到桂酒的酿造法，刻在石头上，藏在罗浮铁桥之下，只有寻神求仙的人才能寻到。

苏东坡写了至少有五六篇酒赋。最有趣的是《书东皋子传后》。东部某太守以酒相赠，他刚刚读完汉代（实为唐代——编者注）以酒量之大出名的《东皋子传》。在他谢太守赠酒的信里，他写了又启，叙述他饮酒的习惯，顺带添写了两条人生至乐，不高明的作家必然会增加到四五条，或写个没完了。

惠州卫星图

摄影　现代

惠州市位于广东省东南部，珠江三角洲东北端，南临大亚湾。惠州是广东省的历史文化名城，在古代即有"岭南名郡"之称，又称鹅城。不过，有人戏称，是唐以来千多年间的诸多贬官成就了这里。这些人中又以苏东坡的到来而更让这里闻名遐迩。

予饮酒终日，不过五合，天下之不能饮，无在予下者。然喜人饮酒，见客举杯徐引，则予胸中为之浩浩焉，落落焉，酣适之味，乃过于客。闲居未尝一日无客，客至，未尝不置酒。天下之好饮，亦无在予上者。

常以谓人之至乐，莫若身无病而心无忧。我则无是二者矣。然人之有是者，接于予前，则予安得全其乐乎？故所至，常蓄善药，有求者则与之，而尤喜酿酒以饮客。或曰："子无病而多蓄药，不饮而多酿酒，劳己以为人，何也？"予笑曰："病者得药，吾为之体轻，饮者困于酒，吾为之酣适。盖专以自为也。"

东皋子待诏门下省，日给酒三升。其弟静问曰："待诏乐乎？"曰："待诏何所乐？但美酝三升，殊可恋耳。"今岭南，法不禁酒，予既得自酿，

月用米一斛，得酒六斗。而南雄、广、惠、循、梅五太守，间复以酒遗予。略计其所获，殆过于东皋子矣。然东皋子自谓五斗先生，则日给三升，救口不暇，安能及客乎？若予者，乃日有二升五合，入野人、道士腹中矣。东皋子与仲长子光游，好养性服食，预刻死日，自为墓志。予盖友其人于千载，或庶几焉。

苏东坡写过一篇《酒颂》。即便不解杯中趣的人，读了他描写陶然微醉的快乐，也会为之神往的。

浊醪有妙理赋

酒勿嫌浊，人当取醇。失忧心于昨梦，信妙理之疑神。……伊人之生，以酒为命。常因既醉之适，方识此心之正。稻米无知，岂解穷理；曲蘖有毒，安能发性。乃知神物之自然，盖与天工而相并。得时行道，我则师齐相之饮醇；远害全身，我则学徐公之中圣。湛若秋露，穆如春风。疑宿云之解驳，漏朝日之暾红。初体粟之失去，旋眼花之扫空。……兀尔坐忘，浩然天纵。如如不动而体无碍，了了常知而心不用。坐中客满，惟忧百榼之空；身后名轻，但觉一杯之重。今夫明月之珠，不可以襦，夜光之璧，不可以餔。刍豢饱我而不我觉，布帛燠我而不我娱。惟此君独游万物之表，盖天下不可一日而无。在醉常醒，孰是狂人之药；得意忘味，始知至道之腴。

苏东坡不但是酒的鉴赏家和试验者，他还自己造酒喝。他在定州短短一段时期，他曾试做橘子酒和松酒，松酒甜而微苦。在他写的《松醪赋》里，他曾提到松脂的蒸馏法，但是如何制酒却未明言。在惠州他造了桂酒，而且生平第一次品尝中国南方的特产"酒子"。酒子是在米酒还未曾充分发酵时取出来的，所以其中酒精成分甚少，实际上有些像稍带酸味的啤酒。有一次，在一首诗前的小序中他说他一面滤酒，一面喝个不停，直到醉得不省人事。在给朋友的一封信里，他说了"真一酒"的做法。这种酒是白面粉、糯米、清冽的泉水这神圣的三一体之精华，做成之后，酒色如玉。上等面粉掺发酵粉，揉成面曲饼，挂起来干两个月；然后煮上一斗米，在取出之后用水冲净，晾干；再拿三两曲饼，轧成细粉，与米和匀，放入瓮中，压挤极紧，中间留一圆锥形小坑，在中间低处流出酒液时，把刚才留下的一部分曲粉洒在中间低处。等酒液已经够多，把压紧的米切开，放入新煮好的米，其比例为一斗旧米加入三升新米，再加进两碗开水，过了三天到五天，便酿成了六升的好酒。但是时间的长短，也要看天气如何而定。在热天，酵母要减少半两。

说公道话，苏东坡在做酒方面，只是个外行中的内行，而不是个真正内行。做酒只是他的业余嗜好而已。在他去世之后，过和迈两个儿子常被人问到他父亲做各种酒的方法，尤其是在苏东坡诗和书信中常提到的桂酒。两个儿子都大笑。三子过说："先父只是喜欢试验罢了，他只试过一两次。桂酒尝来犹如屠苏酒。"苏东坡大概是太性急，不能锲而不舍地研究个透彻。据说尝过他在黄州做的蜜酒的人，都有几次腹泻。

在哲宗绍圣二年（一〇九六）四月十九日，他的堂妹去世。真是不幸，她的名字始终未能传下来，苏东坡只是称她"堂妹"或"小二娘"。她丈夫写给苏东坡的信报告这个噩耗，竟走了三个月。苏东坡对堂妹的钟爱并未少减，这一点在几年前他写信给一个亲戚可以证明，因为那封信里他说一次旅行时未能到常州去看她，始终引以为憾。在最后一年，她与丈夫显然是迁到苏东坡为官的定州去居住。她丈夫柳仲远，是一个方正的贫儒，并未考中科举，但甚喜收藏字画。苏东坡在京都时，他曾去拜望苏东坡，苏东坡曾以书画相赠。苏东坡在给程之才的信里，提到堂妹的死讯，说自己"情怀割裂"，在给堂妹的儿子的信里，也说"此心如割"。用这类说法表示伤怀，在中文里虽非什么特殊，但所表示的仍是很深的伤怀。

他为堂妹写的祭文，显然是得到噩耗之后写的，

第二十五章　岭南流放

这篇祭文颇有真诚感触，显示出一往情深之至。文中说，他祖父的孙辈只有四个尚在。那四个是东坡、子由、子安（他伯父之子，在家乡为弟兄们照料祖茔），另一个便是这位堂妹。说她"慈孝温文，事姑如母，敬夫如宾"。随后谈到私人的感受。他盼她的两个儿子能长大成人，能够光耀门楣。祭文上说："一秀不实，何辜于神。谓当百年，观此腾振。云何俯仰，一礜再呻。救药靡及，奄为空云。万里海涯，百日赴闻。祔棺何在，梦泪濡茵。长号北风，寓此一樽。"

一年之后，她丈夫也去世，灵柩南运至镇江附近的老家安葬。

苏东坡到惠州不久，得到一个消息，颇使他心中焦虑。在过去四十二年中，自从他姐姐去世，他父亲公开指责他内兄家之后，他和弟弟子由就一直没和内兄程之才通信或交谈，但和程家其他弟兄有书信来往。章惇听到这件亲家嫌隙，他就特派程之才专程南下担任提刑，处理重大诉讼和上诉的案件。在哲宗绍圣二年（一〇九五）正月，他到了广州，是苏东坡到惠州的三四个月之后。苏东坡摸不清楚程之才究竟是否已把过去的事置诸脑后，所以完全不知道会有何等情况发生。由于一个朋友的关系，苏东坡给程之才写了一封客气礼貌的信，因而知道程之才要在三月到惠州。确知他别无他意之后，苏东坡派儿子过在他来时去接他，并且带着一封欢迎信，自称："杜门自屏，省躬念咎。"程之才此时已然年老，年约六十。事实是程之才颇想弥补过去的嫌隙，重获此一门贵亲的友谊。他向苏东坡恳求为他曾祖父（苏东坡的外曾祖父）写一篇墓志铭。也许是亲戚毕竟是亲戚，也许是眉山城皆以苏东坡此位大文豪为荣，而程之才也颇有此荣誉感，于是双方的关系又显得真正亲热起来，由双方交换很多信件诗文，苏东坡也对他有所请求。在惠州过了十天，程之才又出发视察，不过那一年大部分时光他在广州附近度过。

有程之才在，并且凭借他的友情，苏东坡得以对地方颇有建树。虽然苏东坡已无权副署好多公文，可是他却充分利用他对程之才的影响力。他对朝廷高层政治固然是已告断绝，可是对邻人和当地百姓的福利，他还是视为己任。倘若有什么事非法越理，他若能运用势力予以纠正，他不会坐视不顾。绍圣三年（一〇九六）正月，博罗大火，使苏东坡大为震惊。全城付之一炬。地方官对无家可归的百姓都有救济，临时搭有帐篷供灾民居住，并严防抢劫。官家衙署完全焚毁，全需重建。苏东坡恐怕那些官衙的积弊恶习又要发生。他怕官方在重建此一城镇时，又要乘机剥削人民，而地方政府会征用物资、民工。他建议程之才令当地政府在市场公开购买，禁止征集民间物资，征用民工。他指出来,否则"害民又甚于火矣"。

他站在惠州街上,看到使他十分痛心的事。看见农夫满车装着谷子去向当地政府缴纳捐税。因为丰收,谷价下跌,政府拒绝收取谷子。这正是苏东坡要管的事。他一探询,才知道政府要的是现款,因为谷价太低。农民必须在低价市场将谷子卖出,才能得到现款,可是农民需要缴纳的捐税现款却按粮价高时计算。结果,农民欠一斗粮税,却得卖两斗谷子才够缴纳。苏东坡给程之才写了一封长信,内容雄辩滔滔,言辞峻切,就仿佛以前上太皇太后的表章一样,这样把此衙署积弊揭发无遗,指为向农民纯然勒索。他请程之才和当地的税吏及运输官举行一次会议,并建议当地政府当依谷物市价向农民征税。数月之后,听说那三位官员已经决定向朝廷联合呈请,他十分高兴。

他现在开始关心惠州城的诸种改善革新事宜。他还是一秉过去喜爱建设的天性,经过与程之才、几位太守与县令会商,建筑了两座桥,一个在河上,一个在惠州湖上。为兴建这两座桥,子由的太太捐出不少朝廷当年赏赐她的金币。在忙于进行这项工程时,他又做了另外一件事,特别受地方居民的敬仰,就是把无主野坟的骸骨重建一大冢埋葬之。重新安葬之后,他写了一篇祭文,安慰那些无名死者。他相信,那些死者不是平民,便是兵卒。他颇以那些骸骨有些残缺不完,必须合葬为歉,只希望那些阴魂和睦相处,犹如一个大家庭一样。他又在城西修了一座放生池。这纯然是佛教思想,其基本观念是轮回思想,相信那些鱼也许前身是人身。鱼类一放入此放生池内,则生命安全无虞。那个池塘即名为"苏东坡放生池",直到清末,当地士绅百姓,还保持在节庆之日,去买鱼放生的风俗。

他常对做些小事感兴趣。一件新奇的东西,在几年之前很使他着迷。那时他正贬谪在黄州,那件东西叫作"秧马",是插秧用的。插秧是累得腰酸腿疼的事,农夫必须在水田中涉水而行,整天弯着腰肢劳作。秧马就像在水面漂浮的一只小船,农人可以坐在上面插秧,用腿当作桨移动,马头正好用来盛稻秧。这种东西既可使工作进行快速,又可以节省劳力。他想把这种东西向南方推广应用。他对此事非常热心,在给朋友的信里他多次提到。他给一位太守送行时,曾经告说他要推广秧马的应用,并且说,为太守成功之道,在于"使民不畏吏"。

苏东坡既已失去权力地位,又为当政者所不喜,壮年时致君于尧舜与改变帝国之命运等雄心壮志,已不复当年气概。如今只是惠州一国民而已,他的事也就是邻居翟秀才和林太太的事。这位林太太是酿酒的,总是赊给他酒喝。他的朋友是道士吴复古、陆惟谦和罗浮的僧人。他在学者、太守、县令之中,也有不少朋友。

他虽然不能做官,还可以做个热心公益的国民。广州为广东之省会,近在咫尺,太守王古也是他的朋友。苏东坡因为知道广州有瘟疫流行,就写信给王古,提议筹备一笔基金,做创立公家医院之用,就和以前他在杭州所办的一样。广州人和杭州人一样,也是以饮水问题为苦,疾病易于流行也与此有关。他认识一个道士,那个道士有一套引山泉入广州城的完整计划。广州城内有一口好井,只能供官家用。不过,广州城七里之外,在一个比广州城高很多的地方,有很好的泉水。苏东坡把那个道士的引水计划向王古提出,并且建议建设水管引泉水进城。水管可用大竹管做,此种大竹子在广东东部生产甚多。在山泉所在地需要建一石头水库,用五根大竹管从此水库引水到广州城中另一石头水库。苏东坡对水管的制造,说明得十分详细,因为他在故乡曾经见过。竹管接口处用麻缚紧,外面涂上厚漆,以防漏水。每一段竹管要开一小口,以竹橛堵塞,倘竹管之中有闭塞不通,便打开此小口检查。他估计约有一万根大竹管便可敷用。但是这些大竹管必须时常检查,也要按期换新,就如同现代铁道的枕木一样。必须有官吏时常视察,每年必须从广东东部采购此种大竹筒备用。他怕给他朋友招来不必要的麻烦,告诉王太守切莫让人知道是他出的主意,因为当权派对他厌恶。但是王太守后来却因"妄赈饥民"之罪而被革职。

第二十六章 仙 居

苏东坡在惠州的生活,谁都知道是和朝云的爱情相关联的。苏东坡去世之后,他在白鹤峰的住所经后人辟为"朝云堂"。王朝云是杭州姑娘,她所生的婴儿夭折之时,苏东坡在第一次放逐北归的途程中,真是使人黯然神伤。从那时起,朝云就一直和苏东坡生活在一起,现在又随同他放逐出来。秦观赠她的诗说她美如春园,目似晨曦。她到惠州时还年轻,才三十一岁。苏东坡那时五十七,虽然二人年龄不同,而情爱无殊。朝云聪明愉快,活泼有生气。苏东坡一生的几个女人之中,朝云最称知己。她爱慕苏东坡这个诗人,自己也很向往他那等精神境界。苏东坡对朝云在他老年随同他流离颠沛,不但把感激之情记之以文字,并且写诗赞美她,这些诗使他们的热情化为共同追寻仙道生活的高尚友谊。

苏东坡总是称朝云为"天女维摩"(表示纯洁不染之意)。在佛经里有这样一个故事:在释迦牟尼以一个森林的圣人身份住在某一小镇时,一天,与门人讨论学问。空中忽然出现一天女,将鲜花散落在他们身上,众菩萨身上的花都落在地面,只有一人身上的花瓣不落下来。不管别人多么用力去刷,花瓣硬是沾着不掉。天女问他们:"为何非要把花瓣从此人身上刷落?"有人说:"花瓣与佛法不合,故而不落。"天女说:"不然,此非花瓣之过,而是此人之过。已然信佛之人,若还有人我之分,其言行必与佛法相违背。如能消除此种分别,其生活自然合乎佛法。花瓣落在身上而脱落下来的众菩萨,都已消除一切分别相。正如恐惧,若心中不先害怕,则恐惧不能入袭人心。若众门徒贪生怕死,则视听嗅味触各感觉,才有机会骗他们。已经能征服恐惧,则能超越一切感觉。"

苏东坡携眷到惠州那年,给朝云写了两首词,其特点是在情爱之中夹杂有宗教情感。第一首是到后半个月内写的,他称赞朝云,说不像白居易侍妾小蛮,因为小蛮在白居易老时离开了他,而是像通德,她终生陪伴伶玄。他颇以朝云的孩子夭折为恨,他把她比作天女维摩,敬拜佛祖。她抛却长袖的舞衫,而今专心念经礼佛,不离丹灶。一旦仙丹炼就,她将向他告辞,进入仙山。那时她不会再如巫山神女那样为尘缘所羁绊了。

在第二首词里,爱情升华达到宗教程度,更为明显。其中感情与宗教交织而为一。那首词是:

白发苍颜,正是维摩境界。空方丈、散花何碍。朱唇箸点,更髻鬟生彩。这些个,千生万生只在。

好事心肠,著人情态。闲窗下、敛云凝黛。明朝端午,待学纫兰为佩。寻一首好诗,要书裙带。

朝云对道家长生术也感兴趣。在惠州,苏东坡觉得到了应当认真炼丹之时。在惠州那一段时期,不论住在河的左岸或右岸,他总把自己的书斋叫"思无邪斋"。中国读书人给书斋起名字,总是用几个字表示他的人生哲学。苏东坡的思想已然发展到不但喜爱淳朴的生活和纯洁的思想,而且到相信纯洁的思想才是淳朴生活的基础。控制自己的心神作为长生不老的不二法门,是儒、道、佛三教结合的结论。他在《思无邪丹赞》里所言,并不只此。文内称他专心在小腹下部修炼丹田之气。这篇文章是一篇韵文,是他的得意之作,用的是道家法术的神秘文辞。简短说来,他说到吸收饮食的元气、草木的精华,再借铅汞之助,就可以培养元力。还要再辅以日精月华的吸取。他要炼制的是"思无邪丹"。他相信而今是正当其时，他在一段杂记中说，白居易也曾试过炼制仙丹，但未成功。白居易曾在庐山建一草堂，其中有一丹炉，但是那座丹炉及丹锅在他接到朝廷任命为官之前一日坏掉。这就表示长生不死与享荣华富贵是不可同时兼顾的。所以人必须决定是在热闹场中过此一生，还是逃离此红尘世界而求长生。现在苏东坡相信自己已经向过眼云烟般的繁华梦告别，希望能求得长生不老之术。

究竟苏东坡对在肚脐之下炼丹田之气以求长生，是抱着何等程度的严肃态度，则颇不易言。他是个观察锐敏的人，虽然他也玩玩丹汞的道家神秘法术，他已然看出来，健康之道在于遵从合乎常识的几条简单规则。在他给患有肺痨病的陆道士的一封短信里，他说"嵇中散云，守之以一，养之以和，和理日济，同乎大顺"，再辅以山中道士所得的卫生环境与运动锻炼，与现代在疗养院中病人所能享得的利益，即是饮泉水、晒朝阳等养生之道。

另有一条奇怪的办法，朝云也与苏东坡共同合作实行，以求长生。大概从绍圣二年（一○九五），

《天女献花图》

中国画 刘松年 宋 中国台北故宫博物院藏

图中天女手捧花篮，边舞边散，对面菩萨神情安逸，微笑观看，周围几位罗汉则已为天女的舞姿所吸引，面露欣赏之色。图中布局疏密有致、离合有序。线条或刚或柔，表现出衣衫的不同质感。画面动静结合，不着背景，给人无穷想象。

苏东坡开始独自睡眠，不再亲近女人。苏东坡在给朋友的一封信里说："养生亦无他术，独寝无念，神气自复。"另给张耒的一封信里，他说自己已经独宿一年半，觉得颇有得益。他说节欲之难，犹如弃绝肉食开始吃素，并以下列方法劝人：比如，决定不吃肉时，不要决定此后永远不再吃肉。可先试戒三个月，自然易于实行。三个月之后，可再延长三个月，如此继续下去。

朝云在宗教上陷入了进退两难的境况。她在尼姑义冲的教导之下，已经皈依佛教。对男女"云雨"一事，佛教有其独特的态度。按佛理所示，吾人凭感官所见的世界，都属虚幻，其终极的真实则是"佛"。人的意识则被知觉习性所包围。人若想得解脱，必须打破知觉的习惯，逃避感官世界的幻觉。苏东坡和朝云（她现在可以算是苏东坡的妻子了），不管儒家怎样看法，现在可以说都是佛教徒。他俩一同创建放生池，根据苏东坡说，朝云很乐于行善，这是佛教谆谆教训的。

但是苏东坡还要更为严肃。在绍圣二年（一〇九五）后半年，他患痔疮甚为严重，失血甚多。他自己治疗。他不但遍读中国医书，而且常把旁人分别不清的药草写文字说明其异同性质。关于痔疮，他的学说是这样，比如身内有虫啮咬，治疗之法是"主人枯槁，则客自弃去"。一切普通食物他全不吃，连米在内，只吃不加盐的麦饼和胡麻、茯苓。如此数月，暂时痊愈。

这时，他对炼丹的成功可能渐趋怀疑。他觉得自己感情太容易激动，不容易修炼成仙。他给子由写信，论到朱砂保存的方法，说子由性情平静，修炼较易成功。《山海经》是中国古代述说远方怪异的书。苏东坡写诗论到《山海经》时，他说："金丹不可成，安期渺云海。"即便炼成长生不死之药，又有何用？只要练习深呼吸以控制元液足矣，而他已开始练习了。

他对来日如何，全然没有把握。他刚一到达，说要以惠州为家，可是他却永远不知道下一步会被派往何处。他若能一直在惠州住下去，他自可把孩子们全家自宜兴迁来。在绍圣二年（一〇九五）九月，朝廷有皇家祭祖大典，按习俗，应当实施大赦。那年年终，他听说元祐诸臣不在大赦之列。这消息至少有镇定剂的功效，使他觉得心情更为安定。他写信向程之才说："某睹近事，已绝北归之望，然中心甚安之。未说妙理达观，但譬如元是惠州秀才，累举不第，有何不可？"又在给至交孙勰的信里说："今者北归无日，因遂自谓惠人。"给曹辅的信内说："近报有永不叙复指挥，正坐稳处，亦且任运也。……见今全是一行脚僧，但吃些酒肉尔。"

现在一切既已确定无疑，苏东坡决定自己盖房子住。那年下半年，他给王巩写了一封长信。他说："某到此八月，独与幼子一人、三庖者来，凡百不失所。风土不甚恶。某既缘此绝弃世故，身心俱安，而小儿亦遂超然物外。非此父不生此子也，呵呵。……子由不住得书，极自适，道气有成矣。余无足道者。南北去住定有命，此心亦不念归。明年买田筑室，作惠州人矣。"

次年三月，苏东坡开始在河东四十尺高的一座小山的顶上盖房子，离归善城的城墙很近。经过周期性的战事与破坏，这栋房子倒一直保存到现在，人都称之为"朝云堂"。在苏东坡的作品里，这栋房子叫"白鹤居"，北望可见河上风光，河水由此折向东北流去。这栋房子占地约半亩宽，后面为山所限，前面地势陡然下陷。当初设计此房子时，必须适应那有限的地皮，所以一头宽，一头窄。靠城墙那边早已有了两栋小房子。一家是翟秀才，一家是酿酒老妇林太太。这两家既是苏家的近邻，也是好朋友。苏东坡掘了一座四丈深的井，林翟两家也颇为受益。另一方面，苏东坡却可以赊酒喝。后来，他又从此被调走，但还不断给此老妇寄送礼品。

苏东坡盖的这栋房子十分精雅，共有房屋二十间。在南边一块小空地上，他种了橘子树、柚子树、荔枝树、杨梅树、枇杷树、几株桧树和栀子树。他告诉帮他物色这些花木的那位太守，要给他找中等的树，因为他已经老大，不能等小树长大，大树又不易移植。倘若树大，苏东坡就告诉朋友在移树之前，先要标出范围。中国人移树的方法，是先斫一条主根和一条中根，再用土埋起来，这样让树先渐渐适应。在第二年，另一面的主根也需斫断，再用土盖好。第三年，在树的四周围标好了方向之后，再将树移植，栽种之时，必须留意仍然合乎原来的方向。苏东坡的思无邪斋，现在是在白鹤峰上，另一间房子他名之为"德有邻堂"。孔子在《论语》里说"德不孤，必有邻"，这个堂名便是由此而来。这两个堂名都是四个字，而普通都是用三个字，苏东坡以四个字做堂名，居然开创了一时的风尚。邻人的房子在他的房子后面的东北，完全被苏东坡的房子遮蔽住。他的前门向北，正对河流，数里乡野的美景，一览无余，白水山和更为遥远的罗浮山的庞大山脉，也可望见。

房子上梁时他写的文章，描写从房子各方面所见的景色。上梁就等于奠基，是附近邻居的一件大事。所有邻居都带着鸡和猪肉前来道喜。写来供一般民众唱的喜歌，一共六节，起头都用"起锚了"或是像莎士比亚诗里的"嗨哟"等声音：

儿郎伟！抛梁东！
儿郎伟！抛梁西！

六节歌都是由东西南北四方描写风光，再加上向上看与向下看。东方山上，一个寺院依偎在乔木参天的树林之中。在春季，苏东坡享受甜蜜的春睡时，他能听见寺院传来的钟声。向西俯视，可以看见虹形的桥梁横卧于碧溪之上，每逢城中太守夜间来访，他可以看见长堤上灯光明亮。在南方，老树的影子映入深深的清溪里，在他的花园中，他自己种了两棵橘子树。最美的风景是在北面，河流往城镇婉转流去，正好抱山麓而过。岸上附近，有一个垂钓佳地，他可以整整一上午在那儿消遣，忘记了时光的逝去。

他祈求上苍降福，祈求农民粮食满仓，祈求海上风平浪静。乡间空气清洁，农民可以常保健康，五谷丰登，林太太能有酒赊给他喝。最后为一切朋友祈福，愿大家享福气，寿命长。

但是，他自己又遇到十分痛心的事。在绍圣二年（一○九五）七月五日，新房子尚未竣工，朝云得了一种瘟疫，竟然身亡（原文笔误，朝云去世是在绍圣三年，一○九六年——编者注）。他们住的是疟疾地区，她得的可能是疟疾。苏东坡的儿子过并未在家，出外去运木材，朝云直到八月初三才埋葬。因为她是虔诚的佛教徒，她在咽气之前还念《金刚经》上的偈语：

一切有为法，如梦幻泡影。
如露亦如电，应作如是观。

按照她的心愿，苏东坡把她安葬在城西丰湖边的小山邱上，离一座佛塔和几个寺院不远。坟墓之后，山溪落下如瀑布，水流入湖中。坟墓在一个隐僻的所在，山坡分数条岗棱自高而下，犹如衣裳的褶纹。墓后是一带大松林。站在墓旁可以看西方山岭后的塔尖，往左右两三里，有几座大寺院，游客可听见黄昏的钟声与哗哗的松涛声。邻近寺院的僧人筹款在墓上修了一座亭子，用以纪念朝云。

埋葬了三天之后，在八月初六，夜里风狂雨暴。第二天，农人看见墓旁有巨大的足迹。大家相信是有佛来伴她同往西方乐土去了。八月九日，夜里要念经超度亡魂。在典礼开始之前，苏东坡和儿子一同去细看那巨大的足迹。

苏东坡对朝云的情爱，不但记在墓志铭上，还表现在朝云死后不久苏东坡写的两首诗词上。在《悼朝云》那一首里，他以朝云的幼子夭折为恨，不幸岁月无情，抛人而去，他只能诵小乘佛经以慰亡魂。朝云生在世上，想是要还前世欠下他的一笔债。现在转瞬之间，她已不在，也许是进了极乐世界。佛塔去此坟墓不远，每日黄昏她可以去听经访道，以慰岑寂。

苏东坡以前曾经写过三首极其精妙的诗，记松风阁畔的梅花，足以显示他的诗才。那年十月，梅花又盛放，他写了一首词，显然是以梅花象征长眠于地下的朝云。那个象征至为相宜，因为月下梅花一向认为是白衣仙女，隐约朦胧，绝与尘世俗态不同其格调。这首词的用语，既像是写花，又像写他心爱的女人。那首词是：

玉骨那愁瘴雾，冰姿自有仙风。海仙时遣探芳丛，倒挂绿毛幺凤。

素面翻嫌粉涴，洗妆不褪唇红。高情已逐晓云空，不与梨花同梦。

丰湖过去一向是苏东坡喜爱的野餐处所。朝云埋葬之后，他不忍心旧地重游。他已经找圣洁之地把朝云埋葬，他二人共同开辟的放生池，就在下面，芳魂一缕，举目下望，也可稍得慰藉。

从现在起，苏东坡一直鳏居未娶。房子在次年二月竣工，果园也已种上果木，水井已经打好，长子迈已经把过和自己的家眷迁来惠州。次子迨则和他的妻儿仍留在宜兴，因为苏东坡对他抱有厚望，希望他专心准备，参加科举考试。同两个儿子、两个儿媳妇来的是三个孙子，两个是长子的，一个是三子的。大孙子已经二十岁，已然成家。二孙子符，也到了娶妻的年龄，苏东坡给他安排，娶了子由的外孙女，就是子由亡婿王适的女儿。

盖这栋房子，几乎把苏东坡的钱花光了，现在就指望迈微薄的薪俸。迈在运用了些关系之后，获得南雄附近的县令职位。

正在苏东坡以为可以晚年在惠州安居下去之际，他又被贬谪出中国本土之外去了。他的新居落成之后大约两月光景，他接到远谪海南岛的命令。根据一个说法，他曾写了两行诗，描写在春风中酣美的午睡，一边听房后寺院的钟声。章惇看到那两句诗，他说："噢！原来苏东坡过得蛮舒服！"于是颁发了新贬谪的命令。

第二十七章 域 外

海南岛那时是在宋朝统治之下,但是居民则大多是黎人,在北部沿岸有少数汉人。苏东坡就被贬谪到北部沿岸一带去,这中国文化藩篱之外的地方。元祐大臣数百个受苦难折磨的,只有他一个人贬谪到此处。朝廷当政派为防止元祐诸臣再卷土重来,在那一年及以后数年,决定惩处或贬谪所有与前朝有关联的臣子。苏东坡贬谪到海南岛不久,司马光后代子孙的官爵一律被削除,好多大官都予调职,其中包括苏子由和范纯仁,调往的地方不是南方就是西南,甚至老臣文彦博,已经九十一岁高龄,也没饶过,不过只是削除了几个爵位。打击苏东坡最甚的就是凡受贬谪的臣子,其亲戚家族不得在其附近县境任官职。因为苏迈原在南雄附近为官,现在也丢了官职。

现在苏东坡所有的,几乎只有那一栋房子了。按照他名义上的官阶计算,朝廷三年来欠他两百贯当地的钱币,按京都币值计算,是一百五十贯。所欠的官俸既未发下,苏东坡写信给好友广州太守,求他帮忙请税吏付给他。这个朋友王古曾经听苏东坡的话兴建过医院，周济过贫民，可是不久即以"妄赈饥民"的罪名遭上方罢斥了，前面已然提过。苏东坡的欠薪发下与否，已不能稽考。

他现年六十岁，这是按西方计算。到底以后他还流放在外多久，颇难预卜，生还内地之望，甚为渺茫。两个儿子一直陪伴到广州。苏迈在河边向他告别，苏过则将家室留在惠州，陪伴他同到海南。为了到达任所，苏东坡必须溯西江而上，船行数百里到梧州（在现代的广西），然后南转，从雷州半岛渡海。他一到梧州，听说他弟弟子由在往雷州半岛贬谪之处，刚刚经过此地。据揣测说，苏氏兄弟被贬谪到这个地方，是因为他俩的名字与地名相似（子瞻到儋州，子由到雷州），章惇觉得颇有趣味。子由也带了妻子、第三个儿子和三儿媳妇，他们几年来一直和他住在高安。

苏东坡到了梧州附近的藤州，与弟弟子由相遇，而今境况凄凉。当地是个穷县份，兄弟二人到一个小馆子去吃午饭。子由吃惯了讲究的饭食，对那粗糙的麦面饼实在难以入口。苏东坡把自己的饼几口吃光，笑着向弟弟说："这种美味，你还要细嚼慢咽吗？"他们站起身来走出小铺子去，带着家人慢慢向前走，尽可能慢走，因为东坡知道一到雷州，就要立刻渡海了。

雷州太守一向仰慕苏氏兄弟，他予二人盛大欢迎接待，送酒食，结果第二年因此遭受弹劾，调离任所。子由在雷州的住处，后来改为一座庙，是他兄弟二人死后，用以纪念他们的。

苏东坡必须出发了，子由送他到海边。离别的前夕，兄弟二人及家人在船上过了一夜。苏东坡的痔疮又发，甚为痛苦，子由劝他戒酒。二人用一部分时间一同作诗，苏东坡试探出子由最小的儿子的诗才。这次离别是生离死别，真是令人黯然销魂，一直愁坐整夜。离别之前，苏东坡给王古写了下面的文句："某垂老投荒，无复生还之望，昨与长子迈诀，已处置后事矣。今到海南，首当作棺，次便作墓。乃留手疏与诸子，死则葬于海外……生不挈棺，死不扶柩，此亦东坡之家风也。"

那天，他向先贤祠祈祷。有一个庙，供奉征南二将军的神像。凡是在此风涛险恶之处，过海的旅客，都求神谕，决定吉日良辰开船。过去发现神谕无不应验。苏东坡也遵照习俗行事。

在绍圣四年（一〇九七）六月十一日，苏氏兄弟分手，苏东坡和幼子及雷州太守派的沿途侍奉他的几个兵上了船。航程很短，在此晴朗的天气，苏东坡可以看见岛上山峦的轮廓矗立于天际。他心中思潮起伏。大海对他不像对西方诗人那么富有魔力。实际上，他已经是"眩怀丧魄"了。但是一路平安无事。登岸之后，苏东坡父子向西北岸的儋州目的地前进，七月二日到达。

他到达不久，一位很好的县官张中就到了。张中不但对苏东坡这位诗人佩服得五体投地，而且他本人又是个围棋高手。他和苏过后来成了莫逆之交。二人常常终日下棋，苏东坡在旁观战。由于张中的热诚招待，苏东坡就住在张中公馆旁边的一所官舍里。不过也是一所小旧房子，秋雨一来，房顶就漏，所以夜里苏东坡得把床东移西移。因为是官家的房子，张中用公款修缮一番，后来因此为他招了麻烦。

由中国人看来，海南岛根本不适于人居住。在夏天极其潮湿、气闷，冬天雾气很重。秋雨连绵，一切东西无不发霉。一次苏东坡看见好多白蚁死在他的床柱上。这种有害于人的气候，颇使人想到长生之道。苏东坡写过下面一段文字：

岭南天气卑湿，地气蒸溽，而海南为甚。夏秋之交，物无不腐坏者。人非金石，其何能久？然儋耳颇有老人，年百余岁者，往往而是，八九十者不论也。乃知寿夭无定，习而安之，则冰蚕火鼠，皆可以生。吾尝湛然无思，寓此觉于物表，使折胶之寒无所施其冽，流金之暑无所措其毒，百余岁岂足道哉！彼愚老人者，初不知此特如蚕鼠生于其中，兀然受之而已。一呼之温，一吸之凉，相续无有间断，虽长生可也。

在海岸上的市镇之后，岛内居住的黎族，与内地的移民相处并不融洽。本地人不能读书写字，但规矩老实。他们懒于耕种，以打猎为生。像在四川或福建的一部分地方一样，他们也是妇女操作，男人在家照顾孩子。黎民的妇人在丛林中砍柴，背到市镇去卖。所有的金属用具如斧子、刀，以及五谷、布、盐、咸菜，都自内地输入。他们用乌龟壳和沉水香来交换，沉水香是中国应用甚广的有名薰香。甚至米也自内地输入，因为当地人只吃芋头喝白水当作饭食。在冬天自大陆运米船不到时，苏东坡也得以此维持生活。

当地居民非常迷信，患病时由术士看病，没有医生。土人治病的唯一办法是在庙中祷告，杀牛以祭神。结果，每年由大陆运进不少的牛专为祭神之用。苏东坡是佛教徒，设法改变此一风俗，但风俗改变，谈何容易，他曾写过下列文字：

岭外俗皆恬杀牛，而海南为甚。客自高化载牛渡海，百尾一舟，遇风不顺，渴饥相倚以死者无数。牛登舟皆哀鸣出涕。既至海南，耕者与屠者常相半。病不饮药，但杀牛以祷，富者至杀十数牛。死者不复云，幸而不死，即归德于巫。以巫为医，以牛为药。间有饮药者，巫辄云："神怒，病不可复治"。亲戚皆为却药禁医，不得入门，人、牛皆死而后已。地产沈水香，香必以牛易之黎。黎人得牛，皆以祭鬼，无脱者。中国人以沈水香供佛，燎帝求福，此皆烧牛肉也，何福之能得？

内地人始终不能征服那些丛林中的居民。官兵一到，他们只要退入丛林中，官兵根本不想到山中居住，自然不肯深入。黎民有时因与汉人有争吵纠纷，也偶会进袭市镇。有时为商人所欺，在衙门得不到公道审判，他们唯一的办法，就是把此人捉住不放，然后将金钱索回。苏过后来写了一篇两千字长文，论此种情形，并表示对此丛林蛮族无法征服，只有公平相待，公正管理。他认为此等土著是老实规矩的百姓，因为官府不替他们主持公道，他们才被迫而自行执法。

这次到海南岛，以身体的折磨加之于老年人身上，这才是流放。据苏东坡说，在岛上可以说要什么没有什么。他说："此间食无肉，病无药，居无室，出无友，冬无炭，夏无寒泉，然亦未易悉数，大率皆无耳。惟有一幸，无甚瘴也。"

但是他那不屈不挠的精神和达观的人生哲学，却不许他失去人生的快乐。

他写信给朋友说："尚有此身，付与造物，听其运转，流行坎止，无不可者。故人知之，免忧。"

使章惇和苏东坡的其他敌人烦恼的是，他们竟无奈苏东坡何。在哲宗元符元年（一〇九八）九月十二日，他在日记中写自己的坎坷说：

吾始至南海，环视天水无际，凄然伤之，曰："何时得出此岛耶？"已而思之，天地在积水中，九州在大瀛海中，中国在少海中，有生孰不在岛者？覆盆水于地，芥浮于水，蚁附于芥，茫然不知所济。少焉水涸，蚁即径去，见其类，出涕曰："几不复与子相见，岂知俯仰之间，有方轨八达之路乎？"念此，可以一笑。戊寅九月十二日，与客饮薄酒小醉，信笔书此纸。

苏东坡也许是固执，也许真是克己自制，至少也从未失去那份诙谐轻松。僧人参寥派一个小沙弥到海南岛去看他，带有一封信和礼品，并说要亲身去探望。苏东坡回信说："某到贬所半年，凡百粗遣，更不能细说。大略只似灵隐天竺和尚退院后，却住一个小村院子，折足铛中，罨糙米饭便吃，便过一生也得。其余，瘴疠病人。北方何尝不病，是病皆死得人，何必瘴气。但苦无医药。京师国医手里死汉尤多。参寥闻此一笑，当不复忧我也。故人相知者，即以此语之。"

他在此岛上的人生态度，也许在他贬居此地最后一年，在杂记中所写的那段话表现得最清楚：

己卯上元，予在儋耳，有老书生数人来过，曰："良月佳夜，先生能一出乎？"予欣然从之。步城西，入僧舍，历小巷，民夷杂揉，屠酤纷然。

归舍已三鼓矣。舍中掩关熟寝,已再鼾矣。放杖而笑,孰为得失?过问先生何笑,盖自笑也。然亦笑韩退之钓鱼无得,更欲远去。不知走海者未必得大鱼也。

苏东坡一次对他弟弟说:"我上可以陪玉皇大帝,下可以陪卑田院乞儿。在我眼中天下没有一个不是好人。"现在他就和默默无名的读书人、匹夫匹妇相往还。和这些老实人在一起,他无须乎言语谨慎,他可以完全自由,可以名士本色示人。他从没有一天没有客人,若是没人去看他,他会出去看邻居。像以前在黄州一样,他与身份高、身份低的各色人,读书人、农夫等相交往。闲谈时,他常是席地而坐。他只是以闲谈为乐。但是他也愿听别人说话。他带着一条海南种的大狗"乌嘴",随意到处游逛。和村民在槟榔树下一坐就畅谈起来。那些无知的穷庄稼汉,能对他说什么呢?庄稼汉震于他的学识渊博,只能说:"我们不知道说什么。"苏东坡说:"那就谈鬼。好,告诉我几个鬼故事。"那些人说并不知道什么有趣的鬼故事。苏东坡说:"没关系,随便说你听到的就行。"后来苏过告诉他的朋友说,若一天没有客人来,他就觉得父亲好像不舒服。

甚至于在如此地远天偏的地方,那群政敌小人也不让他安静消停。元符元年(一○九八)是迫害老臣雷厉风行的一年。在绍圣四年(一○九七),快到旧年除夕了,两个元祐大官在七天之内先后死亡,情况可疑。在春天,那两个官员的子女也遭监禁,老太皇太后的秘书也被处了死刑。所有遭贬谪的官员,又都调迁地方。那年夏天遭到调迁的官员之中,有苏子由、秦观、郑侠,我们还记得郑侠就是献图推翻王安石的宫门小吏。

三月,神奇道士吴复古又在海南岛出现,和苏东坡住了几个月。他带来的消息是,朝廷派董必来视察并报告受贬谪的大臣的情形,如有必要,再弹劾起诉。那时儋州隶属广西省。最初朝廷打算派吕升卿到广西(吕升卿是恶迹昭彰的元祐大臣的死敌吕惠卿的弟弟)。对苏氏兄弟来说,吕升卿一来,他俩不死也要脱层皮。但是曾布和另一个官员劝阻皇帝,说吕升卿必不能从公禀报,必致激起私仇大恨。那样,朝廷就是超乎极端了。因此一劝,吕升卿改派到广东,董必派到广西。果不出所料,董必找出了纰漏,他说苏子由强占民房,雷州太守厚待罪臣并善予照顾。太守乃遭撤职,苏子由改调到惠州以东地区,当年苏东坡曾谪居在那里。

董必要自雷州半岛到海南，就如瘟神下降，但是他的副手彭子民对他说："别忘记你也有子孙。"董必听了遂停止不去，只派下属过海查看苏东坡的情形。那个官员发现苏东坡住在官舍里，颇受太守张中优待，张中后来遂遭革职。

苏东坡被从官舍逐出，必须用仅有的一点儿钱搭个陋室居住。他住的地方是城南一片椰子林。当地的居民，尤其是那些穷读书人的子弟，亲自来动手帮助他盖房子。那是一栋简陋的房子，面积是五间大，但大概只盖了三间。他名此新居"桄榔庵"。房后就是棕榈林。夜里躺在床上，能听见黎民猎鹿的声音，鹿在那个地区为数甚多。有时早晨有猎人叩门，以鹿肉相赠。在五月他给朋友写信说："初至，僦官屋数椽，近复遭迫逐，不免买地结茅，仅免露处，而囊为一空。困厄之中，何所不有。置之不足道也，聊为一笑而已。"

苏东坡很少恨别人，但他至少不喜爱董必。他必须向把自己赶出屋去的这个朝廷官员开个玩笑。

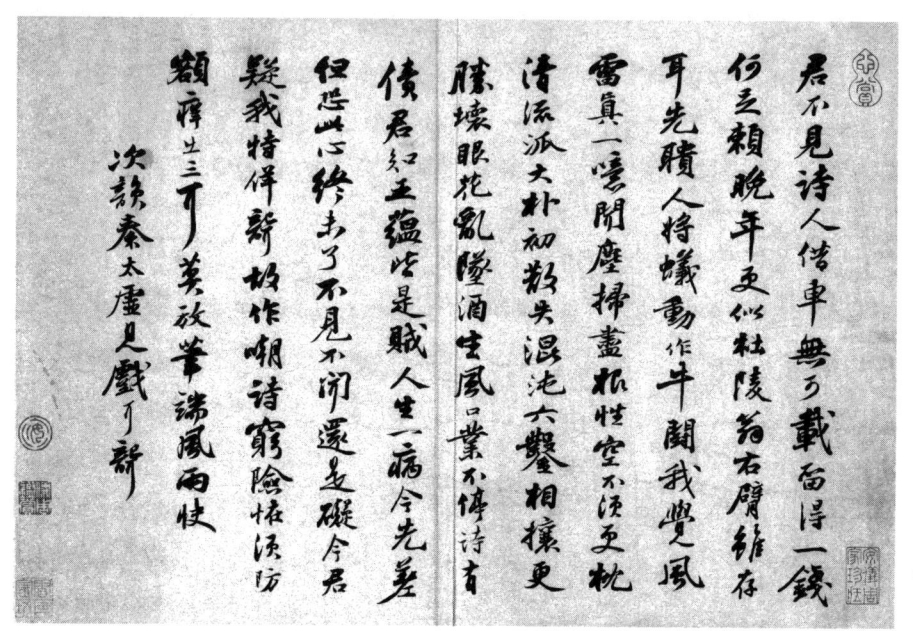

《次韵秦太虚见戏耳聋诗帖》

书法 苏东坡 宋 中国台北故宫博物院藏

秦观（1049—1100），字太虚、少游，号邗沟居士，学者称淮海先生。他与黄庭坚、晁补之、张耒号称"苏门四学士"，颇得苏东坡赏识。秦观生性豪爽，洒脱不拘，溢于文辞。政治上倾向旧党，哲宗时"新党"执政，被贬为监处州酒税，后徙郴州，编管横州，又徙雷州，至藤州而卒。

第二十七章 域外

"必"字在中文其音同"鳖"。他写了一篇寓言,最后提到鳖相公。有一次,东坡喝醉,这篇故事就这样开始。有鱼头水怪奉龙王之命,前来把东坡拉往海中。他去时身穿道袍,头戴黄帽,足蹬道履,不久便觉行于水下。忽然雷声隆隆,海水沸腾。突然强光一闪,他发现自己已经站在水晶宫中。像通常所说的龙宫一样,龙宫中有好多珠宝、珊瑚、玛瑙,及其他宝石等物,真是精工点缀,琳琅满目。不久,龙王盛装而出,二宫女随侍。苏东坡问有何盼咐。不久,龙后自屏风后出来,递给他一块绢,有十尺长,求他在上面写诗一首。对苏东坡而言,再没有比作诗容易的事。他在绢上画了水国风光和水晶宫的霞光瑞气。他写完诗,各水中精灵都围着看。虾兵蟹将莫不赞美连声。鳖相公当时也在。他迈步走出,向龙王指出东坡诗内有一个字,是龙王的名字,应当避圣讳。龙王一听,对苏东坡大怒。苏东坡退而叹曰:"到处被(鳖)相公厮坏!"

苏东坡写了三四个寓言故事,但是中国文人写的想象故事,直到十三世纪才真有发展。苏东坡写的也和唐宋寓言作家一样,都是明显的道德教条加上微薄的一点想象而已。

在他自己盖了几间陋室之后的两年半期间,他过的倒是轻松自在的日子,只是一贫如洗而已。他有两个颇不俗气的朋友,一个是为他转信的广州道士何德顺,另一个是供给他食物、药物、米、咸菜的谦逊读书人。夏天的热带海岛上,因为潮湿的缘故,人是很受煎熬的。苏东坡只有静坐在椰子林中,一天一天地数,直到秋季来临为止。秋季多雨,因为风雨太多,自广州、福建来的船只都已停航。食粮不继,连稻米都不可得。苏东坡真个一筹莫展。在哲宗元符元年(一〇九八)冬天,他给朋友写信说他和儿子"相对如两苦行僧尔"。那年冬天,一点食物接济也没有,父子二人直有饥饿之虞。他又采用煮青菜的老办法,开始煮苍耳为食。

他曾在杂记中写食阳光止饿办法,不知是认真还是俚戏。人人知道,道家要决心脱离此一世界时,往往忍饥不食而自行饿死。苏东坡在杂记《辟谷说》中说了一个故事。他说洛阳有一人,一次坠入深坑。其中有蛇有青蛙。那个人注意到,在黎明之时,这等动物都将头转向从缝隙中射的太阳光,而且好像将阳光吞食下去。此人既饥饿又好奇,也试着模仿动物吞食阳光的动作,饥饿之感竟尔消失。后来此人遇救,竟不再知饥饿为何事。苏东坡说:"此法甚易知易行,天下莫能知,知者莫能行,何则?虚一而静者,世无有也。元符二年(一〇九九),儋耳米贵,吾方有绝粮之忧,欲与过子共行此法,故书以授之。四月十九日记。"

实际上，苏东坡不必挨饿，他的好朋友、好邻居也不会让他挨饿，他似乎是过得蛮轻松。有一天，他在头上顶着一个大西瓜，在田地里边唱边走时，一个七十多岁的老太婆向他说："翰林大人，你过去在朝当大官，现在想来，是不是像一场春梦？"此后苏东坡就称她"春梦婆"。他有时在朋友家遇到下雨，就借那家庄稼汉的斗笠、蓑衣、木屐，在泥水路上溅泥蹚水而归。狗见而吠，邻人大笑吼叫。他一遇有机会，还继续月下漫步的老习惯。有时他和儿子到六英里以外西北海边，那里有一块巨大的岩石，像一个和尚面海而望。好多船在那里失事，本地人就说那块岩石有什么灵异。那块岩石下面，长了许多荔枝树、橘子树，在那里正好摘水果吃。但是倘若有人打算摘得吃不了，要带着走，立刻就风涛大作。

苏东坡一向对僧人很厚道，但是他不喜欢儋州一带的和尚，因为他们有妻子，并且和别的女人有暧昧情事。住在儋州时，他曾写文章讽刺此事。那篇文章的题目是《李氏子再生说冥间事》。据说是真有其人。那篇文章如下：

余在儋耳，闻城西民李氏处子病卒两日复生。余与进士何旻同往见其父，问死生状。云：初昏，若有人引去，至官府幕下。有言："此误追。"庭下一吏云："可且寄禁。"又一吏云："此无罪，当放还。"见狱在地窟中，隧而出入。系者皆儋人，僧居十六七。有一妪身皆黄毛如驴马，械而坐，处子识之，盖儋僧之室也。曰："吾坐用檀越钱物，已三易毛矣。"又一僧亦处子邻里，死已二年矣，其家方大祥，有人持盘餐及钱数千，云："付某僧。"僧得钱，分数百遗门者，乃持饭入门去，系者皆争取其饭。僧饭，所食无几。又一僧至，见者擘跪作礼。僧曰："此女可差人速送还。"送者以手擘墙壁使过，复见一河，有舟，使登之。送者以手推舟，舟跃，处子惊而寤。是僧岂所谓地藏菩萨耶？书此为世戒。

这几年，过是父亲时刻不离的伴侣。据苏东坡说，像过那样的好儿子实在是至矣尽矣，蔑以加矣。他不但做一切家中琐事，也是父亲的好秘书。在如此高明的父亲指导之下，过很快便成了诗人、画家。在苏东坡的三个儿子之中，过成了一个有相当地位的文学家，他的作品已然流传到今日。他遵守父命，受了父亲当年在祖父教导下的教育。他有一次将《唐书》抄写一遍，以资记忆。此后，又抄写《汉书》。苏东坡博闻强记，他把读过的这些古史每一行都记得。有时他倚在躺椅上听儿子诵读这些书，偶尔会指出某些古代文人生平的相似细节而评论之。

他们颇以无好笔好纸为苦，但仅以手中所有的纸笔，过也学着画些竹石冬景。大概二十年后，过到京都游历，在一座寺院里小停，几个宫廷中的兵卒忽然到来，抬着一顶小轿，要他进宫陛见徽宗皇帝。苏过完全不知是何缘故，只得遵命。一进轿，轿帘子即刻放下，所以他看不见是往何处去。轿上无顶，有人持一大阳伞遮盖。他觉得走得很快，过了四五英里，到了一个地方。他走出轿来，见自己立在走廊之下，有人过来引他到一座极美的大殿。他一进去，看见皇帝坐在里面，身穿黄袍，头戴镶有绿玉的帽子。皇帝周围有一群宫女环绕，穿得极为艳丽。他觉得那样美的宫女为数不少，但是不敢抬头看。当时虽然是六月，殿中极为清凉。屋里有巨大冰块堆积，点燃的妙香气味弥漫在空气之中。他想自己必是在一座宫殿里。施礼问安毕，皇帝对他说："我听说你是苏轼之子，善绘岩石。这是一座新殿，我希望你在墙壁上绘画，因此请你前来。"苏过倒吸了一口气。徽宗自己就是一位大画家，他的作品至今仍在。苏过再拜之后，开始在墙壁上作画。这时皇帝离座下来，站着看他动手。画完之后，皇帝再三赞美，告诉宫女送苏过美酒一杯，还有好多珍贵礼品。苏过自御前退出之后，又在走廊之下乘轿出宫，在路上仍然轿帘低垂。到家之后，刚才的经历，恍惚如梦。

岛上难得好墨，苏东坡自己试制。苏过后来说他父亲险些把房子烧掉。这个故事与杭州一名制墨专家有关系。这家制墨人所卖的墨价高出别家两三倍，他说他是在海南岛跟苏东坡学的制墨秘法。有些文人向苏过打听他父亲制墨的方法。苏过笑道:"家父并无何制墨秘诀。在海南岛无事时,以此为消遣而已。一天,名制墨家潘衡来访,家父即开始和他在一间小屋里制墨。烧松脂制黑烟灰。到半夜,那间屋子起了火,差点儿把房子烧掉。第二天,我们从焦黑的残物中弄到几两黑烟灰。但是我们没有胶,父亲就用牛皮胶和黑烟灰混合起来。但是凝固不好,我们只得到几十条像手指头大的墨。父亲大笑一阵。不久潘先生走了。"不过,在苏过叙述这件往事时,潘衡这家商店的墨已经很好了。显然他是从别人学得的制墨秘诀,而不是跟苏东坡学的,只是借苏东坡的名气卖墨而已。

现在苏东坡空闲无事,却养成到乡野采药的习惯,并考订药的种类。他考订出来一种药草,在古医书上是用别的名字提到过,别人从未找到,而他发现了,自然十分得意。在他写的各医学笔记中,有一种药可以一提,那就是用荨麻治风湿的办法。荨麻含有荨麻素和黄体素,像毒藤一样,皮肤碰到就肿疼。他说把荨麻敷在风湿初起的关节上,浑身其他关节的疼痛都可以停止。他还深信苍耳的功用。苍耳极为普通,各处都长,毫无害处,吃多久都可以,怎么吃法亦无不可(此种植物含有脂肪、少量树脂、维生素C和苍耳苷)。他告诉人把此植物制成白粉末的办法。方法是,在文火上,把此种植物的叶子灰,加热约二十四小时,即可。此白色粉末,若内服,能使皮肤软滑如玉。他还有些笔记提到川芎、天门冬和苦荠。他称这些东西是"葛天氏之遗民"的美食,营养高,味道好。

除去忙这些事之外,他还在儿子帮助下,整理杂记文稿,成了《东坡志林》。过去他和弟弟子由分别为五经作注,他担任两部。在黄州谪居时,他已经注完《易经》和《论语》。现在在海南,他注完了《尚书》。最为了不起的是他的和陶诗一百二十四首。他在颍州时就开始此项工作,因为当时在被迫之下度田园生活,他觉得自己的生活与陶潜当年的生活,可谓无独有偶,完全相似,他又极其仰慕陶潜。离开惠州之时,他已经写了一百零九首,只剩下最后十五首没有和,这十五首是在海南岛完成的。他要子由给这些诗写一篇序言,在信里说:"然吾于渊明,岂独好其诗也哉!如其为人,实有感焉。"他觉得他与陶潜的为人也颇相似,许多仰慕苏东坡的人,当必有同感。

《陶渊明故事图·采菊》
(局部)

中国画　陈洪绶　明

陶渊明(约365—427),名潜,字元亮,自号五柳先生。他的诗文充满了田园气息,他的名士风范和对生活简朴的热爱影响了一代又一代的中国文人。苏东坡曾这样评价陶渊明:"欲仕则仕,不以求之为嫌;欲隐则隐,不以去之为高。饥则扣门而乞食,饱则鸡黍以延客。古今贤之,贵其真也。"

第二十八章 终　了

哲宗在元符三年（一一〇〇）正月去世，享年二十四岁，留在身后的是一代死亡、颓丧、疲惫的文臣学者。他父亲神宗有子十四人，他只有一子，乃刘美人所生，亦在幼年夭折。他弟弟继位，是为徽宗。徽宗身后遗有儿子三十一人、几幅名画、一个混乱的国家。他兄长所开始的，徽宗给作了结束。他还是任用那些人，遵行那些政策。王安石的国有资本主义，现在和神宗当政时期相提并论，被冠以"祖制"的神圣不可侵犯名义，使人敬而生畏。在丰裕国库的方法，在与北方民族兵戎相见两事上，徽宗也步王安石的后尘。集中财富于国库、于皇家，也许这个政策是为帝王者无法割爱的吧。但是实行此一政策的皇帝，必须付出其代价。在徽宗，那代价是丢弃王位，国都沦陷，是在俘虏中死于敌方。徽宗能画美丽的花鸟，交颈的鸳鸯，但是每一个帝王，只要能忍心对老百姓施虐政而为自己建筑琼楼玉宇、园囿亭台，则未有不失其王位者。

徽宗登基之时，国家之组织已烂，国家之元气已衰。

有品有才有德之人，乃文明社会产生之瑰宝，要假以长久之时日方能生长成熟。司马光、欧阳修、范纯仁、吕公著那一代，已是往者已矣。那一代的人才，或已惩处，或已流放，或因病因老而死，或遭谋害而亡。清议批评，至大至刚的思想与文章，那种气氛已然窒塞，一切政治生活全已污染腐坏。苏东坡及其门人学士为理想而从政之心，因遭逢迫害过深，已不复再存其壮志雄心，尤其是当时政治的歪风仍与他们的浩然正气相左。凭皇帝一道圣旨，朝中即可立即出现一代新的正直博学、勇敢无畏的儒臣，那可真是难矣哉。若使一个享有政权滋味八年之久的大帮派轻易放下政权，那也是所望过奢了。

不过，苏东坡是暂时有好运来临。因为在元符三年（一一〇〇）前半年，朝廷要由神宗之后，新皇太后摄政。那年四月，所有元祐老臣一律赦罪，虽然她在七月还政于其子，直到次年正月她去世之前，她却始终保有强大的力量保护元祐诸臣。在她在世之日，遭放逐的儒臣都蒙赦罪，或予升迁，或至少得到完全的行动自由。神宗的这位皇后，就像她的婆婆一样，天性就能辨别人的善恶，这一点远胜过她的儿子，而且在女性单纯的智慧上，也更有知人之明。批评家和历史学家，沉迷于精练的词句、抽象的特点，而不能自拔，精研一代的政策与问题入而不能出，有时反而会忘记在对人终极的判断上，我们仍然逃不出两个基本的形容词"好"与"坏"。在总论一个人的事业人品时，他所能祈求得到的最高的那些赞美词里，"好人"一词，终居其一。苏东坡所曾服侍的几位太后，似乎从未在朝廷大臣和政治之中涉及甚深。当然，章惇是个坚强有力的人，吕惠卿能言善辩，蔡京有精力有才干，但是皇太后现在只把他们归入"坏人"之列。

在五月，那个时代的闲云野鹤式的人物吴复古又出现了，把苏东坡遇赦的喜讯告诉他，并告诉他要调到雷州半岛西边的一县去。这消息不久就由秦观的来信证实，秦观是谪居雷州，刚刚接到特赦令。

由现在起，苏东坡又要漂泊无定了。他渡海到了雷州以后，刚到了一个月，他接到命令要他去住在永州（今湖南零陵）。为了到永州，他陡然改变路线，还在到永州的半途中，他终于接到可以随意到处居住的命令。他若一开始就得到可以自由定居的命令，兄弟二人很容易便在广州会面而结伴北归。苏子由接到命令调往湖南洞庭湖边的一个地区。因为那时，苏东坡只是奉令移居到海南岛的对面，离广州还很远，子由已经立即携眷北归，那时以前，他的家眷一直住在惠州东坡的房子里。等子由到了汉口附近，正往目的地去的途中，他又升了官，恢复了行动自由。因为在颍昌他有田产，别的孩子也住在那儿，他就回到颍昌去了。

苏东坡和弟弟子由不一样，他费时好久才离开了海南岛。他是等搭福建一只大船过海，但是空等了些日子，只好和吴复古、儿子过、他的大狗"乌嘴"一起渡海。这一群人一起到雷州去探望秦观，然后吴复古自己离去，飘然不见。苏东坡和吴复古二人此生足迹遍中国，所不同者，苏东坡是受别人的命令所驱使，而吴复古则完全听由己意，不受命于他人。回想起来，苏东坡一定很愿和吴复古易地而处。那样，他会更快乐，更自由。

苏东坡如今起程北上，我们无须细表。在每一个他所经的城市，都受人招待，受人欢迎，大可以称之为胜利归来。到每一个地方都有朋友和仰慕他的人包围着他，引他去游山游庙，请他题字。在接受命令到湖南赴任之后，他就同儿子，也可以说是长时期的伴侣，从沿海城市廉州北上往梧州，他曾经盼咐孩子们在那里等他。他到达时，发现儿媳和孙子们还没到，并且贺江水浅，乘船直往北到湖南行船不易。他决定走一条长而弯曲的路：回广州，再往北过大庾岭，再由江西往西到湖南。这段旅程要走上半年，但是幸而他不需要走完那条路线。

十月，他到了广州，又重新和儿孙等团聚。二子苏迨已经自北方到此来探望父亲。苏东坡在诗文中说自觉生活如梦。

在广州为他设宴者极为繁多。在他居海南之第二年，当时谣传他已死亡。在一次宴席上，一个朋友向他开玩笑说："我当时真以为你死了。"

苏东坡说："不错，我死了，并且还到了阴曹地府。在阴间路上遇见了章惇，决心又还了阳。"

这一大家人，有少妇有婴儿，一齐乘船往南

《听琴图》

中国画　赵佶　宋

宋徽宗（1082—1135），名赵佶。哲宗病死，太后立他为帝，是为宋朝第八位皇帝。在位26年，国亡被俘受折磨而死，终年53岁。虽然做了皇帝，但也许他更适合做画家或书法家。注意，图中的弹琴者很可能就是徽宗的自画像。

雄。还不曾走很远,吴复古及一群和尚追上了他们,和这位大诗人在船上盘桓了几天。忽然吴复古生了病,不久死去,就那么简单省事。临死时,苏东坡问有什么嘱托,他微笑一下,闭上了眼。

在离开广东之前,他接到可以自由居住的消息。在徽宗建中靖国元年(一〇一)正月,苏东坡穿越大庾岭,在山北赣县停留了七十天。一大家人在那里等船,但是好多孩子生病,六个仆人死于瘟疫。在停留的那些日子,只要不忙着题字,他就给病人看病,给市镇上的人配药。有些朋友常和他在一起,一同计划去游山玩水。他的行动总是有人探听出来,他们一到目的地,就看到一大堆绫绢和纸,请他在上面题诗。他欣然应允,因为他喜欢写。等天色渐晚,他要急忙回家时,人只好求他写几个大字。所有去求他墨宝的人,都称心满意而归。

五月一日,他到了金陵。他已经写信给至交钱世雄,求他在常州城内为他找房子住。但是那半年内他所写的那些信,显得他颇为踌躇不定。子由这时已经回到颖昌的老农庄,而且已然写信要他去同住。但是他却不知如何是好,拿不定主意。他知道常州地濒湖泊区,风光甚美,并且他在常州也有田产,是为生活之资。他很愿和弟弟住在一处,但是弟弟有一大家人,而且家境并不富裕。他不知道该不该带一家三十口人——子孙仆人等,去加重弟弟的负担。接到信之后,他决定去与弟弟结邻而居。他在金陵渡江,告诉儿子迈和迨到常州去清理家事,然后在仪真相会。他还真写了公函请求拨四只官船,供一家人往京都方向进发。

但是,那年正月,皇太后不幸逝世,现在正是五月,一切情形显示政策又要全复旧观。苏东坡判断恐怕又要有麻烦出现,所以不愿住得近在京畿。他给子由写了一封长信,把他们不能聚首归咎于天命。他说:"吾其如天何!"情况既然如此,他自然只好定居在常州。家庭安定之后,他再让迈去任新职,他和另外两个儿子则在太湖地区的农庄上居住。

这时,苏东坡在仪真等待孩子们前来相接,他就住在船上。那年夏季突然来临,而且非常之热。他觉得自己从热带回来,为什么反觉得在中国中部会如此之热。太阳照在岸边的水上,湿气自河面上升,他觉得十分难过。在六月初三,他得了大概是阿米巴性的痢疾。他以为自己喝冷水过多("饮冷过度"),也可能是一直喝江水的缘故。第二天早晨,觉得特别软弱无力,乃停止进食。因为他自己是医生,就自己买了一服药,买黄芪来吃,觉得好得多了。中医认为黄芪是很有力的补药,能补血、补内脏各经,是衰弱病症的好补药,而并不适于专治某一种病。这味药在现代还需要研究,因为很多现代的中国人天天论碗喝黄芪汤,确有益处。

可是,他的消化系统确是出了毛病,他夜里不能睡。大画家米芾来看他多次。他身体较好时,二人甚至一同去作东园之游。他在仪真给米芾写的九封信把他的病描写得很明白。有一次,他这样写:"昨夜通旦不交睫,端坐饲蚊子尔。不知今夕如何度?"米芾送来一种药,是麦门冬汤。苏东坡一直把米芾当晚辈看,米芾则对他十分仰望。现在苏东坡读了米芾的一篇赋之后,他预言米芾的名声已经屹立不摇,虽然二十年相交,对他所知,实嫌不足。苏东坡的病,时而觉得好些,时而觉得软弱疲乏。他的生命力受到了破坏,不是因为皇帝,也不是章惇,而大概是阿米巴菌。河边的湿潮气闷很难受,他让船移到较为凉爽的地方。

六月十一日,他向米芾告别,十二日过江往镇江去。在这个地区,他特别受人欢迎,到此等于还乡。诗人已自海外归来,即将到达的消息,立刻传开。百姓有数千之众,立在江边,打算一睹这位名人的风采。一般都传说他要做中枢要员,执掌朝政。

他堂妹的坟墓就在镇江,她儿子柳闳现在城内。六月十二日,甚至他身体疲弱之下,他仍然和三个儿子、外甥,去到堂妹及其丈夫墓前祭祀。他第二次为亡者写祭文。可能是为堂妹写了一篇,另为堂妹夫写了一篇,不过从内容上看不太清楚,不敢确信。第一篇《祭柳仲远文》,先提到的是他妻子堂妹,然后才说:"矧我仲远,孝友恭温。"第二篇祭文更为真情流露,其中文句有:

我厄于南，天降罪疾。方之古人，百死有溢。天不我亡，亡其朋戚。如柳氏妹，夫妇连璧。云何两逝，不憖遗一。我归自南，宿草再易。哭堕其目，泉壤咫尺。闳也有立，气贯金石。我穷且老，似舅何益……

第二天，客人去看他，发现他侧身面壁而卧，哽咽抽搐，竟至不能起床接待他们。来访的客人之中有已故的宰相苏颂之子，以为苏东坡是为他的亡父而哭。苏颂亡时年八十二岁。苏颂家虽然与苏东坡同姓，却不是同一省籍。苏东坡与苏颂相识，已有三四十年，但是若说他听他老友之死会伤心到如此程度，实难令人相信。并且，在前一天，苏东坡听到他死的消息时，也没亲自到墓前去祭奠，只是派长子苏迈去过。他这种悲伤的原因，我相信，必须从上面引证的祭文里去看。

在当地的文人不能见到苏东坡的，其中有章惇最小的儿子章援。因为苏东坡病重，谢绝见许多客人。章惇一年以前也被贬到雷州半岛去了，儿子正在前去探望他父亲的途中。当年苏东坡为主考官时，曾亲自以第一名取了章援，所以按一般习惯上说，章援应当算是苏东坡的门生。那是大概九年以前的事。章援知道他父亲对苏东坡的所作所为，也知道苏东坡这种人物随时有再度当权的可能，所以他给苏东坡写了一封长七百字的信。这封信当然很难措辞。他说出不敢登门拜访的理由，并且很坦白地说是因为他父亲的缘故，他曾踌躇再三。他很委婉地提到苏东坡若有辅佐君王之时，一言之微，足以决定别人的命运。章援生怕苏东坡会以他父亲当年施之苏东坡者，再施之于他父亲。他盼望能见苏东坡一面，或者得他一言，以知其态度。

章援若是以为苏东坡会向他父亲寻仇，他就大谬不然了。苏东坡在遇赦北归的路上，就听到章惇被放逐的消息。有一个人叫黄实，与苏章两家都有亲戚关系，他是章惇的女婿，同时又是苏子由第三个儿子的岳父。苏东坡听到章惇被贬谪的消息，他写信对黄实说："子厚得雷，闻之惊叹弥日。海康地虽远，无瘴疠。舍弟居之一年，甚安稳。望以此开譬太夫人也。"他给章援的回信如下：

某与丞相定交四十余年，虽中间出处稍异，交情固无所增损也。闻其高年，寄迹海隅，此怀可知。但以往者，更说何益，惟论其未然者而已。主上至仁至信，草木豚鱼所知也。建中靖国之意，可恃以安。……所云穆卜，反复究绎，必是误听。纷纷见及已多矣，得安此行，为幸！为幸！更徐听其审。又

《春山瑞松图》

中国画　米芾　宋　中国台北故宫博物院藏

米芾（1051—1107），北宋书法家、画家。善诗，工书法，自谓"刷字"，与苏东坡、黄庭坚、蔡襄并称宋代四大书法家。其绘画擅长枯木竹石，尤工水墨山水。常用大笔触水墨表现烟云风雨变幻中的江南山水，人称米氏云山。（此图不能确证为米芾所作，有可能为宋人仿作。）

见今病状，死生未可必。自半月来，日食米不半合，见食却饱，今且速归毗陵，聊自憩。此我里，庶几且少休，不即死。书至此，因惫放笔，太息而已。（一一〇一年）六月十四日。

圣法兰西斯，也是生在那同一世纪的伟大人道主义者，他若看了这封信，一定会频频点头赞叹。这一封信，连同他以前给朱寿昌反对杀婴恶俗的那一封信，还有他于元祐七年（一〇九二）给太皇太后上书求宽免贫民欠债的那一封信，可以算作苏东坡写的三大人道精神的文献。

在六月十五，他沿运河继续自镇江北归常州家园。他万劫归来的消息引起了轰动，沿路在运河两岸，老百姓表示发乎真诚的欢迎。他体力较佳，已然能在船里坐起，头戴小帽，身着长袍，在炎热的夏天，两臂外露。他转身向船上别的人说："这样欢迎，折杀人也！"

航程很短，不久到了常州，住进东门附近好友钱世雄给他租的一栋房子。他要做的第一件事，是向皇帝上表请求允许完全退隐林下。宋朝官员的退休制度是，朝廷将退休的官员任命为寺院的管理人，处于一种半退休状态。苏东坡现在被任命为故乡四川省一个寺院的管理人，管理庙产。当时有一种迷信，官员若有重病，辞去官职，有助于病的痊愈，也能延年益寿。意思是在上天看来，做官和抢劫人民原是一而二、二而一的。辞官不做就犹如向神许愿不再为恶之意。苏东坡说他也闻有此说，愿意一试。

回到常州之后，他的病还是缠绵不愈。一直没有胃口，一个月光景，始终倒在床上。他预感大去之期已不远。在家人侍奉之下，好友钱世雄几乎每隔一天就去看他。他在南方时，钱世雄不断写信、捎药物给他。每逢苏东坡觉得稍好一些，他就让儿子过写个便条去请钱世雄来闲谈。一天，钱世雄到时，发现苏东坡已不能坐起来。

苏东坡说："我得由南方迢迢万里，生还中土，十分高兴。心里难过的是，归来之后，始终没看见子由。在雷州海边分手后，就一直没得再见一面。"

过了一会儿，他又说："我在海外，完成了《论语》《尚书》《易经》三书的注解，我想以此三本书托付你。把稿本妥为收藏，不要让人看到。三十年之后，会很受人重视。"

然后想打开箱子，但是找不到锁匙。钱世雄安慰他说，他的病会好，一时不用急。在那一个月里，钱世雄常去探望。苏东坡最初与最后的喜悦，都是在写作上。他把在南方所写的诗文拿给钱世雄看时，两目炯炯有神，似乎忘了一切。有几天，他还能写些小文、札记、题跋等，其中一篇是《跋〈桂酒颂〉》，他把这一篇送给钱世雄，知道他的好友会细心珍藏的。

七月十五日，他的病况恶化。夜里发高烧，第二天早晨牙根出血，觉得身体特别软弱。他分析症状，相信他的病是来自"热毒"，即一般所谓传染病。他相信只有让病毒力尽自消，别无办法，用各种药进去干涉是没用的。他拒绝吃饭，只喝人参、麦门冬、茯苓熬成的浓汤，感觉到口渴，就饮下少许。他写信给钱世雄说："庄生云在宥天下，未闻治天下也。如此不愈则天也，非吾过矣。"钱世雄给苏东坡几种据说颇有奇效的药，但是苏东坡拒不肯服。

七月十八日，苏东坡把三个儿子叫到床前说："我平生未尝为恶，自信不会进地狱。"他告诉他们不用担心，嘱咐他们说：子由要给他写墓志铭，他要与妻子合葬在子由家附近的嵩山山麓。几天之后，他似乎有点起色，叫两个小儿子扶他由床上坐起，扶着走了几步。但是觉得不能久坐。

七月二十五日，康复已然绝望，他在杭州期间的老友之一维琳方丈，前来探望，一直陪伴着他。虽然苏东坡不能坐起来，他愿让方丈在他屋里，以便说话。二十六日，他写了最后一首诗。方丈一直和他谈论今生与来生，劝他念几首偈语。苏东坡笑了笑，他曾读过高僧传，知道他们都已死了。

他说："鸠摩罗什呢？他也死了，是不是？"鸠摩罗什为印度高僧，在东晋来中国，独力将三百卷左右印度佛经译成中文。一般人相信他是奠定大乘佛法的高僧，中国和日本的佛法即属于此一派。鸠摩罗什行将去世之时，有几个由天竺同来的僧

《苏东坡小像》

人物像　赵孟𫖯　元

友,正在替他念梵文咒语。纵然这样念,但是鸠摩罗什病况转恶,不久死去。苏东坡在二十四史中的《晋书》中,读过他的传,依然记得。

七月二十八日,他迅速衰弱下去,呼吸已觉气短。根据风俗,家人要在他鼻尖上放一块儿棉花,好容易看他的呼吸。这时全家都在屋里。方丈走得靠他很近,向他耳朵里说:"现在,要想来生!"

苏东坡轻声说:"西天也许有;空想前往,又有何用?"钱世雄这时站在一旁,对苏东坡说:"现在,你最好还是要作如是想。"苏东坡最后的话是:"勉强想就错了。"这是他的道教道理。解脱之道在于自然,在不知善而善。

儿子迈走上前去请示遗教,但是一言未发,苏东坡便去了,享年六十四岁。半月之前,他曾写给维琳方丈说:"岭海万里不死,而归宿田里,遂有不起之忧,岂非命也夫!然死生亦细故尔,无足道者。"

由一般世俗的看法衡量,苏东坡毕生坎坷多舛。有一次,孔子的弟子问伯夷、叔齐二大先贤,他二人不食周粟,饿死首阳山。弟子问孔夫子:"这些大贤人临死之时,有无怨恨?"孔夫子曰:"求仁而得仁,又何怨?"

苏东坡今生的浩然之气用尽。人的生活也就是心灵的生活,这种力量形成人的事业人品,与生而俱来,由生活中之遭遇而显示其形态。正如苏东坡在《潮州韩文公庙碑》中所说:"浩然之气……不依形而立,不恃力而行,不待生而存,不随死而亡者矣。故在天为星辰,在地为河岳,幽则为鬼神,而明则复为人。此理之常,无足怪者。"

在读苏东坡的生平时,我们一直在追随观察一个具有伟大思想、伟大心灵的伟人生活,这种思想与心灵,不过在这个人间世上偶然成形,昙花一现而已。苏东坡已死,他的名字只是一个记忆,但是他留给我们的,是他那心灵的喜悦,是他那思想的快乐,这才是万古不朽的。

附录一

年　谱

北宋仁宗天圣元年至嘉祐八年（一〇二三——〇六三）

景祐三年（一〇三六）　苏东坡降生（十二月十九日）
至和元年（一〇五四）　娶王弗
嘉祐二年（一〇五七）　中进士；母丧；服孝（嘉祐二年四月—嘉祐四年七月）
嘉祐四年（一〇五九）　举家迁往京都（嘉祐五年二月抵达）
嘉祐六年（一〇六一）　任凤翔判官（嘉祐六年十一月—治平元年十二月）

英宗治平元年至四年（一〇六四——〇六七）

治平二年（一〇六五）　任职史馆（治平二年二月—治平三年四月）；妻丧（五月八日）
治平三年（一〇六六）　父丧；服孝（治平三年四月—熙宁元年七月）

神宗熙宁元年至元丰八年（一〇六八—一〇八五）

熙宁元年（一〇六八）　娶王闰之（十月？）

熙宁二年（一〇六九）　返京（熙宁二年二月）；任职史馆（熙宁二年二月—熙宁三年十二月）

熙宁四年（一〇七一）　任奏院监官（熙宁四年一月—六月）；往杭州（熙宁四年六月—十一月）；任杭州通判（熙宁四年十一月—熙宁七年八月）

熙宁七年（一〇七四）　往密州（熙宁七年九月—十一月）；任密州太守（熙宁七年十一月—熙宁九年十一月）

熙宁九年（一〇七六）　往徐州（熙宁九年十二月—熙宁十年三月）

熙宁十年（一〇七七）　任徐州太守（熙宁十年四月—元丰二年三月）

元丰二年（一〇七九）　任湖州太守（元丰二年四月—七月）；入狱（元丰二年八月—十二月）

元丰三年（一〇八〇）　谪居黄州（元丰三年二月—元丰七年四月）

元丰七年（一〇八四）　往常州（元丰七年四月—元丰八年三月）

元丰八年（一〇八五）　往登州（元丰八年六月—十月）；任登州太守（元丰八年十月）；往京都（元丰八年十月—十二月）；任中书舍人（元丰八年十二月—元祐元年七月）

哲宗元祐元年至元符三年（一〇八六—一一〇〇）；元祐年间太皇太后摄政（元丰八年三月—元祐八年八月）

元祐元年（一〇八六）　以翰林学士知制诰（元祐元年八月—元祐四年二月）

元祐四年（一〇八九）　往杭州（元祐四年四月—七月）；任杭州太守兼浙西军区钤辖（元祐四年七月—元祐六年二月）

元祐六年（一〇九一）　任吏部尚书（元祐六年一月—八月）；往京都（元祐六年三月—五月）；任颍州太守（元祐六年八月—元祐七年三月）

元祐七年（一〇九二）　任扬州太守（元祐七年三月—八月）；兵部尚书（元祐七年九月—十月）；礼部尚书（元祐七年十一月—

元祐八年（一○九三） 妻丧；太后逝世（元祐八年八月—九月）；调定州太守，河北军区司令

绍圣元年（一○九四） 往惠州贬所（绍圣元年三月—十月）；谪居惠州（绍圣元年十月—绍圣四年四月）

绍圣四年（一○九七） 往海南（绍圣四年四月—七月）；谪居海南儋州（绍圣四年七月—元符三年六月）

徽宗（一一○一——二六）；太后摄政（元符三年一月—六月）

建中靖国元年（一一○一） 北返，往常州（元符三年七月—建中靖国元年六月）；逝世（建中靖国元年七月二十八日）

钦宗靖康元年（一一二六） 北宋亡（北宋亡于一一二七年——编者注）

附录二

参考书目及资料来源

（一）苏东坡诗文的早期版本

苏东坡在世时所出的诗集，按时期分，我们知道的至少有七种：《南行集》；《钱塘集》（杭州）；《超然集》（密州）；《黄楼集》（徐州）；《毗陵集》（常州）；《兰台集》（任翰林时）；《海外集》（在海外）。苏诗就现在所知最早的出版人，是王诜王驸马，书名是《王诜刻诗集》。他刊印了苏诗的一部分，那是在神宗元丰二年（一〇七九）以前。在苏东坡被控受审那一年，有四卷诗呈上作为证物。大概在元丰五年（一〇八二），陈师仲出版了《超然集》和《黄楼集》。在神宗末年，也就是元丰八年（一〇八五），苏东坡自黄州获释之后，他写信给朋友滕元发，要求把他诗集的木版毁掉。在哲宗绍圣四年（一〇九七）到哲宗元符三年（一一〇〇），刘沔写信给他商量印全集，苏东坡赞美那本集子毫无伪作掺入。苏东坡去世后，各种评注本出现，评论部分都是注出他诗句的出处，注解部分则集中在人名、地名和写诗的背景。大约在徽宗政和元年（一一一一），也就是苏东坡死后十年，"苏诗四注"变成了赵次公等的"苏诗五注"。南宋高宗建炎四年（一一三〇），"苏诗八注"和"苏诗十注"相继出现，由赵夔分题编纂。大约在南宋孝宗乾道六年（一一七〇），苏东坡大作家的名望已然确立，王十朋有名的《苏诗百家注》，或简称"王注本"出现，本集编者只在审慎选择以前各注解之精当者排印之。那些为人所重视的注解，自然是苏东坡门人、朋友等的解释，也就是黄庭坚、陈师道、潘大临，他们知道诗里有关的实际的情形。在附表中九十七家评注本里，北宋占四十七，南宋占三十一，有正史可稽。

（二）本书参考资料

（凡收入数种丛书者，举其佳者一种。列入"丛书集成"者加＊号）

A. 最初刻本

1. 《王诜刻诗集》（一〇七九年以前）
2. 陈师仲编《超然集》《黄楼集》（一〇八二年前后）
3. 刘沔编文集（约一〇九七——一一〇〇）
4. 赵次公等《苏诗五注》（崇宁大观间，约一一一〇——一一二六）
5. 赵夔等《苏诗十注》（绍兴初，约一一三〇）
6. 王十朋编《苏诗百家注》（约一一七〇）
7. 施元之《苏诗编年注》（一二〇八）
8. 郑羽重刻施注（一二六二）

B. 清代刻本

9. 宋荦编《施注苏诗》（邵长蘅、李必恒补注）（一六九九）
10. 查慎行《东坡编年诗补注》（一七〇二）
11. 纪晓岚《苏诗点论本》（一七七一）
12. 翁方纲《苏诗补注》（一七八二）
13. 冯应榴《苏诗合注》（一七九三）
14. 王文诰《苏诗编注集成》（一八二二年初刻，一八八八年重刻）

C. 现代刻本

15. 《经进东坡文集事略》（四部丛刊）
16. 《东坡七集》（四部备要）
17. 《苏文忠公全集》（世界书局）

18.《王状元集注东坡先生诗》(四部丛刊)

19. 翁方纲《苏诗补注》(国学基本)

D. 苏东坡著作

20.《易传》(学津)*

21.《书传》(学津)*

22.《论语说》(佚)

23.《志林》(学津)*

24.《和陶合笺》(顺德邓氏藏版)

E. 选集

25.《东坡题跋》(津逮)*

26.《苏沈良方》(知不足)*

27.《仇池笔记》(龙威)*

28.《东坡文谈录》(学海)

29.《东坡诗话录》(学海)

30. 龙沐勋编《东坡乐府笺》(商务)

31. 刘仁舫(刘仁航——编者注)编《东坡禅喜集》(商务)

32. 王纳谏《苏长公小品》(康熙刻本)

F. 伪托书

33.《艾子杂说》(顾氏)*

34.《广成子解》(说郛)

35.《格物粗谈》(学海)*

36.《物类相感志》(宝颜)*

37.《问答录》(宝颜)

38.《渔樵问答》(宝颜)

39.《杂纂二续》(说郛)

G. 年谱事类等

40. 苏洵《苏氏族谱》(说郛)

41.《宋史本传》

42. 苏辙《墓志铭》(见全集16、17)

43. 王宗稷《年谱》(见全集16、17)

44. 傅深《纪年录》(见18)

45. 孙汝听《苏颖滨年表》（藕香零拾）

46.《眉山苏氏族谱》（一九二九年刻本）

47.《乌台诗案》（学海）*

48. 王世贞《苏长公外纪》（明刻）

49. 梁廷楠《东坡事类》（光绪五年刻本）

50. 沈宗元《东坡逸事》（商务）

H. 嘉祐至元祐诸贤文集

51. 苏洵《嘉祐集》（四部丛刊本，下同）

52. 苏辙《栾城集》

53. 苏过《斜川集》

54. 黄庭坚《山谷集》

55. 秦观《淮海集》

56. 张耒《宛邱集》

57. 晁补之《鸡肋集》

58. 陈师道《后山集》

59. 李廌《济南集》

60. 道潜《参寥子集》

61. 王安石《临川集》

62. 米芾《宝晋英光集》

I. 宋人笔记（诗话不录）

（a）63. 司马光《涑水纪闻》（学津）*

64. 范镇《东斋纪事》（守山）*

（b）65. 邵伯温、邵博《闻见前录》《后录》（学津）*

66. 王明清《挥麈前录》《后录》《三录》（学津）*

67. 王明清《挥麈馀话》（学津）*

68. 王明清《玉照新志》（学津）*

（c）69. 李廌《师友谈记》（学津）*

70. 陈师道《后山谈丛》（学海）*

71. 黄庭坚《山谷题跋》（津逮）*

72. 晁补之《无咎题跋》（津逮）*

73. 张耒《明道杂志》（学海）*

74. 张耒《宛邱题跋》(津逮)*

75. 李之仪《姑溪题跋》(津逮)*

76. 赵令畤《侯鲭录》(知不足)*

(d) 77. 孔平仲《孔氏谈苑》(宝颜)*

78. 孔平仲《孔氏杂说》(宝颜)*

79. 惠洪《冷斋夜话》(学津)*

80. 惠洪《石门题跋》(津逮)*

81. 何薳《春渚纪闻》(学津)*

82. 晁说之《晁氏客语》(学海)*

83. 《道山清话》(佚名)(学津)*

(e) 84. 朱弁《曲洧旧闻》(学津)*

85. 曾慥《高斋漫录》(学海)*

86. 刘延世《孙公谈圃》(学津)*

87. 方勺《泊宅编》(稗海)*

(f) 88. 叶梦得《石林燕语》(唐宋)*

89. 叶梦得《避暑录话》(津逮)*

99. 魏泰《东轩笔录》(稗海)*

91. 蔡绦《铁围山丛谈》(学海)*

92. 陈善《扪虱新话》(宝颜)

93. 朱彧《萍州可谈》(学海)*

94. 苏籀《栾城遗言》(百川)*

95. 袁褧《枫窗小牍》(宝颜)*

96. 张端义《贵耳集》(津逮)*

(g) 97. 陆游《老学庵笔记》(学津)*

98. 朱熹《晦庵题跋》(津逮)*

99. 周必大《益公题跋》(津逮)*

100. 魏了翁《鹤山笔录》(学海)*

J. 历史

101. 李焘《续资治通鉴长编》(浙江书局)

102. 杨仲良《通鉴长编纪事本末》(广雅刻本)

103. 陈邦瞻《宋史纪事本末》(江西书局)

104. 王称《东都事略》(四朝别史本)

105. 脱脱《宋史》(坊刻)

106. 彭百川《太平治迹事类统编》(适园)

K. 特种参考

107. 朱熹《名臣言行录》(道光壬寅刻本)

108. 黄宗羲《宋元学案》(长沙何氏)

109. 蔡上翔著、杨希闵节略《王文公年谱》(《豫章先贤九家年谱》)

110. 梁启超《王荆公》(广智)

111. 柯昌颐《王安石评传》(商务)

L. 地理

112.《元丰九域志》(聚珍)*

113. 乐史《太平寰宇记》(乾隆刻本)

111. 孟元老《东京梦华录》(学津)*

115. 吴自牧《梦梁录》(学海)*

116.《武林旧事》(知不足)

117. 田汝成《西湖游览志馀》(西湖集览,嘉惠堂重刊)

118. 陆游《入蜀记》(宝颜)*

119. 范成大《吴船录》(宝颜)*

M. 真迹墨帖

120. 汪应辰刻《西楼苏帖》(文明书局)

121.《天际乌云帖》(嵩阳帖)

122.《剔耳图二苏题跋》(文明书局)

123.《赠柳子玉诗帖》(文明书局)

124. 故宫博物院周刊、月刊